中国农垦农场志丛

北　京
南口农场志

中国农垦农场志丛编纂委员会　组编

北京南口农场志编纂委员会　主编

中国农业出版社
北　京

图书在版编目（CIP）数据

北京南口农场志／中国农垦农场志丛编纂委员会组
编；北京南口农场志编纂委员会主编．—北京：中国
农业出版社，2021.12
　（中国农垦农场志丛）
　ISBN 978-7-109-29244-4

　Ⅰ.①北…Ⅱ.①中…②北…　Ⅲ.①国营农场-概
况-昌平区　Ⅳ.①F324.1

中国版本图书馆CIP数据核字（2022）第046126号

出 版 人：陈邦勋
出版策划：刘爱芳
丛书统筹：王庆宁
审 稿 组：干锦春　薛　波
编 辑 组：闫保荣　王庆宁　黄　曦　李　梅　吕　睿　刘昊阳　赵世元
设 计 组：姜　欣　杜　然　关晓迪
工 艺 组：王　凯　王　宏　吴丽婷
发行宣传：毛志强　郑　静　曹建丽
技术支持：王芳芳　赵晓红　潘　樾　张　瑶

北京南口农场志
Beijing Nankou Nongchangzhi

中国农业出版社出版
地址：北京市朝阳区麦子店街18号楼
邮编：100125
责任编辑：王庆宁　文字编辑：吴丽婷
责任校对：刘丽香　责任印制：王　宏
印刷：北京通州皇家印刷厂
版次：2021年12月第1版
印次：2021年12月北京第1次印刷
发行：新华书店北京发行所
开本：889mm×1194mm　1/16
印张：18.25　插页：6
字数：360千字
定价：128.00元

大众分社投稿邮箱：zgnywwsz@163.com

ISBN 978-7-109-29244-4

艰苦创业

1958 年 3 月 18 日，种植第一棵果树

1958 年 9 月 1 日，成立前进人民公社

1965 年，万亩果园建成

苹果丰收

初建时期农场大门

20 世纪 90 年代后期农场大门

21 世纪农场大门

农场初建期场部

20 世纪 90 年代场部

2017 年场部新址

热烈欢迎市
委、办、局领导莅临我场调研指导

2001 年 10 月 31 日，北京市规委副主任黄艳（前排右四）和农工商总公司总经理包宗业（前排右五）出席南口农场总体规划调研会

2020 年 5 月 20 日，北京市副市长牛有成（左二）在盛斯通调研

2011 年 3 月 4 日，集团公司董事长、党委书记张福平（右二）到农场视察指导工作

2014 年 6 月 16 日，昌平区委书记侯君舒（前排中）在南口农场社区调研

2015 年 3 月 30 日，北京市昌平区区长张燕友（前排左四）、集团公司总经理薛刚（前排右四）来农场调研

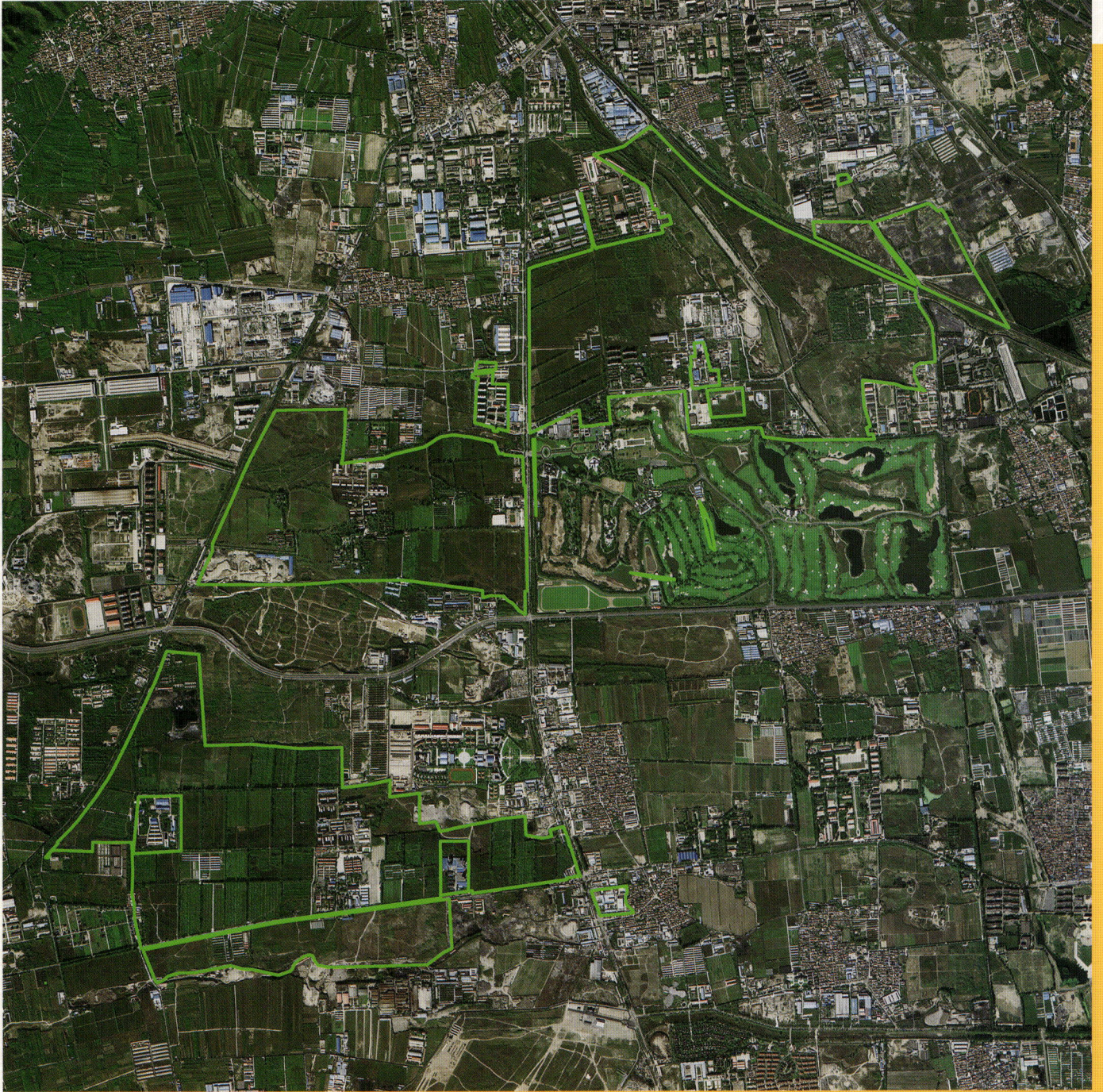

南口农场场域图

南口农场生态园

南口农场百果园

南口农场水泥构件厂

南口农场硕春冷库

南口农场家园

源遠流長

中国近现代著名山水画大家黄正襄祝贺南口农场成立 60 周年画作

中国农垦农场志丛编纂委员会

主　任

张桃林

副主任

左常升　邓庆海　李尚兰　陈邦勋　彭剑良　程景民　王润雷

成　员（按垦区排序）

马　辉　张庆东　张保强　薛志省　赵永华　李德海　麦　朝

王守聪　许如庆　胡兆辉　孙飞翔　王良贵　李岱一　赖金生

于永德　陈金剑　李胜强　唐道明　支光南　张安明　张志坚

陈孟坤　田李文　步　涛　余　繁　林　木　王　韬　魏国斌

巩爱岐　段志强　聂　新　高　宁　周云江　朱云生　常　芳

中国农垦农场志丛编纂委员会办公室

主　任

王润雷

副主任

陈忠毅　刘爱芳　武新宇　明　星

成　员

胡从九　李红梅　刘琢琬　闫保荣　王庆宁

中国农垦农场志

北京南口农场志编纂委员会

主　　任　孙　军

副 主 任　赵凯霞　屈连贵　张去非

顾　　问　傅　鹏　范为常　陈　东　蔡朝晖
　　　　　茅为立

委　　员　刘素果　项　阳　张　福　井西涛
　　　　　李　楷　刘丽梅　李蓓蓓　王鹏飞
　　　　　谷继锋　王春林　薛　静　李红月
　　　　　孙菊花　陈信友　赵振忠　徐春生
　　　　　陈　军　刘景兵　孙全成　李福新
　　　　　孙国学　张春光

北京南口农场志编辑部

主　　　　编　刘丽梅

副 主 编　孙菊花　孙立美　陈信友

编　　　辑　张仕璠　付冉冉

各章节执笔人　付冉冉　周立娜　金宝春　李　菁
　　　　　　　吕丽华　黄爱神　刘黎明　孔　峰
　　　　　　　张彦明　路全生　张兆民　孔祥楠
　　　　　　　张仕璠　丁振刚　李振南　谷天民
　　　　　　　杜连启　郑秋序　方志英　孙凤国
　　　　　　　邢良茹　冀　丽　张淑永

文 字 校 对　付冉冉　周立娜　金宝春　孔祥楠
　　　　　　　王　娟

史 料 图 片　南口农场档案室

中国农垦农场志丛自 2017 年开始酝酿，历经几度春秋寒暑，终于在建党 100 周年之际，陆续面世。在此，谨向所有为修此志作出贡献、付出心血的同志表示诚挚的敬意和由衷的感谢！

中国共产党领导开创的农垦事业，为中华人民共和国的诞生和发展立下汗马功劳。八十余年来，农垦事业的发展与共和国的命运紧密相连，在使命履行中，农场成长为国有农业经济的骨干和代表，成为国家在关键时刻抓得住、用得上的重要力量。

如果将农垦比作大厦，那么农场就是砖瓦，是基本单位。在全国 31 个省（自治区、直辖市，港澳台除外），分布着 1800 多个农垦农场。这些星罗棋布的农场如一颗颗玉珠，明暗随农垦的历史进程而起伏；当其融汇在一起，则又映射出农垦事业波澜壮阔的历史画卷，绽放着"艰苦奋斗、勇于开拓"的精神光芒。

（一）

"农垦"概念源于历史悠久的"屯田"。早在秦汉时期就有了移民垦荒，至汉武帝时创立军屯，用于保障军粮供应。之后，历代沿袭屯田这一做法，充实国库，供养军队。

中国共产党借鉴历代屯田经验，发动群众垦荒造田。1933 年 2 月，中华苏维埃共和国临时中央政府颁布《开垦荒地荒田办法》，规定"县区土地部、乡政府要马上调查统计本地所有荒田荒地，切实计划、发动群众去开荒"。到抗日战争时期，中国共产党大规模地发动军人进行农垦实践，肩负起支援抗战的特殊使命，农垦事业正式登上了历史舞台。

20 世纪 30 年代末至 40 年代初，抗日战争进入相持阶段，在日军扫荡和国民党军事包围、经济封锁等多重压力下，陕甘宁边区生活日益困难。"我们曾经弄到几乎没有衣穿，没有油吃，没有纸、没有菜，战士没有鞋袜，工作人员在冬天没有被盖。"毛泽东同志曾这样讲道。

面对艰难处境，中共中央决定开展"自己动手，丰衣足食"的生产自救。1939 年 2 月 2 日，毛泽东同志在延安生产动员大会上发出"自己动手"的号召。1940 年 2 月 10 日，中共中央、中央军委发出《关于开展生产运动的指示》，要求各部队"一面战斗、一面生产、一面学习"。于是，陕甘宁边区掀起了一场轰轰烈烈的大生产运动。

这个时期，抗日根据地的第一个农场——光华农场诞生了。1939 年冬，根据中共中央的决定，光华农场在延安筹办，生产牛奶、蔬菜等食物。同时，进行农业科学实验、技术推广，示范带动周边群众。这不同于古代屯田，开创了农垦示范带动的历史先河。

在大生产运动中，还有一面"旗帜"高高飘扬，让人肃然起敬，它就是举世闻名的南泥湾大生产运动。

1940 年 6—7 月，为了解陕甘宁边区自然状况、促进边区建设事业发展，在中共中央财政经济部的支持下，边区政府建设厅的农林科学家乐天宇等一行 6 人，历时 47 天，全面考察了边区的森林自然状况，并完成了《陕甘宁边区森林考察团报告书》，报告建议垦殖南泥洼（即南泥湾）。之后，朱德总司令亲自前往南泥洼考察，谋划南泥洼的开发建设。

1941 年春天，受中共中央的委托，王震将军率领三五九旅进驻南泥湾。那时，南泥湾俗称"烂泥湾","方圆百里山连山",战士们"只见梢林不见天",身边做伴的是满山窜的狼豹黄羊。在这种艰苦处境中,战士们攻坚克难,一手拿枪,一手拿镐,练兵开荒两不误,把"烂泥湾"变成了陕北的"好江南"。从1941年到1944年,仅仅几年时间,三五九旅的粮食产量由0.12万石猛增到3.7万石,上缴公粮1万石,达到了耕一余一。与此同时,工业、商业、运输业、畜牧业和建筑业也得到了迅速发展。

南泥湾大生产运动,作为中国共产党第一次大规模的军垦,被视为农垦事业的开端,南泥湾也成为农垦事业和农垦精神的发祥地。

进入解放战争时期,建立巩固的东北根据地成为中共中央全方位战略的重要组成部分。毛泽东同志在1945年12月28日为中共中央起草的《建立巩固的东北根据地》中,明确指出"我党现时在东北的任务,是建立根据地,是在东满、北满、西满建立巩固的军事政治的根据地",要求"除集中行动负有重大作战任务的野战兵团外,一切部队和机关,必须在战斗和工作之暇从事生产"。

紧接着,1947年,公营农场兴起的大幕拉开了。

这一年春天,中共中央东北局财经委员会召开会议,主持财经工作的陈云、李富春同志在分析时势后指出:东北行政委员会和各省都要"试办公营农场,进行机械化农业实验,以迎接解放后的农村建设"。

这一年夏天,在松江省政府的指导下,松江省省营第一农场(今宁安农场)创建。省政府主任秘书李在人为场长,他带领着一支18人的队伍,在今尚志市一面坡太平沟开犁生产,一身泥、一身汗地拉开了"北大荒第一犁"。

这一年冬天,原辽北军区司令部作训科科长周亚光带领人马,冒着严寒风雪,到通北县赵光区实地踏查,以日伪开拓团训练学校旧址为基础,建成了我国第一个公营机械化农场——通北机械农场。

之后,花园、永安、平阳等一批公营农场纷纷在战火的硝烟中诞生。与此同时,一部分身残志坚的荣誉军人和被解放的国民党军人,向东北荒原宣战,艰苦拓荒、艰辛创业,创建了一批荣军农场和解放团农场。

再将视线转向华北。这一时期，在河北省衡水湖的前身"千顷洼"所在地，华北人民政府农业部利用一批来自联合国善后救济总署的农业机械，建成了华北解放区第一个机械化公营农场——冀衡农场。

除了机械化农场，在那个主要靠人力耕种的年代，一些拖拉机站和机务人员培训班诞生在东北、华北大地上，推广农业机械化技术，成为新中国农机事业人才培养的"摇篮"。新中国的第一位女拖拉机手梁军正是优秀代表之一。

（二）

中华人民共和国成立后农垦事业步入了发展的"快车道"。

1949 年 10 月 1 日，新中国成立了，百废待兴。新的历史阶段提出了新课题、新任务：恢复和发展生产，医治战争创伤，安置转业官兵，巩固国防，稳定新生的人民政权。

这没有硝烟的"新战场"，更需要垦荒生产的支持。

1949 年 12 月 5 日，中央人民政府人民革命军事委员会发布《关于 1950 年军队参加生产建设工作的指示》，号召全军"除继续作战和服勤务者而外，应当负担一部分生产任务，使我人民解放军不仅是一支国防军，而且是一支生产军"。

1952 年 2 月 1 日，毛泽东主席发布《人民革命军事委员会命令》："你们现在可以把战斗的武器保存起来，拿起生产建设的武器。"批准中国人民解放军 31 个师转为建设师，其中有 15 个师参加农业生产建设。

垦荒战鼓已擂响，刚跨进和平年代的解放军官兵们，又背起行囊，扑向荒原，将"作战地图变成生产地图"，把"炮兵的瞄准仪变成建设者的水平仪"，让"战马变成耕马"，在戈壁荒漠、三江平原、南国边疆安营扎寨，攻坚克难，辛苦耕耘，创造了农垦事业的一个又一个奇迹。

1. 将戈壁荒漠变成绿洲

1950 年 1 月，王震将军向驻疆部队发布开展大生产运动的命令，动员 11 万余名官兵就地屯垦，创建军垦农场。

垦荒之战有多难，这些有着南泥湾精神的农垦战士就有多拼。

没有房子住，就搭草棚子、住地窝子；粮食不够吃，就用盐水煮麦粒；没有拖拉机和畜力，就多人拉犁开荒种地……

然而，戈壁滩缺水，缺"农业的命根子"，这是痛中之痛！

没有水，战士们就自己修渠，自伐木料，自制筐担，自搓绳索，自开块石。修渠中涌现了很多动人故事，据原新疆兵团农二师师长王德昌回忆，1951 年冬天，一名来自湖南的女战士，面对磨断的绳子，情急之下，割下心爱的辫子，接上绳子背起了石头。

在战士们全力以赴的努力下，十八团渠、红星渠、和平渠、八一胜利渠等一条条大地的"新动脉"，奔涌在戈壁滩上。

1954 年 10 月，经中共中央批准，新疆生产建设兵团成立，陶峙岳被任命为司令员，新疆维吾尔自治区党委书记王恩茂兼任第一政委，张仲瀚任第二政委。努力开荒生产的驻疆屯垦官兵终于有了正式的新身份，工作中心由武装斗争转为经济建设，新疆地区的屯垦进入了新的阶段。

之后，新疆生产建设兵团重点开发了北疆的准噶尔盆地、南疆的塔里木河流域及伊犁、博乐、塔城等边远地区。战士们鼓足干劲，兴修水利、垦荒造田、种粮种棉、修路架桥，一座座城市拔地而起，荒漠变绿洲。

2. 将荒原沼泽变成粮仓

在新疆屯垦热火朝天之时，北大荒也进入了波澜壮阔的开发阶段，三江平原成为"主战场"。

1954 年 8 月，中共中央农村工作部同意并批转了农业部党组《关于开发东北荒地的农建二师移垦东北问题的报告》，同时上报中央军委批准。9 月，第一批集体转业的"移民大军"——农建二师由山东开赴北大荒。这支 8000 多人的齐鲁官兵队伍以荒原为家，创建了二九〇、二九一和十一农场。

同年，王震将军视察黑龙江汤原后，萌发了开发北大荒的设想。领命的是第五师副师长余友清，他打头阵，率一支先遣队到密山、虎林一带踏查荒原，于1955年元旦，在虎林县（今虎林市）西岗创建了铁道兵第一个农场，以部队番号命名为"八五〇部农场"。

1955年，经中共中央同意，铁道兵9个师近两万人挺进北大荒，在密山、虎林、饶河一带开荒建场，拉开了向三江平原发起总攻的序幕，在八五〇部农场周围建起了一批八字头的农场。

1958年1月，中央军委发出《关于动员十万干部转业复员参加生产建设的指示》，要求全军复员转业官兵去开发北大荒。命令一下，十万转业官兵及家属，浩浩荡荡进军三江平原，支边青年、知识青年也前赴后继地进攻这片古老的荒原。

垦荒大军不惧苦、不畏难，鏖战多年，荒原变良田。1964年盛夏，国家副主席董必武来到北大荒视察，面对麦香千里即兴赋诗："斩棘披荆忆老兵，大荒已变大粮屯。"

3. 将荒郊野岭变成胶园

如果说农垦大军在戈壁滩、北大荒打赢了漂亮的要粮要棉战役，那么，在南国边疆，则打赢了一场在世界看来不可能胜利的翻身仗。

1950年，朝鲜战争爆发后，帝国主义对我国实行经济封锁，重要战略物资天然橡胶被禁运，我国国防和经济建设面临严重威胁。

当时世界公认天然橡胶的种植地域不能超过北纬17°，我国被国际上许多专家划为"植胶禁区"。

但命运应该掌握在自己手中，中共中央作出"一定要建立自己的橡胶基地"的战略决策。1951年8月，政务院通过《关于扩大培植橡胶树的决定》，由副总理兼财政经济委员会主任陈云亲自主持这项工作。同年11月，华南垦殖局成立，中共中央华南分局第一书记叶剑英兼任局长，开始探索橡胶种植。

1952年3月，两万名中国人民解放军临危受命，组建成林业工程第一师、第二师和一个独立团，开赴海南、湛江、合浦等地，住茅棚、战台风、斗猛兽，白手起家垦殖橡胶。

大规模垦殖橡胶，急需胶籽。"一粒胶籽，一两黄金"成为战斗口号，战士们不惜一切代价收集胶籽。有一位叫陈金照的小战士，运送胶籽时遇到山洪，被战友们找到时已没有了呼吸，而背上箩筐里的胶籽却一粒没丢……

正是有了千千万万个把橡胶看得重于生命的陈金照们，1957 年春天，华南垦殖局种植的第一批橡胶树，流出了第一滴胶乳。

1960 年以后，大批转业官兵加入海南岛植胶队伍，建成第一个橡胶生产基地，还大面积种植了剑麻、香茅、咖啡等多种热带作物。同时，又有数万名转业官兵和湖南移民汇聚云南边疆，用血汗浇灌出了我国第二个橡胶生产基地。

在新疆、东北和华南三大军垦战役打响之时，其他省份也开始试办农场。1952 年，在政务院关于"各县在可能范围内尽量地办起和办好一两个国营农场"的要求下，全国各地农场如雨后春笋般发展起来。1956 年，农垦部成立，王震将军被任命为部长，统一管理全国的军垦农场和地方农场。

随着农垦管理走向规范化，农垦事业也蓬勃发展起来。江西建成多个综合垦殖场，发展茶、果、桑、林等多种生产；北京市郊、天津市郊、上海崇明岛等地建起了主要为城市提供副食品的国营农场；陕西、安徽、河南、西藏等省区建立发展了农牧场群……

到 1966 年，全国建成国营农场 1958 个，拥有职工 292.77 万人，拥有耕地面积 345457 公顷，农垦成为我国农业战线一支引人瞩目的生力军。

（三）

前进的道路并不总是平坦的。"文化大革命"持续十年，使党、国家和各族人民遭到新中国成立以来时间最长、范围最广、损失最大的挫折，农垦系统也不能幸免。农场平均主义盛行，从 1967 年至 1978 年，农垦系统连续亏损 12 年。

"没有一个冬天不可逾越，没有一个春天不会来临。"1978 年，党的十一届三中全会召开，如同一声春雷，唤醒了沉睡的中华大地。手握改革开放这一法宝，全党全社会朝着社会主义现代化建设方向大步前进。

在这种大形势下，农垦人深知，国营农场作为社会主义全民所有制企业，应当而且有条件走在农业现代化的前列，继续发挥带头和示范作用。

于是，农垦人自觉承担起推进实现农业现代化的重大使命，乘着改革开放的春风，开始进行一系列的上下求索。

1978 年 9 月，国务院召开了人民公社、国营农场试办农工商联合企业座谈会，决定在我国试办农工商联合企业，农垦系统积极响应。作为现代化大农业的尝试，机械化水平较高且具有一定工商业经验的农垦企业，在农工商综合经营改革中如鱼得水，打破了单一种粮的局面，开启了农垦一二三产业全面发展的大门。

农工商综合经营只是农垦改革的一部分，农垦改革的关键在于打破平均主义，调动生产积极性。

为调动企业积极性，1979 年 2 月，国务院批转了财政部、国家农垦总局《关于农垦企业实行财务包干的暂行规定》。自此，农垦开始实行财务大包干，突破了"千家花钱，一家（中央）平衡"的统收统支方式，解决了农垦企业吃国家"大锅饭"的问题。

为调动企业职工的积极性，从 1979 年根据财务包干的要求恢复"包、定、奖"生产责任制，到 1980 年后一些农场实行以"大包干"到户为主要形式的家庭联产承包责任制，再到 1983 年借鉴农村改革经验，全面兴办家庭农场，逐渐建立大农场套小农场的双层经营体制，形成"家家有场长，户户搞核算"的蓬勃发展气象。

为调动企业经营者的积极性，1984 年下半年，农垦系统在全国选择 100 多个企业试点推行场（厂）长、经理负责制，1988 年全国农垦有 60% 以上的企业实行了这项改革，继而又借鉴城市国有企业改革经验，全面推行多种形式承包经营责任制，进一步明确主管部门与企业的权责利关系。

以上这些改革主要是在企业层面，以单项改革为主，虽然触及了国家、企业和职工的最直接、最根本的利益关系，但还没有完全解决传统体制下影响农垦经济发展的深层次矛盾和困难。

"历史总是在不断解决问题中前进的。"1992 年，继邓小平南方谈话之后，党的十四大明确提出，要建立社会主义市场经济体制。市场经济为农垦改革进一步指明了方向，但农垦如何改革才能步入这个轨道，真正成为现代化农业的引领者？

关于国营大中型企业如何走向市场，早在 1991 年 9 月中共中央就召开工作会议，强调要转换企业经营机制。1992 年 7 月，国务院发布《全民所有制工业企业转换经营机制条例》，明确提出企业转换经营机制的目标是："使企业适应市场的要求，成为依法自主经营、自负盈亏、自我发展、自我约束的商品生产和经营单位，成为独立享有民事权利和承担民事义务的企业法人。"

为转换农垦企业的经营机制，针对在干部制度上的"铁交椅"、用工制度上的"铁饭碗"和分配制度上的"大锅饭"问题，农垦实施了干部聘任制、全员劳动合同制以及劳动报酬与工效挂钩的三项制度改革，为农垦企业建立在用人、用工和收入分配上的竞争机制起到了重要促进作用。

1993 年，十四届三中全会再次擂响战鼓，指出要进一步转换国有企业经营机制，建立适应市场经济要求，产权清晰、权责明确、政企分开、管理科学的现代企业制度。

农业部积极响应，1994 年决定实施"三百工程"，即在全国农垦选择百家国有农场进行现代企业制度试点、组建发展百家企业集团、建设和做强百家良种企业，标志着农垦企业的改革开始深入到企业制度本身。

同年，针对有些农场仍为职工家庭农场，承包户垫付生产、生活费用这一问题，根据当年 1 月召开的全国农业工作会议要求，全国农垦系统开始实行"四到户"和"两自理"，即土地、核算、盈亏、风险到户，生产费、生活费由职工自理。这一举措彻底打破了"大锅饭"，开启了国有农场农业双层经营体制改革的新发展阶段。

然而，在推进市场经济进程中，以行政管理手段为主的垦区传统管理体制，逐渐成为束缚企业改革的桎梏。

垦区管理体制改革迫在眉睫。1995 年，农业部在湖北省武汉市召开全国农垦经济体制改革工作会议，在总结各垦区实践的基础上，确立了农垦管理体制的改革思路：逐步弱化行政职能，加快实体化进程，积极向集团化、公司化过渡。以此会议为标志，垦区管理体制改革全面启动。北京、天津、黑龙江等17个垦区按照集团化方向推进。此时，出于实际需要，大部分垦区在推进集团化改革中仍保留了农垦管理部门牌子和部分行政管理职能。

"前途是光明的，道路是曲折的。"由于农垦自身存在的政企不分、产权不清、社会负担过重等深层次矛盾逐渐暴露，加之农产品价格低迷、激烈的市场竞争等外部因素叠加，从1997年开始，农垦企业开始步入长达5年的亏损徘徊期。

然而，农垦人不放弃、不妥协，终于在2002年"守得云开见月明"。这一年，中共十六大召开，农垦也在不断调整和改革中，告别"五连亏"，盈利13亿。

2002年后，集团化垦区按照"产业化、集团化、股份化"的要求，加快了对集团母公司、产业化专业公司的公司制改造和资源整合，逐步将国有优质资产集中到主导产业，进一步建立健全现代企业制度，形成了一批大公司、大集团，提升了农垦企业的核心竞争力。

与此同时，国有农场也在企业化、公司化改造方面进行了积极探索，综合考虑是否具备企业经营条件、能否剥离办社会职能等因素，因地制宜、分类指导。一是办社会职能可以移交的农场，按公司制等企业组织形式进行改革；办社会职能剥离需要过渡期的农场，逐步向公司制企业过渡。如广东、云南、上海、宁夏等集团化垦区，结合农场体制改革，打破传统农场界限，组建产业化专业公司，并以此为纽带，进一步将垦区内产业关联农场由子公司改为产业公司的生产基地（或基地分公司），建立了集团与加工企业、农场生产基地间新的运行体制。二是不具备企业经营条件的农场，改为乡、镇或行政区，向政权组织过渡。如2003年前后，一些垦区的部分农场连年严重亏损，有的甚至濒临破产。湖南、湖北、河北等垦区经省委、省政府批准，对农场管理体制进行革新，把农场管理权下放到市县，实行属地管理，一些农场建立农场管理区，赋予必要的政府职能，给予财税优惠政策。

这些改革离不开农垦职工的默默支持，农垦的改革也不会忽视职工的生活保障。1986年，根据《中共中央、国务院批转农牧渔业部〈关于农垦经济体制改革问题的报告〉的通知》要求，农垦系统突破职工住房由国家分配的制度，实行住房商品化，调动职工自己动手、改善住房的积极性。1992 年，农垦系统根据国务院关于企业职工养老保险制度改革的精神，开始改变职工养老保险金由企业独自承担的局面，此后逐步建立并完善国家、企业、职工三方共同承担的社会保障制度，减轻农场养老负担的同时，也减少了农场职工的后顾之忧，保障了农场改革的顺利推进。

从 1986 年至十八大前夕，从努力打破传统高度集中封闭管理的计划经济体制，到坚定社会主义市场经济体制方向；从在企业层面改革，以单项改革和放权让利为主，到深入管理体制，以制度建设为核心、多项改革综合配套协调推进为主：农垦企业一步一个脚印，走上符合自身实际的改革道路，管理体制更加适应市场经济，企业经营机制更加灵活高效。

这一阶段，农垦系统一手抓改革，一手抓开放，积极跳出"封闭"死胡同，走向开放的康庄大道。从利用外资在经营等领域涉足并深入合作，大力发展"三资"企业和"三来一补"项目；到注重"引进来"，引进资金、技术设备和管理理念等；再到积极实施"走出去"战略，与中东、东盟、日本等地区和国家进行经贸合作出口商品，甚至扎根境外建基地、办企业、搞加工、拓市场：农垦改革开放风生水起逐浪高，逐步形成"两个市场、两种资源"的对外开放格局。

（四）

党的十八大以来，以习近平同志为核心的党中央迎难而上，作出全面深化改革的决定，农垦改革也进入全面深化和进一步完善阶段。

2015 年 11 月，中共中央、国务院印发《关于进一步推进农垦改革发展的意见》（简称《意见》），吹响了新一轮农垦改革发展的号角。《意见》明确要求，新时期农垦改革发展要以推进垦区集团化、农场企业化改革为主线，努力把农垦建设成为保障国家粮食安全和重要农产品有效供给的国家队、中国特色新型农业现代化的示范区、农业对外合作的排头兵、安边固疆的稳定器。

2016 年 5 月 25 日，习近平总书记在黑龙江省考察时指出，要深化国有农垦体制改革，以垦区集团化、农场企业化为主线，推动资源资产整合、产业优化升级，建设现代农业大基地、大企业、大产业，努力形成农业领域的航母。

2018年9月25日，习近平总书记再次来到黑龙江省进行考察，他强调，要深化农垦体制改革，全面增强农垦内生动力、发展活力、整体实力，更好发挥农垦在现代农业建设中的骨干作用。

农垦从来没有像今天这样更接近中华民族伟大复兴的梦想！农垦人更加振奋了，以壮士断腕的勇气、背水一战的决心继续农垦改革发展攻坚战。

1. 取得了累累硕果

——坚持集团化改革主导方向，形成和壮大了一批具有较强竞争力的现代农业企业集团。黑龙江北大荒去行政化改革、江苏农垦农业板块上市、北京首农食品资源整合……农垦深化体制机制改革多点开花、逐步深入。以资本为纽带的母子公司管理体制不断完善，现代公司治理体系进一步健全。市县管理农场的省份区域集团化改革稳步推进，已组建区域集团和产业公司超过300家，一大批农场注册成为公司制企业，成为真正的市场主体。

——创新和完善农垦农业双层经营体制，强化大农场的统一经营服务能力，提高适度规模经营水平。截至2020年，据不完全统计，全国农垦规模化经营土地面积5500多万亩，约占农垦耕地面积的70.5%，现代农业之路越走越宽。

——改革国有农场办社会职能，让农垦企业政企分开、社企分开，彻底甩掉历史包袱。截至2020年，全国农垦有改革任务的1500多个农场完成办社会职能改革，松绑后的步伐更加矫健有力。

——推动农垦国有土地使用权确权登记发证，唤醒沉睡已久的农垦土地资源。截至2020年，土地确权登记发证率达到96.3%，使土地也能变成金子注入农垦企业，为推进农垦土地资源资产化、资本化打下坚实基础。

——积极推进对外开放，农垦农业对外合作先行者和排头兵的地位更加突出。合作领域从粮食、天然橡胶行业扩展到油料、糖业、果菜等多种产业，从单个环节向全产业链延伸，对外合作范围不断拓展。截至 2020 年，全国共有 15 个垦区在 45 个国家和地区投资设立了 84 家农业企业，累计投资超过 370 亿元。

2. 在发展中改革，在改革中发展

农垦企业不仅有改革的硕果，更以改革创新为动力，在扶贫开发、产业发展、打造农业领域航母方面交出了漂亮的成绩单。

——聚力农垦扶贫开发，打赢农垦脱贫攻坚战。从 20 世纪 90 年代起，农垦系统开始扶贫开发。"十三五"时期，农垦系统针对 304 个重点贫困农场，绘制扶贫作战图，逐个建立扶贫档案，坚持"一场一卡一评价"。坚持产业扶贫，组织开展技术培训、现场观摩、产销对接，增强贫困农场自我"造血"能力。甘肃农垦永昌农场建成高原夏菜示范园区，江西宜丰黄冈山垦殖场大力发展旅游产业，广东农垦新华农场打造绿色生态茶园……贫困农场产业发展蒸蒸日上，全部如期脱贫摘帽，相对落后农场、边境农场和生态脆弱区农场等农垦"三场"踏上全面振兴之路。

——推动产业高质量发展，现代农业产业体系、生产体系、经营体系不断完善。初步建成一批稳定可靠的大型生产基地，保障粮食、天然橡胶、牛奶、肉类等重要农产品的供给；推广一批环境友好型种养新技术、种养循环新模式，提升产品质量的同时促进节本增效；制定发布一系列生鲜乳、稻米等农产品的团体标准，守护"舌尖上的安全"；相继成立种业、乳业、节水农业等产业技术联盟，形成共商共建共享的合力；逐渐形成"以中国农垦公共品牌为核心、农垦系统品牌联合舰队为依托"的品牌矩阵，品牌美誉度、影响力进一步扩大。

——打造形成农业领域航母，向培育具有国际竞争力的现代农业企业集团迈出坚实步伐。黑龙江北大荒、北京首农、上海光明三个集团资产和营收双超千亿元，在发展中乘风破浪：黑龙江北大荒农垦集团实现机械化全覆盖，连续多年粮食产量稳定在 400 亿斤以上，推动产业高端化、智能化、绿色化，全力打造"北大荒绿色智慧厨房"；北京首农集团坚持科技和品牌双轮驱动，不断提升完善"从田间到餐桌"的全产业链条；上海光明食品集团坚持品牌化经营、国际化发展道路，加快农业

"走出去"步伐，进行国际化供应链、产业链建设，海外营收占集团总营收20%左右，极大地增强了对全世界优质资源的获取能力和配置能力。

千淘万漉虽辛苦，吹尽狂沙始到金。迈入"十四五"，农垦改革目标基本完成，正式开启了高质量发展的新篇章，正在加快建设现代农业的大基地、大企业、大产业，全力打造农业领域航母。

（五）

八十多年来，从人畜拉犁到无人机械作业，从一产独大到三产融合，从单项经营到全产业链，从垦区"小社会"到农业"集团军"，农垦发生了翻天覆地的变化。然而，无论农垦怎样变，变中都有不变。

——不变的是一路始终听党话、跟党走的绝对忠诚。从抗战和解放战争时期垦荒供应军粮，到新中国成立初期发展生产、巩固国防，再到改革开放后逐步成为现代农业建设的"排头兵"，农垦始终坚持全面贯彻党的领导。而农垦从孕育诞生到发展壮大，更离不开党的坚强领导。毫不动摇地坚持贯彻党对农垦的领导，是农垦人奋力前行的坚强保障。

——不变的是服务国家核心利益的初心和使命。肩负历史赋予的保障供给、屯垦戍边、示范引领的使命，农垦系统始终站在讲政治的高度，把完成国家战略任务放在首位。在三年困难时期、"非典"肆虐、汶川大地震、新冠肺炎疫情突发等关键时刻，农垦系统都能"调得动、顶得上、应得急"，为国家大局稳定作出突出贡献。

——不变的是"艰苦奋斗、勇于开拓"的农垦精神。从抗日战争时一手拿枪、一手拿镐的南泥湾大生产，到新中国成立后新疆、东北和华南的三大军垦战役，再到改革开放后艰难但从未退缩的改革创新、坚定且铿锵有力的发展步伐，"艰苦奋斗、勇于开拓"始终是农垦人不变的本色，始终是农垦人攻坚克难的"传家宝"。

农垦精神和文化生于农垦沃土，在红色文化、军旅文化、知青文化等文化中孕育，也在一代代人的传承下，不断被注入新的时代内涵，成为农垦事业发展的不竭动力。

"大力弘扬'艰苦奋斗、勇于开拓'的农垦精神，推进农垦文化建设，汇聚起推动农垦改革发展的强大精神力量。"中央农垦改革发展文件这样要求。在新时代、新征程中，记录、传承农垦精神，弘扬农垦文化是农垦人的职责所在。

(六)

随着垦区集团化、农场企业化改革的深入，农垦的企业属性越来越突出，加之有些农场的历史资料、文献文物不同程度遗失和损坏，不少老一辈农垦人也已年至期颐，农垦历史、人文、社会、文化等方面的保护传承需求也越来越迫切。

传承农垦历史文化，志书是十分重要的载体。然而，目前只有少数农场编写出版过农场史志类书籍。因此，为弘扬农垦精神和文化，完整记录展示农场发展改革历程，保存农垦系统重要历史资料，在农业农村部党组的坚强领导下，农垦局主动作为，牵头组织开展中国农垦农场志丛编纂工作。

工欲善其事，必先利其器。2019 年，借全国第二轮修志工作结束、第三轮修志工作启动的契机，农业农村部启动中国农垦农场志丛编纂工作，广泛收集地方志相关文献资料，实地走访调研、拜访专家、咨询座谈、征求意见等。在充足的前期准备工作基础上，制定了中国农垦农场志丛编纂工作方案，拟按照前期探索、总结经验、逐步推进的整体安排，统筹推进中国农垦农场志丛编纂工作，这一方案得到了农业农村部领导的高度认可和充分肯定。

编纂工作启动后，层层落实责任。农业农村部专门成立了中国农垦农场志丛编纂委员会，研究解决农场志编纂、出版工作中的重大事项；编纂委员会下设办公室，负责志书编纂的具体组织协调工作；各省级农垦管理部门成立农场志编纂工作机构，负责协调本区域农场志的组织编纂、质量审查等工作；参与编纂的农场成立了农场志编纂工作小组，明确专职人员，落实工作经费，建立配套机制，保证了编纂工作的顺利进行。

质量是志书的生命和价值所在。为保证志书质量，我们组织专家编写了《农场志编纂技术手册》，举办农场志编纂工作培训班，召开农场志编纂工作推进会和研讨会，到农场实地调研督导，尽全力把好志书编纂的史实关、政治关、体例关、文字关和出版关。我们本着"时间服从质量"的原则，将精品意识贯穿编纂工作始终。坚持分步实施、稳步推进，成熟一本出版一本，成熟一批出版一批。

中国农垦农场志丛是我国第一次较为系统地记录展示农场形成发展脉络、改革发展历程的志书。它是一扇窗口，让读者了解农场，理解农垦；它是一条纽带，让农垦人牢记历史，让农垦精神代代传承；它是一本教科书，为今后农垦继续深化改革开放、引领现代农业建设、服务乡村振兴战略指引道路。

修志为用。希望此志能够"尽其用"，对读者有所裨益。希望广大农垦人能够从此志汲取营养，不忘初心、牢记使命，一茬接着一茬干、一棒接着一棒跑，在新时代继续发挥农垦精神，续写农垦改革发展新辉煌，为实现中华民族伟大复兴的中国梦不懈努力！

中国农垦农场志丛编纂委员会

2021 年 7 月

北京南口农场志

BEIJING NANKOU NONGCHANGZHI

序言

　　北京南口农场成立 60 周年之际，在集团公司史志办公室的指导下，经过近一年的努力，《北京南口农场志》终于付梓了。集团公司修志工作进入第二阶段后，南口农场是第一家完成志书编纂的二级单位。在此，我谨代表集团公司，向付出了艰辛努力的《北京南口农场志》全体编纂人员和所有关心支持志书编纂工作的社会各界人士表示祝贺和感谢！

　　南口镇位于北京市昌平区西北部关沟南端的出口处，是历史名镇，这里不仅是军事要塞、交通枢纽，也是首都西北部的风口门户。新中国成立后，中国共产党北京市委员会、北京市人民委员会高瞻远瞩，决定在南口荒沙滩上建设万亩果园，目的是创建首都副食品生产基地，安排机关干部劳动锻炼、城市知识青年下乡支持农业，以场带村共同致富，同时绿化首都改善环境。

　　1958 年 4 月 12 日，北京市市长彭真签署北京市人民委员会任命书，任命宋新波为南口农场场长，南口农场正式成立。自此，首都商业、银行、粮食等系统下放干部、职工以及青年学生，在这片沙石遍地的旷野荒滩上，战风沙、斗严寒，开启了垦荒种树、建设南口农场的伟大征程。

　　60 年弦歌不辍，一甲子春华秋实。60 年来，在党的领导下，南口农场艰苦创业，团结奋斗，栉风沐雨，宏基初奠，把荒沙滩建成了花果园；坚持改革开放，多业并举，实现了农工商综合发展；特别是面对场乡体制改革和集团产业重组的考验，不忘初心，砥砺奋进，积极调整经济发展战略，推进产业转型升级，培优扶强骨干企业，为首都农业集团果林、畜牧、乳品加工等产业的发展做出重要贡献，成为北京农垦旗下生态环境优美、农垦文化突出、产业特色鲜明、一二三产业融合发展的现代化农场，谱写了农场转型发展的新篇章。

知史照见未来，读志启迪后人。这部《北京南口农场志》严守志体，主要采用述、记、志、图、表、录等体裁，横排门类，纵写发展，再现原貌，以昭征信。全书以严肃朴实的文笔、丰富翔实的信息、形象鲜明的彩页，尽展了60年来农场创业史、改革开放史，忠实记录了农场干部职工励精图治、奋发图强的动人事迹，真实反映了农场上下求索、激情拼搏的鲜活经验，为我们鉴往知来、把握现在、面向未来提供了宝贵的历史资料，是南口农场弥足珍贵的精神财富。

修志问道，以启未来。2018年6月，首农食品集团决定，北郊、南口两家农场实施重组，标志着南口农场迈入一个融合发展、生机无限的新时代，重组后的北郊和南口农场必将无愧前贤，续写出更加壮丽的篇章。

我相信，《北京南口农场志》的问世，将有助于读者了解南口农场创业发展的历史脉络，体会几代农场人"艰苦奋斗、开拓创新、顾全大局、无私奉献"的精神风貌，增强新一代农场人的自豪感、使命感、责任感，不仅对努力打造"美丽、法治、富强、和谐的新南农"愿景起到鼓舞士气的作用，而且对加强南口农场党的建设和企业文化建设有着鉴往知来的重要意义。

北京首农食品集团党委副书记、副董事长、总经理

2021年10月

北京南口农场志

BEIJING NANKOU NONGCHANGZHI

凡例

一、宗旨

《北京南口农场志》坚持实事求是的原则，力求全面、准确、客观地记述北京市南口农场发展的历史。

二、本志时限

本志断限上及 1958 年 2 月南口国营农场，下至 2017 年 12 月北京市南口农场有限公司。

三、本志结构

全志采用述、记、图、表、录等体裁。附录置于志尾。除大事记外，正文共分六篇，下设章、节。横排门类，纵写史实，各篇以时为经，以事为纬。横不缺项，纵不断线。

四、本志文体

采用语体文、记述体、据事记述、寓理于事。为在正文中叙述方便，北京南口农场统称为"南口农场"或"农场"或"南农"。

五、本志称谓

全志使用第三人称。

六、本志纪年

本志采用公元纪年，世纪、年代、年、月、日均使用阿拉伯数字。涉及计量单位，以现行法定计量单位表示，土地面积以公顷或亩为单位。

七、本志资料

资料来源主要由南口农场所属企业和部室提供的资料、首农集团和南口农场档案、场报、部分图书文献等。统计资料以南口农场统计及财务部门公布的统计资料为准。

中国农垦农场志

目 录

第一篇 建制及沿革

第二篇 产业发展

第三篇　经营管理

第四篇　职工队伍

第五篇　党群组织及企业文化建设

第六篇　人　　物

概　述

北京南口农场筹建于1958年2月，1958年3月18日第一棵苹果树苗落户农场一分场十九区，1958年4月12日北京市市长签署人民委员会任命书，任命宋新波为南口农场场长，标志着南口农场正式成立。建场初期，由下放干部和知识青年组成的第一代南农人，战风沙、斗严寒、顶烈日、冒酷暑，开启了荒沙滩上建农场的艰苦创业之旅。他们挖坑填土、扩坑换土、打井修渠、垦荒种树，将荆棘丛生、荒无人烟的万亩荒沙滩改造成了绿意盎然、生机勃勃的万亩果园。"南口苹果""南口小国光"享誉京城。

改革开放后，农场确立了"精一、强二、兴三"的指导思想，农场国光、金冠、红星苹果被评为全国第一批"绿色食品"，农场入选全国第一批绿色食品示范生产基地，农场发展成为以农牧业为基础、农工商并举的综合企业。

20世纪90年代中后期，经历苹果市场低迷、场乡体制改革、集团产业重组，农场开启了二次创业新征程。近年来，农场坚持创新驱动，推进转型升级，构建现代农业、现代物流业、现代服务业融合发展的产业体系，努力打造美丽、法治、富强、和谐的新南口农场。2017年，农场完成了公司制改革，进入了全新的发展时期。

一、基本概况

1. 地理位置　南口农场位于北京市西北郊的燕山脚下，昌平区南口镇西南部，隶属于北京首农食品集团。距北京城区德胜门西北39千米，昌平城区西北7.5千米。南口农场场部地理坐标为：东经116°7′7″，北纬40°12′35″。毗邻北六环、京藏高速、京新高速和京礼高速，交通便利，多条线路的公交车途经农场。附近有和平寺、居庸关长城、十三陵景区等名胜古迹及中国坦克博物馆等。

2. 自然条件　南口农场为扇形冲积平原，地势平坦，海拔最高处130米，最低处65米。属暖温带大陆性半湿润半干旱季风型气候区，四季分明，光照充足，年日照2684小时，年积温4000~4500℃，平均气温12℃，无霜期200天左右，年均降水550毫米。地处康庄、八达岭、南口、温榆河河谷风带，年平均风速大于3米/秒，冬季瞬间风速可达

— 1 —

20～30 米/秒, 风力较大。

3. 自然风貌 南口农场附近山峰大多峻峭陡立, 为北京平原的天然屏障, 是兵家筑城建隘的自然依托; 一些低山玲珑秀美, 成为人们观赏风景的佳境。主要山峰有梯子峪南梁、马家岭子东梁、青水顶、响潭北山、磨盘山、神庙山、降蓬顶、叠翠山、雪山等。

南口农场地处山区, 山场面积广阔, 水源丰沛, 日照充足, 野生植物种类繁多。据1984 年野生植物调查、统计, 共有 90 科 450 种。据野生动物保护协会调查共有野生动物 7 类 199 种。其附近的矿产资源种类繁多, 既有蕴藏量较大的矿脉, 也有蕴藏量较小的矿点。

4. 自然灾害 南口农场自建场以来, 遭遇的自然灾害主要有涝灾、雹灾和旱灾。其中雹灾发生次数最多, 对农业生产和群众生活影响也最大。主要自然灾害记载如下。

1972 年, 北京市发生严重干旱, 从年初至 7 月 18 日连续 140 天无降水, 全年降水量比常年减少 38.5%, 为 50 年来罕见。直到 7 月 19 日才下了透雨, 干旱造成秋粮减产, 南口农场种植业损失严重。1979 年 6 月 14 日, 京郊降冰雹, 南口农场果树以及其他作物受灾。1981 年 8 月 28 日, 南口农场遭受雹灾, 水果被砸落、砸伤。1986 年 8 月 9 日, 17 时 5 分至 17 时 30 分, 南口农场遭受了建场以来最严重的一次雹灾, 遭灾面积达 5000 亩*, 直接损失达 150 万元以上。1989 年 8 月南口农场旱情较重。1990 年 5 月 29 日 20 时 45 分, 南口农场区域内降冰雹, 密度大, 粒径 20 毫米, 4000 余亩小麦受灾、倒伏, 果品被砸伤, 造成经济损失 100 余万元。1998 年 3 月 14 日、18 日, 因寒流造成夜间气温骤降, 果树分场职工采取熏烟的方式为果树取暖, 避免果树花芽受冻。1998 年 6 月 14 日下午, 南口农场地区普降冰雹, 果树普遍受灾, 受灾面积 4600 亩。1998 年 7 月 5 日, 北京市普降暴雨, 南口农场受灾。2001 年 7 月 25 日晚, 南口农场遭受冰雹突袭, 受伤果率达 3%～5%, 部分临近成熟的桃子和苹果被砸落地。2004 年 7 月 23 日下午, 南口农场遭受强风和雷电天气, 大棚顶的石棉瓦被掀翻, 果树大棚被掀翻, 铁艺围墙被刮倒或被树压倒, 二分场路口 30 余棵直径半米多的大树连根拔起并砸伤行人, 直接经济损失 10 余万元。2005 年 6 月 8 日, 南口农场地区遭遇雷暴强对流天气, 造成南农家园小区内部分家庭的电视、电话等家用电器损坏。2012 年 7 月 21 日, 北京及其周边地区遭遇 61 年来最强暴雨及洪涝灾害, 南口农场果树受灾面积达 7864 亩。2012 年 9 月 27 日, 南口农场遭遇暴雨侵袭, 受灾面积 5382.5 亩。2014 年 5 月 23 日, 南口农场受暴雨及大风侵袭, 受灾面积 2430 亩。2014 年 6 月 22 日, 南口农场遭遇大风, 1760 亩果树受灾。2014 年 7 月 1 日, 南口农场受暴雨、大风影响, 6105 亩地受灾。2015 年 10 月 8 日, 南口农场遭遇大风侵袭, 1058 亩果

---

* 亩为非法定计量单位, 1 亩＝1/15 公顷。——编者注

树受灾。2017年10月8日，受强降雨影响，南口农场630亩果树受灾。

5. 土地面积 南口农场现有土地29宗，面积共计981.48公顷（14722.14亩）。其中南口农场名下26宗，面积952.89公顷（14291.99亩）；由三元种业划转到南口农场管理的土地3宗，土地面积为28.68公顷（430.15亩）。

6. 产业介绍 截至2017年12月，南口农场所属全资企业5家，分别为北京南农建筑科技有限公司、北京南口南农家园物业管理有限责任公司、北京南口农场硕春冷库、北京南口农场绿化工程中心、北京市南口农场果品经营中心。控股企业2家，分别为北京坤和建谊置业有限公司、北京南农东亚房地产开发有限公司。参股企业2家，分别为北京三元百旺房地产开发有限公司、北京秋海旭荣房地产开发有限公司。

南口农场拥有"燕光"果品、京西北第一低温仓储平台、南农建筑科技等产品与服务品牌。

"十三五"时期是农场全面深化改革，推进产业转型升级，构建生态环境优美，发展要素集聚，产业特色突出的现代企业的关键阶段。按照首都城市战略定位、昌平区西部地区功能定位，围绕集团公司"一体两翼""三位一体"的战略布局，以产业培育为主线，以资源整合为推动力，以项目建设为突破口，立足高端，追求品质，南口农场将做精现代农业、做强现代物流业、做优现代服务业，构建现代农业、现代物流业、现代服务业相辅相成、融合发展的产业体系，形成"两园"（南农百果园、南农生态园）、"一院"（坤和建谊养老院）、"两基地"（综合产业基地、京北物流基地）的发展格局，打造美丽、法治、富强、和谐的新型现代化农场。

二、南口农场建立

1957年，北京市人民委员会决定改造沙滩荒地，兴建万亩果园，绿化首都，改善环境，缓解风沙危害，创建副食品生产基地，初为西郊农场分场。1958年2月，南口农场开始筹建。同年8月，成立前进人民公社，南口农场为其一部。同年11月，前进人民公社撤销，改为南口人民公社。1959年，南口农场成为独立经营单位，实行两种所有制，企业为全民所有，农村为集体所有。20世纪60—70年代，南口农场曾多次更换上级主管部门，建场初期隶属北京市农林水利局领导，1962年改属昌平县和北京市农林局双重领导。1964年后属北京市国营农场管理局领导，1969年后属北京市农业局领导，1972—1979年由北京市农林局（农场组）领导。1979年后农场上级主管机构先后变更为北京市国营农场管理局、北京市农工商联合总公司、北京三元集团总公司、北京三元集团有限责任公司、北京首都农业集团有限公司、北京首农食品集团有限公司。

三、经济发展

建场初期，农场发展的重点是果树和畜牧业。果树生产以小国光苹果为主，畜牧业主要为奶牛饲养，兼有养猪、养鸡、养鸭等。工业生产主要是乳品、果脯等食品加工业。建场后，国家与北京市对农场的发展给予了很大支持。市政府对农场投资 3500 多万元，但大多数年份农场经营处于亏损状态，主要原因是沙质土壤果树效益较低，畜牧业与食品加工业规模不大，利润较低。

改革开放后，农场确立了"精一、强二、兴三"的指导思想，加快经济发展步伐，改变了长期亏损的局面。1978 年，成立南口农场水泥构件厂。1980 年，在西单路口开办了燕山商场。1986 年，建起一座可储藏 1100 吨的食品冷库。1990 年，农场生产的国光、金冠、红星苹果被评为全国第一批"绿色食品"，"燕山牌"甜炼乳、奶粉及"京南春牌"系列果脯也被评为"绿色食品"。1991 年，南口农场被定为全国第一批"绿色食品"示范生产基地。1995 年，富士苹果被评为"绿色食品"。农场生产的果品除热销国内，还远销到东南亚等地区。农场选育的Ⅲ、Ⅳ、Ⅴ、Ⅵ系高瘦肉率北京鸭，多项指标均超过世界名种鸭。乳制品外销俄罗斯。果脯也远销东南亚、日本、韩国和加拿大等地区和国家。农场生产管理技术、科研成果、产品质量屡获国家级、部市级奖励。农场三大产业得到长足发展，初步建立起比较完备的产业体系，乳品加工、种鸭、奶牛、果树等管理水平在全局名列前茅，农场发展成为以农牧业为基础、农工商并举，收入近亿元的综合企业。

进入 20 世纪 90 年代中后期，苹果市场低迷、场乡体制改革、集团产业重组，农场发展迎来重重考验。农场立足都市农业，培育主业，持续调整优化传统果树业，做强仓储业，发展新型建材业；通过"主辅分离，辅业改制"，转型关停亏损企业；发挥资源优势，引进华彬庄园、安德鲁公司等企业，提升地区投资环境，带动区域产业发展。为推进土地资源开发利用，抓住机遇完成土地确权，编制场域整体规划，农场开启二次创业的新征程。近年来，农场以改革创新为动力，稳步推进产业升级，经济运行质量和效益不断提高。2014 年，农场收入突破亿元大关，利润突破千万元，是自 1998 年场乡体制改革后首次实现收入过亿、利润突破千万，实现了"双突破"。

"十三五"以来，农场坚持"稳中求进"的总基调，紧紧围绕"千亿首农梦"以及"一体两翼"战略，落实集团公司"三位一体"战略布局，立足农场"十三五"规划、"四个南农"的建设目标，夯实管理基础，推进落实重点项目，加大企业转型升级力度，培育新的经济增长点，各项工作稳步推进，夯实现代农业发展基础，推进农业归核化战略。作为农垦农产品质量追溯建设单位，集团旗下独具特色的规模水果种植基地，南农百果园已建设成为集果树种植、农业科技、农事体验于一体，形成千亩连片，具有较强区域辐射力的现代果业示范园区。抢抓北京市百万亩平原造林工程机遇，积极推进生态修复和环境品质提升工程，培植人工生态林244.47公顷（3667亩），发展生态林游，建设821亩南农生态园，初具规模。做优物产物流业，立足万吨低温库容，建设集速冻、冷冻、保鲜、常温于一体的京西北第一物流平台，服务保障首都食品供应，硕春冷库实现经济效益和发展质量持续提升，成为与农场经济协同发展的重要力量。伴随传统业务转型，2017年底，南农水泥构件厂抢抓装配式构件产品的政策和市场机遇，引入战略合作伙伴，完成公司制改制，建立北京南农建筑科技有限公司。培育现代服务业，农场街区控规调整加速推进，依托重点项目，健康养老、生态居住、产业基地等现代服务业态正在孵化、成长。2017年，农场完成了历经60年的全民所有制到公司制的变革，企业性质发生了变化，南口农场进入了一个全新的历史时期。

四、党的建设与企业文化

1958年建场以后，南口农场经历了创建、发展与辉煌，形成了艰苦奋斗、开拓进取的企业精神。20世纪90年代中期以来，农场重新调整战略，进入二次创业时期。近年来，以党的十八大、十九大精神为统领，农场党委围绕全面从严治党主线，加强党的建设，明确了"美丽、法治、富强、和谐"新南农建设远景目标，坚持"强、实、真"工作标准，在全场营造懂规矩、守纪律、重程序、讲法治的浓厚氛围；倡导"积极快乐工作，健康幸福生活"理念，完善人才培养激励及监督约束机制，提出"有修养、有能力、有情怀"的三有干部队伍及"经营管理人才、专业技术人才、高技能人才和组工人才"四支队伍建设目标，稳步提高职工收入，职工幸福感、获得感不断提升，树立了"开放、包容、自信"的新南农形象，为农场经济持续健康发展提供了坚实的政治、思想和组织保障。

2017年末，农场从业人员共有245人，在岗职工229人，其中女职工50人；35岁及以下45人，36~50岁106人，50岁以上78人；研究生9人，本科37人，大专53人，中专及以下130人；初级职称31人，中级职称21人，高级职称3人；具有初级职业技能14人，中级技能29人，高级技能16人，技师8人，高级技师7人。农场党委下属7个党支部，共有党员109人。农场先后荣获北京市人民政府国有资产监督管理委员会（北京市国资委）系统学习型党组织建设十佳品牌、北京市安全生产先进单位和首都文明单位等光荣称号。

大 事 记

● **1957 年**　12 月　北京市委、市人委、农林水利局派人来南口农场区域勘测。

● **1958 年**　1 月 14 日　中共北京市委、市人委决定，由北京市农林水利局开始筹建南口农场。

1 月 28 日　苏联果树专家阿·彼·德拉加夫采夫到南口农场察看后指出，南口农场果树栽培的条件不仅是困难，而且是很困难的。

2 月初　北京市委任命宋新波带队，霍玉杰负责生产，李俊峰负责基建，金洪乐负责果树，组成最初的领导班子。

同月　中共北京市委、市人委决定，由北京市粮食局党组书记宋新波、北京市粮食局油脂公司经理王锡田带领财贸系统下放干部 2000 余人，兴建南口农场，初期作为西郊农场的分场。

3 月 18 日　下午 3 时农场栽上了第一棵苹果树。

4 月 9—10 日　农场召开第一届党代会，宋新波、张光赤、王锡田等 9 人当选为党委委员，宋新波任党委书记。

4 月 12 日　北京市市长彭真签署人民委员会任命书第 0092 号，任命宋新波为南口国营农场场长。

4 月底　一分场成立。农场组建基建队开始筹建宿舍、礼堂、饭厅、猪圈、蜂房、兔圈和工厂，开设了炼铁厂、水泥厂、牛奶厂、工具修配厂、养鸡场。

5 月　农场修建响潭水库，二、三、四分场建立。

同月　农场制定了《国营北京市南口农场统计工作暂行办法》。

6 月　农场工会筹备会成立，文化促进会成立，安装有线广播。

7 月　红专大学成立。制定《南口农场 1958—1962 年五年远景规划》（草案）。

9 月 1 日　以南口农场为基础，组成北京市昌平区前进人民公社。

12 月 15 日　昌平区委对南口农场吸收附近 6 个村：土楼、丈头、乃干屯、新店、小营、李庄加入农场的请示进行了批复。

本年　职工 173 人，总资产 218 万元，营业收入 62 万元，利润 0.4 万元。

● **1959 年**　1 月底　为解决果树灌溉的水源问题，农场修建了 5000 米的响潭水库开渠引水的修渠工程。

3 月　前进公社解体，南口农场重新独立，宋新波任党委书记兼场长。

7 月　农场开始动工修建总场办公室。

11 月 27 日　由原土楼村、李庄村、响潭村成立第五分场。

本年　农场在南阳公路西侧，盖房建职工新村。

本年　响潭村划入农场。

本年　南口农场金洪乐发明利用接根扦插快速培育苹果苗的新方法，育苗时间由 3 年缩短到 1 年。

本年　职工 376 人，总资产 320 万元，营业收入 20 万元，利润－0.2 万元，税金 0.8 万元。

● **1960 年**　2 月 4 日　农场制定《财产管理暂行办法》。

2 月　农场食品加工厂成立（后改为北京市南口乳品厂）。

3 月 16 日　全国人大代表、政协委员徐士高、曾宪植、钟惠兰等来场视察。

3 月 18 日　中共中央委员、中央监察委员会常委王维舟等 7 人视察南口农场。

本年　职工 1337 人，总资产 400.8 万元，营业收入 56.4 万元，利润 16.2 万元，税金 1.4 万元。

● **1961 年**　3 月　农场从响潭水库引水的干渠，全长 3200 米的水渠修成。

8 月　农场欢送职工参军。

本年　开办了职工业余技术学校。

本年　南口农场建成果园 666.67 公顷（10000 亩），已定植 400 公顷。

本年　职工 1261 人，总资产 519.2 万元，营业收入 74.65 万元，利润－3.7 万元，税金 1.3 万元。

● **1962 年**　1 月 16 日　农场召开第一届职工代表大会。

2 月 1 日　葛村并入农场，成立第七分场。

9 月　农场请来技术员为职工辅导果树栽培技术。

本年　农场为解决职工子女的上学问题，在西新村建起小学。

本年　职工 1379 人，总资产 537.2 万元，营业收入 84.65 万元，利润－4.2 万元，税金 2.1 万元。

● **1963 年**　1 月　葛村、土楼、李庄并入南口农场二分场，李庄与四分场合并为三分场。

1—2 月　北京市建筑设计院南口副食基地、北京市建工局副食基地移交给南口农场。

5 月　成立南口果园乡，召开了第一次乡代表会，成立了乡政府。

同月　农场召开第二次党代会。

6 月　农场对"金帅""祝光""国光"苹果树进行提早结果、早期丰产试验，部分苹果树开始结果，产量 175 吨。

9 月 28 日　刘澜涛、王纯等到农场视察。

10 月 16 日　彭真、刘宁一、伍修权等到农场视察。

10 月 18 日　万里、戎子和等到农场视察。

4—10 月　中国科技大学的老师和同学分批来农场参加义务劳动，先后来了 2802 人。

本年　农场生产的蜜桃远销香港。

本年　职工 2809 人，总资产 744.4 万元，营业收入 112.49 万元，利润—14.1 万元，税金 2.5 万元。

● **1964 年**　1 月　葛村、土楼、李庄从二、三分场分出，与响潭村一起归南口农场农村工作队领导。

8 月 20 日　宋新波任农场党委书记，马光斗任农场场长。

本年　农场试验成功预制水泥构件渠道。

本年　职工 3008 人，总资产 890.37 万元，营业收入 136 万元，利润 0.3 万元，税金 24.7 万元。

● **1965 年**　3 月　农场青年职工覃正东、王奇龄、梁全哲、焦少侠、赵志荣参与创作报告文学集《我们的青春》，由作家出版社出版。

5 月 7 日　北京市委第二书记刘仁来场视察工作。

12 月 30 日　北京农业函授大学南口农业分校成立并举行了开学典礼，吸收学员 368 人。

本年　果树面积达 578.13 公顷（8672 亩），防风林 86.67 公顷（1300 亩），苗圃 6.67 公顷（100 多亩），号称万亩果园。

本年　职工 3430 人，总资产 999.6 万元，营业收入 205 万元，利润—35.6 万元，税金 8.9 万元。

1966 年 5 月　召开南口果园乡第二届乡代会。

本年　职工 2566 人，营业收入 201 万元，利润－85.1 万元，税金 8.4 万元。

1967 年 本年　职工 2593 人，营业收入 248 万元，利润－40.6 万元，税金 11.8 万元。

1968 年 3 月　由市里派来的吕玉和任农场革委会主任。

本年　南口果园乡裁撤。

本年　职工 2179 人，营业收入 251 万元，利润－33.6 万元，税金 10.9 万元。

1969 年 8 月 13 日　北京人民艺术剧院全部下放到南口农场二分场劳动锻炼。

本年　二分场建立起生产果脯的小作坊。11 月，迁至西新村，成立南口农场果脯厂，1977 年迁至乳品厂东侧。

本年　职工 2219 人，营业收入 303 万元，利润－12.8 万元，税金 13.3 万元。

1970 年 1 月 1 日　北京人民艺术剧院全团转移至大兴县团河农场。

本年　南口农场中学建立。

本年　职工 2195 人，营业收入 489 万元，利润 8.9 万元，税金 24.3 万元。

1971 年 3 月　黄超任农场党政一把手，农场第三次党代会召开。

本年　职工 3818 人，总资产 1520.7 万元，营业收入 510 万元，利润 13.5 万元，税金 25.4 万元。

1972 年 5 月 3 日　《人民日报》刊载《昔日荒沙滩今朝百果园》。

8 月　黄超调离农场，倪竖发担任党政一把手。

10 月 24 日　《光明日报》刊载《硕果满园——访北京市南口农场》。

本年　职工 3052 人，总资产 1328 万元，营业收入 446 万元，利润 15.9 万元，税金 22.2 万元。

1973 年 5 月　果树科学实验站成立。

11 月　倪竖发调离农场，陈之光担任党政一把手。

本年　修建总场大门口至乳品厂路段道路。

本年　职工 3931 人，总资产 1427 万元，营业收入 437 万元，利润－9 万元，税金 23 万元。

1974 年 本年　开始在乳品厂东侧兴建南口农场果脯厂新厂房。

本年　职工 5641 人，总资产 1571 万元，营业收入 541 万元，利润 15.5 万元，税金 26 万元。

1975 年 11 月　农场第四次党代会召开，陈之光当选为党委书记。

本年　成立南口农场职工医院。

本年　职工 3938 人，总资产 1674 万元，营业收入 548 万元，利润 －10.2 万元，税金 26.8 万元。

1976 年　3 月　在科技站建立了"七·二一大学"，由李士元任党支部书记兼校长。

本年　职工 3816 人，总资产 1910 万元，营业收入 553 万元，利润 1.5 万元，税金 24.4 万元。

1977 年　本年　南口农场果脯厂迁至新址。

本年　职工 3686 人，总资产 1863 万元，营业收入 414.3 万元，利润 －113.9 万元，税金 18.9 万元。

1978 年　4 月　南口农场"苹果霉心的防治研究"，获北京市农业科研成果四等奖。

7 月　陈之光调离农场，宋新坡任党委书记兼场长。

本年　南口农场水泥构件厂成立。

本年　职工 3644 人，总资产 1924.7 万元，营业收入 569.6 万元，利润 5.6 万元，税金 26 万元。

1979 年　本年　果树栽植面积压缩为 366.67 公顷（5500 亩）。

本年　职工 1738 人，总资产 2003 万元，营业收入 530.3 万元，利润 15.1 万元，税金 21.6 万元。

1980 年　1 月　燕山青年农场售货亭开始营业。

2 月 8 日　《人民日报》在第二版头条位置报道了二分场个人承包猪场的情况。

2 月　南口农场完成的"苹果炭疽病防治时期研究"，获北京市科技成果三等奖。

7 月　宋新波调离农场，杜林和担任农场党政一把手。

本年　职工 2490 人，总资产 2098 万元，营业收入 505.7 万元，利润 9.7 万元，税金 19.6 万元。

1981 年　2 月 22 日　农场撤销农村分场，设立农业科。

3 月 24 日　农场"四定一奖"奖励制度改为"财务包干"的奖励制度。

5 月 15 日　农场转发了北京市人事局、北京市劳动局《关于停止干部退休、退职后招收子女参加工作的通知》。

6 月 20 日　农场往返北京的班车开通。

本年　农场制定了《南口农场综合农业区划报告》（初稿）。

本年　职工 2191 人，总资产 1970 万元，营业收入 573.8 万元，利润 19.2

万元，税金 27.2 万元。

1982 年 3 月 1 日　农场机关制定了《机关各科室岗位责任制》。

3 月　农场第一届职工代表大会第一次会议召开。

12 月 28 日　农场公安派出所建立，自 1983 年 1 月 1 日开始正式办公。

本年　职工 1857 人，总资产 1805 万元，营业收入 724.8 万元，利润 28.2 万元，税金 30.8 万元。

1983 年 10 月　成立土楼乡政府筹备小组，李连池任组长。

12 月 1 日　杜林和调离农场，潘彬荣担任农场场长，张庆田任农场党委书记。

本年　职工 1757 人，总资产 1999 万元，营业收入 978.6 万元，利润 98.7 万元，税金 31.8 万元。

1984 年 7 月 13—14 日　召开土楼乡第一届第一次人代会。李连池当选为土楼乡乡长。

本年　乳品厂开始加工生产酸奶和奶油。

本年　果脯厂桃、杏和苹果罐头出口日本和东南亚。

本年　果树科学实验站成功培育早熟桃新品种"早魁"。

本年　职工 1780 人，总资产 2434 万元，营业收入 1247 万元，利润 169.6 万元，税金 39.6 万元。

1985 年 秋季　种鸭场建立，饲养北京鸭、金定鸭、康贝尔鸭。

本年　果脯厂更名为"北京市南口农场食品厂"。

本年　农场在五分场建起了纸箱厂。

本年　农场建成第一座冷库，容积为 1000 吨。

本年　职工 2479 人，总资产 2753 万元，营业收入 1465.4 万元，利润 143.9 万元，税金 60.5 万元。

1986 年 3 月 19 日　农场制定《南口农场关于临时工的管理办法》。

8 月 9 日　下午 5：05—5：30 农场遭受到建场以来最严重的一次雹灾，遭灾面积达 5000 亩，直接损失达 150 万元以上。

9 月 10 日　"北京市南口农场冷库"申请办理营业执照。

9 月 20 日　农场向北京市劳动局计划处递交了《关于申请从本市农村中招收 300 名固定工的报告》。

10 月 16 日　经过一年多的筹备，为解决农场水果销售储存问题，在 1985 年建成第一座库容 1100 吨冷库的基础上，冷库正式成立。

本年　职工 1994 人，总资产 2902 万元，营业收入 1700 万元，利润 150.8 万元，税金 66.6 万元。

1987 年　1 月　南口农场乳品厂生产的燕山牌全脂甜炼乳，获"北京市优质产品奖"。

5 月 28 日　土楼乡第二届第一次人代会召开，李连池再次当选为乡长。

6 月　农场 1 号和 2 号职工住宅楼开工。

7 月 8 日　北京市长城老年病医院获准建院。

本年　职工 1993 人，总资产 2689 万元，营业收入 2253 万元，利润 169.9 万元，税金 90.3 万元。

1988 年　3 月 18—19 日　农场召开第五次党员代表大会，张庆田任党委书记。

5 月 25 日　农场与昌平电信局签订电话增容协议书，交换机 50 门增容到 100 门，中继线由 3 条增到 6 条。

8 月 1 日　357 路公交车开通。

9 月　农场 3 号和 4 号职工住宅楼开工。

本年　农场与国家科委农村开发中心合作，建起祖代鸡场。

本年　职工 1940 人，总资产 3399 万元，营业收入 4259 万元，利润 193 万元，税金 135.9 万元。

1989 年　2 月 24 日　农场制定《南口农场分配制度改革实施办法》（试行）。

8 月 10 日　农场下发了《南口农场西新村家属楼分配办法》。

10 月　农场 1 号和 2 号职工住宅楼竣工。

本年　南口农场南口食品厂生产的京南春牌桃脯、杏脯、苹果脯，获"北京市优质食品"称号。

本年　职工 1936 人，总资产 3908 万元，营业收入 3864.4 万元，利润 242.6 万元，税金 128.3 万元。

1990 年　3 月 23 日　农场下发了《南口农场有关职工离退休制度的若干试行办法》。

3 月　南口农场完成的"早熟桃早魁的选育和推广"，获北京市科技技术进步奖二等奖。

5 月　种鸡场独立核算，正式成为南口农场的二级单位。

6 月 4 日　农场冷库更名为"北京市南口农场商业公司"。

7 月 11 日　南口长城老年病医院更名为"北京市南口长城医院"。

7 月　农场 3 号和 4 号职工住宅楼竣工。

本年　农场生产的国光、金冠、红星苹果被评为全国第一批"绿色食品"。

本年　11月农业部批准农场10个品种为"绿色食品"，这10个品种是：国光、金冠、红星苹果；燕山牌甜炼乳、速溶全脂奶粉、速溶多维奶粉；京南春牌苹果脯、桃脯、杏脯、海棠脯，并颁发了《绿色食品证书》。

本年　早熟桃早魁的选育和推广，获北京市科技成果二等奖。

本年　南口农场种鸭场荣获"七五"期间北京市科技攻关一等奖。

本年　职工2046人，总资产4440万元，营业收入4892万元，利润251.3万元，税金105.2万元。

1991年　1月　张庆田调离农场，潘彬荣任农场党政一把手。

1月29日　土楼乡第三届第一次人代会召开，李连池再次当选为乡长。

3月　农场被定为全国第一批绿色食品示范生产基地。

9月　种鸡场与以色列科尔公司驻京办事处合作首次引进新品种"亚康"粉壳蛋鸡。

12月15日　农场程控电话总机安装测试完毕并正式投入使用，由原来的人工接转改为四位号码自动直拨，中继线由6条增到20条。

本年　职工2232人，总资产5353万元，营业收入6469.5万元，利润277万元，税金187.2万元。

1992年　3月18日　北京市政府授予北京市农业局、北京市农场局、南口农场等单位合作完成的"北京地区晚播冬小麦高产栽培技术体系研究和应用"为1991年度北京市科技进步奖一等奖。

8月　农场与北京市农工商联合总公司能源供应站、北京市农工商联合公司农机处签订了关于确定在南阳公路与葛流路口西北角共建加油站的协议书。

11月25—26日　农场第六次党代会召开。潘彬荣任党委书记。

本年　农场建成第二座冷库，容积为1500吨，水果库温度可控制在0～5℃，并有冷藏库，配备制冷机，可储存冷冻的肉、禽、水产。

本年　职工2309人，总资产7074.9万元，营业收入7476万元，利润306万元，税金226万元。

1993年　1月3日　由电管站、水管站、加油站三个部门组成能源物资服务公司。

2月27日　农场下发《关于实行岗位动态工资制的办法》。

本年　职工2145人，总资产8538万元，所有者权益3762万元，营业收入9755万元，利润425.2万元，税金248万元。

1994 年　1 月 7 日　陈东任南口农场场长。

1 月 20 日　土楼乡第四届第一次人代会召开，李树元当选为乡长。

9 月　农场 5 号职工住宅楼开工。

12 月　在北京市农工商联合总公司工会（以下简称总公司工会）建家升级活动"两模三优"中，南口农场二分场工会被评为北京市模范职工小家，南口农场工会、南口农场乳品厂工会被评为总公司模范职工之家，南口农场二分场食堂工会小组、南口农场乳品厂电工班工会小组被评为总公司模范职工小家。

本年　职工 2102 人，总资产 9162.8 万元，所有者权益 4130 万元，营业收入 9490.5 万元，利润 518.5 万元，税金 82.9 万元。

1995 年　2 月 22 日　农场与北京华彬庄园绿色休闲健身俱乐部有限公司签订了租赁 3 号楼的公证书，开启农场对外合作的大门。

5 月　潘彬荣调离农场，苟长明任农场党委委员、党委书记。

10 月　农场 6 号职工住宅楼开工。

12 月　农场 5 号职工住宅楼竣工。

本年　晚熟苹果国光评比获北京市林业局第一名。

本年　南口农场种鸭场被评为国家级重点种禽场。

本年　农场乳品厂生产的"燕山牌"全脂甜奶粉被中国消费者协会评为"全国消费者信得过产品"。

本年　职工 2121 人，总资产 10272 万元，所有者权益 4509.3 万元，营业收入 10581.5 万元，利润 525.2 万元，税金 71.8 万元。

1996 年　3 月 15 日　在"3·15"国际消费者权益日，《人民日报》公布国家名优产品光荣榜，南口农场乳品厂生产的燕山牌全脂奶粉榜上有名，被誉为"信得过产品"。

4 月　屈连贵被北京市总工会授予首都劳动奖章。

11 月　农场 6 号职工住宅楼竣工。

12 月 18 日　南口农场、土楼乡第七次党员代表大会召开。苟长明任党委书记。

本年　职工 2063 人，总资产 11652 万元，所有者权益 4600.3 万元，营业收入 9982 万元，利润 13.4 万元，税金 335.37 万元。

1997 年　1 月　农场乳品厂划归三元食品有限责任公司。

1 月 16 日　农场与北京育青食品开发有限公司签订了合作协议书，将西单商场租赁给育青公司经营普罗快餐。

1 月 21 日　经中华人民共和国国家工商行政管理局商标局批准，"燕光"商标注册。

1 月 20 日　召开土楼乡第五届人代会一次会议，李树元当选为乡长。

5 月　苟长明调离农场，郑维业任农场党委委员、党委书记。

8 月 4 日　农场将 1 号楼、2 号楼及院落、园林小区租赁给北京华彬庄园绿色休闲健身俱乐部有限公司。

8 月　农业部农垦局（农垦工）〔1977〕75 号文通报 1996 年度全国农垦工业利税百强企业，并颁发荣誉证书，南口农场所属的南口乳品厂列第 89 位。

9 月　南口农场商业公司更名为北京市硕春商贸公司。

本年　职工 1692 人，总资产 11870 万元，所有者权益 4897.9 万元，营业收入 5542.6 万元，利润－320.5 万元，税金 138 万元。

● 1998 年　2 月　农场果林业推行"两费自理"承包。

3 月 1 日　新村家属区单独核算，实行物业化管理。

3 月 10 日　《南农青年报》创刊。

3 月 12 日　三分场率先实行果树承包，与四名职工签订了果树承包合同。

4 月 8 日　农场机关机构改革启动，设三办三科一会，科室人员由 109 人减为 54 人，实现了机构精简，人员分流，体制改革迈出重要一步。

5 月 7 日　农场四分场（种鸭场）正式并入北京金星鸭业集团有限责任公司。

5 月　机关基建科与物资站合并，成立建材建筑服务中心。

7 月 31 日　农场、土楼乡政府联合成立了场乡体制改革工作领导小组及办公室。

8 月　农场与北京华彬庄园绿色休闲健身俱乐部有限公司就共同开发农场原一分场菜园苗圃项目签订了关于兴建大型超级市场和现代化室内绿色植物基地项目的合作合同。

10 月 5 日　西单燕山百货商场接西城区西单文化广场建设指挥部通知，在 10 月月底前搬迁并将拆迁现场腾空交于建设单位拆除。

10 月 12 日　农场与南口镇政府、马池口镇政府、昌平县教育局分别签订了划分协议。

10 月 18 日　农场召开纪念建场四十周年大会。

10 月 22 日　根据场乡体制改革有关精神，土楼乡撤销，有关工作人员全部回农场安置。

10 月 23 日　燕山与北京市华远房地产股份有限公司签订了《拆迁协议书》。

10 月 26 日　北京市经贸委批准北京市农工商联合总公司与法国安德鲁股份有限公司在京设立合资企业——北京安德鲁水果食品有限公司。

本年　全场电话改成直拨。

本年　职工 1444 人，总资产 10556 万元，所有者权益 3676.9 万元，营业收入 4470 万元，利润－425.5 万元，税金 123 万元。

● **1999 年**　3 月 1 日　农场下发《关于加强南口农场劳动力管理的措施》。

3 月　农场开始对全场的土地进行确权。

6 月　北京南口农场食品厂更名为"北京市南口四方食品厂"。

7 月 8 日　北京市南口四方食品厂与北京安德鲁水果食品有限公司签订商业租赁合同。

9 月 30 日　农场新大门竣工。

11 月 5 日　农场举行金秋赏果活动。

12 月 13 日　北京市农工委、北京市纪委、北京市总工会到农场检查厂务公开情况。

本年　职工 1132 人，总资产 7433.6 万元，所有者权益 3212.4 万元，营业收入 4097.4 万元，利润－260.1 万元，税金 90 万元。

● **2000 年**　1 月 25 日　农场召开 1999 年度总结表彰暨春节慰问大会。

2 月 1 日　农场邀请北京市歌舞剧院为农场职工及家属进行新春慰问演出。

4 月 3 日　新建职工 7 号住宅楼的奠基仪式在新村工地举行。

5 月 18 日　农场与北京必胜企业策划有限公司签订了《土地租赁合同》。

6 月　农场 7 号和 8 号职工住宅楼开工。

7 月 3 日　种鸡场并入第五分场。

7 月 18 日　农场与北京卓达房地产开发集团有限公司签订了关于对租赁、征用二分场所辖区域进行开发的协议书。

7 月 20 日　南口农场与河北卓达集团北京昌达房地产开发集团有限公司举行合作签字仪式。

8月10日　农场在《昌平周报》上刊登《关于公开招聘中层经营管理人员启事》。

8月20日　农场与华彬签订了关于华彬租赁的1、2、3号楼及由其自行投资新建的大棚及配套建筑物、4号楼等建筑设施的转让合同。

10月12日　农场下发《关于二分场职工住宅区住户搬迁安置的实施意见》。

11月　农场7号职工住宅楼竣工。

12月1日　农场新村物业小区租赁东李庄土地正式签约。

12月12日　昌平区教育局、南口农场、南口镇李庄村民委员会签订了《关于南口农场中心小学土地房产等全部资产无偿移交的协议》。

12月15日　总公司兽医总站、南口农场、金星鸭业中心、中荷畜牧培训中心、南郊农场、双桥农场合作完成的"家禽优良品种及其配套集约化增产技术"项目，获农业部1999年度全国农牧渔业丰收奖二等奖。

12月　9号和10号职工住宅楼开工。

本年　职工1024人，总资产8003.5万元，所有者权益3453.3万元，营业收入3962万元，利润－72万元，税金88.5万元。

2001年　2月27日　农场进行行业调整，撤销一分场、二分场、三分场、五分场建制，组建奶牛公司，果林公司；合并物管委、硕春商贸公司、职工医院，组建服务公司。

3月1日　农场成立离退休党支部。

3月14日　农场与金沙物资站签订了为期五年的承包经营合同。

3月23日　农场出台《南口农场2001年工资改革意见（试行）的通知》，对基层正职试行年薪制。

3月24日　新村物业小区业主委员会正式成立。

3月　11号和12号职工住宅楼开工。

4月16日　农场下发了废止《南口农场关于医疗制度改革的暂行规定（试行）》的通知。

5月1日　农场与李庄大队签订了关于租赁家属区东侧和南侧的《土地租赁合同》。

5月10日　农场与农业部农垦培训中心联合举办的南口农场高级工商管理培训班开班，时间为两个月，全场70余名干部参加了培训。

5月15日　农场物业小区主干道及大门改造工程正式动工。

6月　9号和10号职工住宅楼竣工。

7月11日　陈荣森任南口农场党委委员、副书记、场长。农场由党委集体领导下的分工负责制改为场长负责制。陈东任书记。

7月　南农家园8号职工住宅楼竣工。

同月　农场开始为职工建立住房公积金。

同月　农场奶牛公司划归三元绿荷奶牛养殖中心。

9月3日　农场撤销南口农场服务公司，恢复南口农场职工医院、南口农场物业管理委员会、北京市硕春商贸公司三个单位的建制。上述三个单位实行厂长负责制或经理负责制的领导体制。

9月14日至10月18日　农场领导班子开展以"讲学习、讲政治、讲正气"为主要内容的"三讲"党风教育活动。

9月25日　农场下发了《关于解决农场1995年内部协议购房有关问题的通知》。

10月31日　农场总体规划调研会召开，北京市规委副主任黄艳和北京市农工商总公司总经理包宗业出席会议。

10月　农场11号和12号职工住宅楼竣工。

同月　南口农场完成的"早中熟油桃示范与推广"获2000年度"北京市农业技术推广奖"二等奖。

11月6日　农场召开了改制工作动员会。

12月4日　科技站划归果林公司；撤销南口农场生产经营办公室，成立南口农场开发办公室、企业管理科；五分场更名为"北京市南口农场种鸡场"。

12月6日　农场与北京翰林兆业房地产开发有限公司签订了《联合开发协议书》。

12月27日　南农加油站划归北京三元石油有限公司。

12月　南口四方食品厂改制工作启动。

本年　职工650人，总资产7425.3万元，所有者权益3041.7万元，营业收入2069.5万元，利润－378万元，税金97万元。

●　**2002年**　1月10日　农场下发《南口农场补充医疗保险暂行办法》。

3月10日　南农水泥构件厂向蒙古国乌兰巴托市出口圆孔板设备、转让相关专利项目，正式签订合同。

5月　农场种鸡场"藏鸡"系列产品在中国北京第五届国际科技产业博览

会"现代农业科技与产品展"上荣获"产品银奖"。

6月10日　农场机关机构改革方案确定，机构调整为五部一室一会。

6月17日　农场机关食堂、招待所正式划归物业公司管理。

6月27日　北京市南口四方食品厂改制完成。

7月1日　农场为职工（含退休人员）每月增发住房补贴80元。

7月2日　农场下发《南口农场2002年调整经营者基薪的意见》。

7月15日　南口农场被首都文明委授予2001年度北京市"首都文明单位"称号。

8月8日　北京南口南农家园物业管理有限责任公司成立。

9月17日　农场下发了《南口农场地区治安联防工作方案》。

9月28日　农场成立联防大队。

12月10日　农场被北京市总工会评为"模范职工之家"。

本年　农场与安德鲁公司签订房屋租赁协议。

本年　职工582人，总资产6581.9万元，所有者权益2763.9万元，营业收入2326.8万元，利润−277.8万元，税金84.9万元。

2003年　1月31日　由南口农场、北京市农科院共同完成的"桃、油桃系列品种育种与推广"项目荣获2002年度国家科学技术进步奖二等奖。

3月10日　南农社区居委会成立。

4月29日　北京盛斯通生态科技有限责任公司成立。

5月14日　为保护南口农场地区土地资源，农场开始雇佣第一家保安公司。

6月15日　农场冷库二期"高改低"工程正式启动。

6月23日　农场九届三次职工（会员）代表大会一致通过农场《第十个五年计划纲要》修订方案。

同月　农场完成管理制度的梳理，制定了三十三个相关管理制度。

7月1日　农场与西藏亿峰药浴、金山圣地房地产开发公司合作开发的北京雪域生态园项目正式签约。

7月　农场1226.07公顷（18391亩）土地完成确权。此项确权涉及31个邻宗地单位。

8月底　种鸡场鸡群淘汰完毕。

本年　职工452人，总资产6546.3万元，所有者权益2548.2万元，营业收入2078万元，利润−135.2万元，税金106.9万元。

2004 年　1 月　农场被集团公司评为"模范职工之家"。

2 月 14 日　北京市计生委授予南口农场"北京市计划生育工作先进集体"称号。

2 月　农场对种鸡场员工进行分流安置，农场种鸡场关闭。

同月　农场"温室碧桃花盆栽技术推广"荣获北京市金桥工程项目三等奖。

3 月 1 日　农场下发《在职职工住院医疗互助合作保险的通知》。

3 月 18 日　农场与北京绚丽阳光老年服务有限公司就联合出资建立北京东方阳光国际老年颐养中心签订了《股份合作协议》。

4 月 6 日　南口农场派出所撤销。

4 月 16 日　农场成立清产核资领导小组。

6 月 1 日　农场与金圣博峰签订租赁合同，在原农场二分场区域成立北京昌平金圣博峰青少年综合素质培训中心。

6 月 15 日　马遂志任农场党委委员、书记，陈东改任正场级调研员。

7 月 1 日　农场住房公积金缴存比例由 5% 提高到 8%。

7 月　农场土地利用总体规划得到北京市政府、北京市国土资源和房屋管理局正式审批。

8 月 23 日　构件厂与北京住总大地混凝土建筑构件公司签署了《场地租赁协议》。

8 月　农场被评为首都文明单位。

同月　金沙物资站内部加油站关闭。

9 月　农场为 9 名符合政策的离休干部发放了住房补贴。

10 月 19 日　农场召开改制工作动员会，全面推进农场改制工作。

11 月　农场硕春商贸公司低温库存突破 2100 吨，利用率达到饱和。

12 月　农场观光采摘果园被北京市果树产业协会、百万市民观光采摘活动组委会批准为"北京市观光采摘定点果园"。

本年　北京市南农水泥构件厂与中国建筑科学研究院结构研究所合作进行的"九五"国家科技攻关课题"大开间预应力楼板研究"荣获"中联重科杯"华夏建设科学技术二等奖。

本年　农场实现整体扭亏。

本年　职工 409 人，总资产 8320.6 万元，所有者权益 2551.3 万元，营业收入 2362.2 万元，利润 3.2 万元，税金 81.5 万元。

2005 年　2 月 22 日　农场下发《南口农场主辅分离辅业改制前期分流安置富余人员暂行办法》的通知。

2 月 24 日　集团公司副总经理王力刚率队到农场调研，听取农场关于农业园项目的规划与论证情况。

2 月　农场与北京捷盟咨询公司签署了战略咨询合同。

3 月 9 日　农场与北京七星橡塑密封制品有限公司签订《场地租赁协议》。

4 月 19 日　农场纪委组织全场中层以上领导近 30 人参观了北京市反腐倡廉警示教育展。

5 月 11 日　集团公司总经理张福平率队到农场调研。场长陈荣森就农场战略发展定位、拟建生态农业园设想等进行了汇报。

5 月 20 日　北京市副市长牛有成视察盛斯通公司。

5 月 23 日　金沙物资站完成企业注销登记工作。

7 月 5 日　农场选定国家林业局调查规划院作为规划单位，双方签署了三元农林高科技生态园规划工程咨询合同。

7 月 19 日　原国家农林部副部长、农垦局局长赵凡等老领导到农场，听取了农场关于筹建农业园，发展都市农业的情况汇报。

8 月 8 日至 11 月 10 日　以推进"五个好样子"工程为载体，农场深入开展保持共产党员先进性教育活动。

8 月 10 日　农场成立硕春商贸公司第三期高温库改造及南农家园危房改造两个工程项目的招投标领导小组。

8 月 30 日　农场慰问了抗战时期参加革命工作的杨士俊和崔旭升两位离休干部，并为其颁发了"抗日战争胜利 60 周年纪念章"和慰问金。

9 月 15 日　农场制定并下发了《重大事故应急预案》。

12 月 7 日　农场召开"十一五"发展规划研讨会。

本年　职工 366 人，总资产 5796.3 万元，所有者权益 637.2 万元，营业收入 2477 万元，利润－349 万元，税金 83 万元。

2006 年　1 月 13 日　农场党政领导、退休老职工和农场职工代表 200 人欢聚一堂，举行了一场别开生面的春节团圆会。

3 月 22 日　农场与北京信达恒泰科技发展有限公司签订《场地租赁协议》。

4 月 24 日　农场启动危房腾退工作。

4 月 28 日　农场十届三次职工代表大会召开。会议审议并通过了《农场经济发展第十一个五年规划》。

5月 南农水泥构件厂承接了首都国际机场3号航站GTC项目楼扩建工程预制圆孔板的生产任务。

7月10日 农场危房腾退工作完成，危房拆除工作开始。

7月20日 物业公司召开发展党员大会，首次试行发展党员票决制。

8月11日 农场召开十届四次职工代表大会，表决通过《南口农场集资建房职工集资方案》。

9月16日 农场集资新建楼房（13～16号楼）项目破土动工。

10月 硕春商贸公司法人执照注销，非法人的营业执照办理完毕。

12月15日 农场与北京安德鲁水果食品有限公司签订了《租用食品厂厂房的补充协议》，将合同期限延长至2012年8月18日。

本年 职工352人，总资产7462.2万元，所有者权益161.9万元，营业收入2120.8万元，利润25.9万元，税金67.8万元。

● **2007年** 3月15日 农场与东北旺农场、安达房地产开发公司联合成立北京三元百旺房地产开发有限公司。

5月 农场下发《南口农场2007年调整经营者基薪的意见》和《南口农场2007年机关工资调整办法》。

6月26日 农场纪念建党86周年暨表彰大会召开。

7月1日 农场住房公积金缴存比例由8%提高到10%。

7月 南农家园菜市场改造工程动工，8月底全部完工。

8月30日 农场13～16号职工住宅楼室外工程正式验收。

9月1—30日 南农家园监控系统安装并投入使用。

10月11日 农场13～16号职工住宅楼陆续办理入住手续。

12月27日 南口镇整体规划（含农场规划）得到了市规委的批复。

本年 职工356人，总资产10089.1万元，所有者权益210.3万元，营业收入2843.4万元，利润62.7万元，税金139.96万元。

● **2008年** 2月7日 北京市昌平区区长金树东来盛斯通公司百合基地视察。

3月3日 集团老领导刘明等专程到农场了解生态城项目的建设情况。

3月20日 纪念《南农青年报》创刊十周年暨表彰大会隆重举行。

3月26日 农场与北京翰林兆业房地产开发有限公司双方签订了《关于共同设立一级开发公司的合作协议书》。

5月7日　北京市园林绿化局局长董瑞龙来盛斯通百合种球基地调研。

7月1日　农场住房公积金缴存比例由10%提高到12%。

7月21日　北京市昌平区委书记关成华考察盛斯通公司带动新农村建设情况。

10月22日　农场召开中共北京市南口农场党员代表大会。

同日　北京市国资委副主任强新、宣传处处长周荫良、集团纪委书记彭玲到农场调研。

12月12日　盛斯通当选"改革开放三十年中国杰出花卉企业"称号。

12月　农场荣获"北京市2008年度交通安全先进单位"称号。

本年　职工347人，总资产7598万元，所有者权益198.8万元，营业收入2678万元，利润66.1万元，税金108.5万元。

● **2009年** 1月　构件厂钢结构车间取得安装工程三级资质。

3月18日　农场启动学习实践科学发展观活动。

3月　农场开始恢复小国光苹果种植，此次共种植4公顷（60亩），1300株。这是农场20年第一次恢复种植小国光苹果。

4月16日　"果中之皇"枇杷落户果林公司。

4月20日　集团党委副书记马辉到农场调研学习实践科学发展观活动情况。

4月21日　农场冷库扩建项目获得昌平区国土局建设项目用地预审批复。

4月30日　CCTV-7"农广天地"栏目组到果林公司，拍摄南果生长。

5月22日　农场冷库扩建项目获得昌平区项目核准批复。

5月27日　农场冷库扩建项目获得集团公司批复。

6月25日　昌平区书记关成华到南农社区慰问。

6月30日　集团公司总经理薛刚调研农场控制性详细规划及冷库扩建项目。

6月　农场地区截污管线工程竣工。

8月7日　农场场长办公会决定撤销职工医院精神科。

8月12日　农场硕春冷库扩建7000平方米的项目启动。

8月18日　农场学习实践科学发展观活动总结大会召开，对为期5个月的学习活动进行了总结。

8月24日　农场与北京昀滢旭荣投资管理公司签订合作协议成立合资公司，

承担南口农场 NC-01 街区西临温南路居住用地项目（约 438 亩）土地一级开发工作。

9 月 24 日　北京秋海旭荣房地产开发有限公司正式成立。

本年　职工 323 人，总资产 14177.36 万元，所有者权益 317.9 万元，营业收入 3227.6 万元，利润 120.37 万元，税金 128.4 万元。

● **2010 年**　1 月 29 日　昌平区副区长王承军来农场调研，集团公司副总经理谢磊陪同。

2 月 10 日　农场节水灌溉工程开工。

2 月　集团公司副总经理谢磊来农场慰问困难职工。

3 月 25 日　为响应市团委"'绿色北京'行动计划"号召，由首农集团志愿者协会、团委主办，南口农场团委、三元置业公司志愿者分会协办，东北旺农场、三元食品股份公司、三元种业、华都集团、艾莱发喜公司等单位的团员青年到南口农场的"首农青年林"参加植树活动。

3 月 26 日　北京市商务委检查组来农场检查冷库扩建项目。

5 月 26 日　农场获"北京市残疾人自强模范暨扶残助残先进集体"称号。

5 月 27 日　农场组织开展"我与南农共发展"主题活动。

5 月 28 日　职工医院实行"持卡就医，实时结算"。

7 月 1 日　农场召开纪念建党 89 周年暨表彰大会。

7 月 23 日　京首农集团组字〔2010〕29 号文：郑维业任南口农场党委书记。

8 月 20 日　节水灌溉项目正式竣工，农场果园不仅实现了滴灌灌溉，还实现了重点发展区域自动化控制灌溉。

9 月 14 日　京首农集团组字〔2010〕32 号文：许树坡任南口农场场长、党委委员、副书记；唐燕平任南口农场党委委员、书记。

9 月 29 日　北京市科委党组书记、副主任杨伟光来农场调研物流产业发展情况。

10 月 1 日　农场 10 名职工参加国庆 60 周年庆祝活动。

11 月 1 日　硕春冷库正式通过了 ISO 9001：2008 管理体系认证和 HACCP 食品质量安全体系认证。

11 月 17 日　农场"燕光"牌苹果获中国绿色食品上海博览会畅销产品奖。

11 月 25 日　南口农场控制性详细规划（街区层面）获得北京市规委正式批复。

本年　职工 336 人，总资产 17033.35 万元，所有者权益 547 万元，营业收入 3985.5 万元，利润 228.8 万元，税金 174 万元。

2011 年　1 月 18 日　农场召开十届九次职工代表大会审议通过"十二五"规划。

1 月 28 日　集团公司副总经理谢磊来农场慰问困难职工。

2 月 11 日　集团公司总经理薛刚、副总经理王力刚到农场调研。

3 月 4 日　集团公司董事长、党委书记张福平到农场视察指导工作。

3 月 9 日　南农家园天然气改造工程开工。

3 月　农场三分场区域沙坑治理工程启动。

4 月 6 日　构件厂与清华建筑设计研究院合作的双向圆孔墙板项目进行试验，第一块试制成功。

4 月 12 日　农场被确定为 2011 年度农垦农产品质量追溯创建单位，追溯的农产品为"燕光"牌富士苹果，标准为"绿色食品"A 级。

4 月　农场承担北京市外专局"苹果矮砧宽行密植栽培模式的示范与推广"项目。

同月　北京市园林绿化局果树产业处处长付占芳来农场考察果树业发展。

5 月　国家外专局经济技术司彭浩处长来农场调研。

6 月 8 日　农场召开第十一次工会会员代表大会，会议选举产生了新一届工会委员会和经费审查委员会。

6 月 28 日　农场举行以"颂党恩走场界忆场史兴场业"为主题的建党九十周年纪念大会。

7 月 8 日　集团党委常委、纪委书记张红到农场调研。

7 月 21 日　《关于提高基层工作大学生待遇的规定》出台。

7 月 27 日　《农场科学技术奖励办法》出台。

7 月　"枇杷南果北移及温室优质高效栽培"荣获集团科技进步奖三等奖，早熟大果型鲜食枣品种——金铃大枣的中试示范获得集团成果推广奖三等奖。

8 月 29 日　农场 NC-01 街区局部地块控制性详细规划得到北京市规划委员会批复。

8 月　农场承担北京市科委"南果北种优质高产栽培技术研究与示范"项目。

9 月 22 日　南口农场 NC-01 街区公租房项目开工奠基典礼隆重举行。

9月26日　硕春冷库扩建项目竣工。

9月　农场将32册国有土地使用证移交集团公司房地管理部，农场名下25宗地、集团公司名下7宗地土地证名称变更登记工作圆满完成。

同月　农业部农垦局科技处处长曲晓飞来农场调研。

10月22日　农业园工程项目开工。11月28日完成一期工程。

11月1日　集团党委常委、机关党委书记高富到农场调研。

11月3日　农场决定对职工医院采取承包方式进行改革。

12月21日　《北京市南口农场职工医院改革方案》出台，职工医院划归物业公司托管。

12月28日　南农家园天然气安装完毕，天然气管道正式入户。

同日　集团纪委书记李卫红来农场调研土地房屋管理及安全隐患整治工作。

12月　农场工会获评集团公司模范职工之家。

本年　职工312人，总资产18141.44万元，所有者权益699.1万元，营业收入5963.4万元，利润162.3万元，税金96万元。

2012年

1月1日　农场为在职职工增加商业补充医疗保险。由商业补充医疗保险二次报销后，职工医疗费用报销比例平均可达到91％。

1月19日　农场召开2012年春节团拜会。

1月26日　集团公司副总经理谢磊来农场慰问困难职工。

1月　农场承担北京市国营农场管理局"北京市南口农场苹果质量追溯系统建设项目"。

2月22日　市国资委监事会主席仇章建率队来农场调研指导企业经营管理工作。

2月23日　在首都绿化美化总结表彰暨动员大会上，南口农场绿化工程中心经理李福新被授予"2011年度首都绿化美化积极分子"称号。

3月8日　冷库2号库西侧库改造工程正式开工。

3月20日　农场青年文化创意工作室成立。

3月28日　农业园二期工程开工，园区定名为"南农百果园"。

3月31日　京首农集团组字〔2012〕13号文：孙军任农场党委委员、书记，常务副场长。

3月　北京市知识产权局副局长周砚、产业促进处处长张伯友来农场调研专利培养实施工作。

同月　农场承担北京市外专局"温室草莓高架基质栽培技术优化与示范推广"项目。

5月6日　冷库2号库西侧库改造工程竣工。

5月28日　农场召开了第一期青年人才培养导师制启动大会。

5月31日　农场NC-01公租房项目正式破土施工。

6月29日　农场举办了"传承、责任、创新、发展"为主题的党员论坛活动。

6月30日　南农百果园二期竣工。园区占地约8公顷（120余亩），新建12栋日光温室，8栋钢架大棚，3326.4平方米连栋温室。

6月　农场集中清退煤炭储运企业。

7月4日　农场"南果北种优质丰产高效栽培综合配套技术研究"科技成果荣获集团科技进步奖一等奖。

7月5日　农场与东亚新华地产正式签约共同开发NC-03街区（农场原二分场）居住及商业、办公等用地，并附带砂石坑整治内容。

7月　农场出台《北京市南口农场管理制度汇编》。

8月6日　北京南农东亚房地产开发有限公司成立。

8月14日　昌平区副区长苏卫东来农场调研都市农业发展情况。

8月20日　集团公司董事长张福平来农场与北京农学院共商校企合作事宜。

9月5日　农场与北郊农场控股企业北京世新华盛牧业科技有限公司签订"北京黑猪"选址的《土地补偿协议》。

9月11日　农场与北京农学院共建人才培养基地正式成立。集团公司张立昌董事参加成立仪式。

10月11日　北京市政府张玉平副秘书长来农场调研，集团公司董事长张福平、副总经理马建梅陪同调研。

同日　农场基层党支部换届选举工作全部完成。

10月12日　南农家园1～6号楼政府惠民工程系统节能工程正式开工。

10月18日　农场十一届二次职工代表大会召开全体职工代表一致审议通过了《北京市南口农场企业年金实施细则》，并将建立年度追溯至2011年1月1日。

12月6日　中共北京市南口农场第八次代表大会召开。

12月10日　北京市副市长、市平原地区造林工程建设总指挥部总指挥夏占义到农场调研2013年平原地区造林工程准备工作。昌平区有关领导及首农集团副总谢磊陪同调研。

12月31日　农场家园小区13～16号168套房屋产权证办理完成。

12月　南口农场职工创新工作室被北京市总工会授予"市级职工创新工作室"称号。

本年　职工302人，总资产19147.64万元，所有者权益1420.3万元，营业收入7276.5万元，利润305.5万元，税金200.9万元。

2013年　1月14日　北京市南口农场科协成立。

2月21日　集团公司工会主席宋春来到农场调研职工创新工作室建设情况。

3月5日　农场成立平原造林工程筹备小组。

3月20日　冷库2号库机房改造工程开工。

3月25日　集团公司副总经理郑立明，昌平区委副书记朱光彤来农场现场办公，协调解决绚丽阳光案件相关事宜。

同日　农场全面启动平原造林工作。

4月　农场草莓参加首届北京市农业嘉年华精品草莓擂台赛，并获金奖。

同月　南口农场刘春生获"北京市有突出贡献的高技能人才"称号。

6月8日　集团公司副总经理马建梅来农场调研指导工作。

6月17日　农场启动打非治违行动。

7月24日　冷库2号库机房改造工程竣工。

7月26日　北京市科协副主席周立军、科技咨询中心何素兴主任、科普部副部长姚依鸾来农场调研科协工作。

同日　农场第二期青年人才培养导师制暨南农讲堂启动大会召开。

8月7日　农场党的群众路线教育实践活动启动。

8月15日　集团公司党委委员、机关党委书记高富到农场调研指导群众教育路线实践活动。

10月11日　南口农场完成的"京北都市型现代周年观光果园经营模式的构建"被北京企业联合会、北京市企业家协会评为第28届北京市企业管理现代化创新成果一等奖。

10月26日　冷库1号库机房改造工程启动。

10月　南农家园 7~12 号楼保温节能改造工程启动。11月底完工。

12月13日　农场 NC-01 街区公租房建设项目和商品房土地一级开发项目占地补偿协议正式签订，第一笔补偿款进账。

12月31日　北京市南口农场绿化工程中心正式成立。

12月　农场科协获"先进科技工作者之家"。

本年　职工 289 人，总资产 19756.73 万元，所有者权益 2153 万元，营业收入 8886.2 万元，利润 802.2 万元，税金 297.4 万元。

◆ **2014 年**　1月22日　农场召开群众路线教育实践活动总结大会。为期 6 个月的群众路线教育实践活动结束。

1月　集团公司纪委书记张红慰问农场退休劳模。

同月　农场承担北京市外专局"设施草莓与特色瓜类高效生产技术集成与示范"项目。

2月17日　北京市政府颁发《关于 2011—2013 年度北京市农业技术推广奖表彰奖励的决定》，北京市农业技术推广站、北京农业职业学院、南口农场等单位合作完成的"北方设施南果优质高效技术研究与示范推广"项目获一等奖。

3月13日　集团公司工会主席郑立明来农场考察职工之家建设情况。

4月3日　水泥构件厂与北京盛明建达工程技术有限公司正式签约合作盘扣式脚手架项目。

4月15日　原北京市常务副市长、现北京市老龄产业协会会长翟鸿祥到农场，就农场拟利用自有土地建设养老项目有关工作进行调研。

同日　南农百果园三期工程开工。

4月25日　冷库 1 号库机房改造工程竣工。

5月13日　农场森林普查工作正式启动。

6月10日　农场出台《南口农场住宅租赁管理办法》。

6月15日　南农百果园三期竣工。此次共建设 6 栋日光温室，整修园内道路 4100 平方米，修建铁艺围栏 200 余米。

6月16日　集团公司董事长张福平、昌平区区委书记侯君舒来场调研。

同日　盘扣式脚手架项目进入试生产阶段。

6月25日　集团公司党委常委、机关党委书记高富到场检查指导群众路线教育活动。

7月2日　北京坤和建谊置业有限责任公司成立，参与竞拍绚丽阳光项目执行资产。

7月10日　农场第三期青年人才培养导师制启动大会召开。

7月23日　北京坤和建谊置业有限公司成功竞拍绚丽阳关养老项目执行资产，绚丽阳光养老项目历史遗留问题得以解决。

7月　农场内的农辛路（原南农路）和农白路（原三分场路）铺筑完成。

9月28日　《农场取暖费补贴暂行办法》出台。

9月　农场所属企业全部通过昌平区安全标准化达标验收。

同月　北京市总工会服务工会主席王丽明慰问农场退休劳模。

10月13日　京首农集团组字〔2014〕18号文：项阳任南口农场副场长。

11月26日　集团公司党委常委、机关党委书记高富到场调研。

12月10日　中国科协、国家发改委、科技部、国务院国资委、全国总工会联合发文，表彰2013—2014年度全国"讲理想、比贡献"活动先进集体、创新团队、创新标兵和优秀组织者，南口农场被评为先进集体。

12月29日　绿化工程中心获得园林绿化企业资质，获准从事园林绿化工程四级资格。

12月　农场"莲雾南果北种及产期调节技术"获集团公司科技进步三等奖。

本年　职工302人，总资产37509.29万元，所有者权益4920.26万元，营业收入10573.5万元，利润1512.1万元，税金348.64万元。

● 2015年　1月21日　绿化工程中心开始了244.47公顷（3667亩）平原造林林地种植情况核查工作，这标志着全部的养护工作正式开始交接给农场。

1月　农场承担北京市科委"果树高密高效栽培技术集成及安全生产示范基地建设"项目。

2月　集团公司党委常委、机关党委书记高富慰问农场退休劳模。

3月2日　构件厂钢结构车间关停。

3月17日　南口农场被北京市科协、北京市发改委、北京市科委、北京市国资委联合授予2013—2014年度北京市"讲理想、比贡献、奋力实现中国梦"活动先进集体称号；南口农场刘素果获优秀组织者称号，南口农场科协被评为"北京市先进科技工作者之家"。

3月30日　昌平区区长张燕友来农场调研，集团公司总经理薛刚、副总经理马建梅一同调研。

5月 物业公司锅炉煤改气工程启动。10月正式完工。

6月15日 农场"三严三实"专题教育活动启动。

6月 农场新大门建成。

7月1日 农场成立信息化办公室。

7月 农场导师制培养平台获"北京市国资委学习型党组织建设十佳品牌"称号。

同月 绿化工程中心顺利通过"小微企业安全标准化达标"验收。

9月2日 集团公司党委常委、机关党委书记高富到场检查安全稳定工作。

9月8日 昌平区副区长苏贵光来农场调研指导工作。

9月29日 农场被中国绿色食品协会和中国绿色食品发展中心共同认定为"中国绿色食品荣誉企业"。

10月28日 北京市林业总站对绿化工程中心进行检查考核。

同月 物业公司锅炉煤改气工程正式完工。

12月30日 农场李琴、刘永栋被评为"最美首农人"。

12月 农场孙新利等5人获北京市"孝星"称号。

本年 构件厂平稳分流职工54人。

本年 职工272人，总资产41899.6万元，所有者权益6473.64万元，营业收入10660.4万元，利润1830.7万元，税金393.16万元。

● **2016年** 3月15日 果林公司启动"青年成长助推计划"。

3月24日 农场召开2016年思想政治工作会暨第四期导师制启动会。

3月25日 绿化工程中心顺利完成了兴隆口沟泄洪渠工程的树木移植。

4月 绿化工程中心被北京市人民政府首都绿化委员会评为"首都绿化美化先进单位"。

6月20日 京首农集团组字〔2016〕23号文件通知：孙军任北京市南口农场场长。

7月27日 农场召开第十二次工会会员暨职工代表大会。会议选举产生了农场第十二届工会委员会和经费审查委员会。

7月 绿化工程中心200亩林下花卉与药材种植示范研究项目正式启动。

8月5日 北京市南口农场危旧房翻建项目施工许可证获批（〔2016〕施〔昌〕建字0037号）。

8月11日　农场谷天民被评为2016年"享受北京市政府技师特殊津贴人员"。

8月　农场场部危旧房翻建项目正式开工。

同月　农场微创新大赛活动正式启动。

9月　李福新被评为北京市平原地区造林工程建设先进个人。

10月10日　集团公司党委副书记马辉来到农场，就加强基层党建推动企业改革发展情况进行调研。

11月15日　农场党委书记、场长孙军当选昌平区人大代表。

11月　南口农场合资企业坤和建谊公司正式取得民政部门核发的养老项目筹建指导意见书。

12月14日　南口农场收到北京产权交易所企业国有产权交易凭证，农场彻底退出参股企业北京盛斯通生态科技有限责任公司。

12月28日　南口农场召开了中共北京市南口农场第九次代表大会。会上选举产生了农场新一届党委班子和纪委班子。

12月　南口农场"草莓设施避雨基质育苗技术""新一代短枝红星高密高效栽培技术"获首农集团科技进步三等奖。

同月　农场配合三元种业及相关单位完成了南口二牛场、三牛场的地上房屋建筑、构筑物及其他相关附属设施的资产评估工作，并签署接收协议，完成资产交接。

本年　职工269人，总资产50117.23万元，所有者权益7951.59万元，营业收入11218.53万元，利润1934万元，税金874.38万元。

2017年　3月　南口农场职工医院正式退出。

同月　在集团公司"聚力首农梦党员率先行"模范党支部和先锋党员表彰活动中，农场绿化工程中心党支部被评为模范党支部，刘景兵、刘丽梅被评为先锋党员。

4月28日　在北京市使用正版软件工作联席会议上，对市属国有企业软件正版化工作完成的企（事）业单位进行了表彰，南口农场荣获先进单位荣誉称号。

5月20日　预制楼板生产业务停产。

6月13日　北京市南口农场果林公司正式更名为北京市南口农场果品经营中心。

6月21日　冷库厂区监控系统升级改造工程竣工，实现厂区监控全覆盖。

6月28日　南口农场林缘观赏与经济花木种植示范研究项目竣工。

7月　冷库机房液氨管道紧急切断系统工程竣工，费用共计42万元。

同月　被吊销的北京市南口四方食品厂、北京市南口新星图片社、北京市南农水泥构件厂砂石分厂3家企业在昌平工商依法注销。

8月28日　农场危旧房翻建项目施工完成。

8月　南农百果园的产品展示中心建设完成。

同月　王鹏飞被北京市科学技术协会和北京市人力资源和社会保障局授予第23届"北京优秀青年工程师"称号。

9月26日　果品经营中心配合农场，通过安全生产标准化复审工作。

9月　南口农场全面完成"清煤降氮"的"燃煤锅炉设施清退或改造"工作。

10月27日　首农集团于南农百果园成功举办"美丽首农2017金秋收获季"启动仪式。

10月　南口农场获北京市农业局认证的"优级农业标准化基地"称号。

11月20日　冷库2号库东侧自用库房完工验收。

同日　绿化《北京市南口农场农业基础设施项目》获得北京市财政局批准。

11月　农场危旧房翻建项目基础与主体结构验收，分部分项工程验收（包括节能和消防验收等）及规划竣工核验相继完成。并于11月20日进入试运营阶段。

12月19日　绿化被北京市园林绿化行业协会批准为会员单位。

12月　南口农场"'南口小国光'苹果品质提升关键技术研究与应用"获集团科技进步三等奖。

同月　北京市南口农场完成全民所有制企业公司制改革工作，正式更名为北京市南口农场有限公司。

同月　北京市南农水泥构件厂完成全民所有制企业公司制改革工作，正式更名为北京南农建筑科技有限公司。

本年　职工248人，总资产50416.3万元，所有者权益9981.6万元，营业收入12449.1万元，利润2015.6万元，税金831.4万元。

中国农垦农场志丛

第一篇

建制及沿革

中国农垦农场志

第一章　南口农场沿革

第一节　南口农场成立

一、南口农场成立

新中国诞生后，北京市委、市人民委员会（以下简称"市人委"）从长远战略考虑，在改造旧城区的同时，将改善气候环境提上了重要议事日程。处在首都西北部风口的这片荒滩，因其特殊的地理位置，引起了市委的高度重视。

1957年下半年，北京市委、市人委作出重要决定：要在这片荒沙滩上，建成万亩果园。当时出于以下几个目的：一是创建首都副食品生产基地；二是安排北京市委、市人民委员会机关及其所属的部、局各系统干部下放劳动锻炼；三是鉴于形势需要，将教育、商业等部门中一些有历史或现行问题的人下放改造；四是响应中央号召，安排部分城市知青下乡支持农业；五是发挥"以场带村"的示范作用，将场强村富的经验进行推广；六是通过种植果树、改造荒沙滩、绿化首都、改善环境。不久，中共北京市委第一书记彭真在商业调整会议上传达了改造南口荒滩的决定。

1958年新春伊始，北京市委在中山公园音乐厅召开了机关干部下放劳动动员大会。1月底，金洪乐带领5名果树技术人员先期来到农场。2月1日，京城各校毕业的初中、高中毕业生共计41人来到农场，市粮食局党组书记宋新波带队，霍玉杰负责生产，李俊峰负责基建，金洪乐负责果树，开始筹建农场。3月份以后，来自商业等系统的下放干部陆续到达南口，6月份，下放干部总人数达到2315人，其中百货公司676人、交电公司234人、石油公司148人、副食品公司15人、储运公司9人、粮食部和粮食局542人、市人民银行583人、市人委办公厅52人、市公安局56人。他们发扬战天斗地、艰苦奋斗的精神，冒酷暑、抗严寒、战风沙、负伤疾，在这片贫瘠荒凉的土地上披荆斩棘、挖坑种树、就地取材、脱坯盖房，开始建设农场。

4月9—10日，南口农场第一届党代会召开，宋新波、张光赤、王锡田、陈友光、焦长山、张守礼、程金秀、李云龙、张德荣当选为党委委员，宋新波任党委书记。

4月12日，北京市市长彭真签署北京市人民委员会任命书第0092号，任命宋新波为南口国营农场场长，南口农场正式成立，隶属北京市农林水利局。同月，农场开始建设一分场、水泥厂、牛奶场、农机修理厂、养鸡场。

5月，二分场、三分场、四分场相继成立。

农场建场初期隶属北京市农林水利局领导，1962年改属昌平县和北京市农林水利局双重领导。20世纪60—70年代，南口农场上级主管部门曾多次更换，1964年后属北京市国营农场管理局领导，1969年后属北京市农业局领导，从1972年至1979年3月20日，由北京市农林局（农场组）领导。1979年3月21日至2001年4月9日，上级主管机构先后变更为北京市国营农场管理局、北京市农工商联合总公司。2001年4月10日至2002年9月27日，农场隶属北京三元集团总公司。2002年9月28日至2009年5月13日，农场隶属北京三元集团有限责任公司。2009年5月14日至2017年12月14日，农场隶属北京首都农业集团有限公司。2017年12月15日起，隶属北京首农食品集团有限公司。

二、组织机构变迁

（一）扩场并乡，成立人民公社

1958年6月，北京市委农工部向市委提出《关于吸收一部分农业社转入国营农场的请示》中指出：在郊区有计划、有步骤地把一部分农业社转为全民所有制的国营农场，将可以提供更多的商品粮食、蔬菜、乳肉、水果、蛋类供应城市的需要；同时也将加速郊区农业现代化的建设。根据这一精神，7月，农场制定了《1958—1962年五年远景规划》，提出把场址周围的6个乡转入农场的设想。9月1日，以南口农场为基础，由当时的亭子庄乡、桃洼乡、流村乡、高崖口乡、老峪沟乡、阳坊乡大部分、南口镇和在这一地区的地方国营企业、文教卫生等事业单位组成昌平县前进人民公社，宋新波任党委书记，社部设在农场场部。11月，前进人民公社更名为南口人民公社。

（二）公社解体，农场重新独立

由于受人民公社"一大二公"的影响，场乡合并的速度快、规模大给管理工作带来不便，不利于生产的发展，1959年3月，南口人民公社解体，农场重新独立，宋新波任党委书记兼场长、王锡田任第二书记兼副场长，张光赤任党委副书记。

（三）农村划入，两种所有制并存

为解决农场与附近农村"插花地"的矛盾，1958年12月，昌平县委对南口农场吸收附近 6 个村加入农场的请示作出批复，将土楼村、李庄村两村划入农场。1959 年农场独立。

1959 年，响潭村划入农场。1959 年 11 月，土楼村、李庄村、响潭村合并为农场第五分场。1961 年土楼村成为第五分场，李庄村成为第六分场，响潭村成为农场直属生产队。葛村自 1962 年 2 月起并入农场，成为第七分场。

1963 年 1 月，葛村、土楼村并入农场二分场，李庄村与四分场合并为三分场。

四村划入后，农场包含两种所有制，企业为全民所有制，农村为集体所有制。1963 年 5 月，经市人委批准，成立南口果园乡，召开第一届乡人民代表大会，选举何平为乡长，金洪乐等 11 人为人民委员会委员；果园乡行使政府职能，农场仍发挥着经营职能。1964 年 1 月，葛村、土楼村、李庄村从二、三分场分出，与响潭村一起归农场农村工作队领导。1966 年 5 月，召开南口果园乡第二届人民代表大会，选举马光斗为乡长，何平等为人民委员会委员。1968 年，南口果园乡裁撤，农场成立农村分场管理农村工作。

1984 年 7 月，成立土楼乡，农场与土楼乡实行"场乡合一，以场带乡"的体制。

（四）农村划出、农场改制

根据北京市委、市政府《关于北京市农工商联合总公司场乡体制改革的意见》（京办发〔1998〕26 号）文件精神，1998 年 7 月 31 日，南口农场、土楼乡政府联合成立了场乡体制改革工作领导小组及办公室，对场、乡资产、人员、债权债务情况进行了核查，按照一场一乡的划分原则，结合农场（乡）实际情况，多次召开会议研究具体划分方案。昌平县委 1998 年第 19 次常务会研究决定，同意取消土楼乡人民政府，原土楼乡政府人员由农场接收，土楼、葛村及土楼小学划归马池口镇，李庄、响潭、农场中心小学划归南口镇，农场中学整建制划归昌平县教育局。10 月 12 日，农场与南口镇政府、马池口镇政府、昌平县教育局分别签订了划分协议。10 月 20 日，北京市农工商联合总公司、昌平县人民政府签订《农场土地划分协议》，当日，岳福洪副市长签发了京场乡改字〔1998〕5 号文件，对农场场乡体制改革的划分协议做出批复。至此，场乡体制改革工作结束，土楼乡撤销，农场由原来两种所有制并存转变为单一的国有企业，单位名称为北京市南口农场。

2017 年 12 月 18 日，按照国资委、首农集团要求，南口农场完成公司制工商登记变更手续，企业名称变更为北京市南口农场有限公司。变更后北京市南口农场有限公司为国有独资公司，企业性质由全民所有制改为有限责任公司。

第二节 南口农场发展历程

南口农场自 1958 年建场至 2017 年，经济发展经历 4 个阶段。

一、第一阶段：创业发展期（1958—1978 年）

1957 年下半年，北京市委、市政府作出成立南口农场的决定，建场宗旨是：兴建万亩果园，创建首都副食品生产供应基地；发挥以场带村的示范作用；改造荒沙滩、绿化首都、改善环境。建场初期，广大下放干部和知识青年坚持先生产后生活，边劳动边提高，艰苦奋斗，无私奉献，通过规划果区、挖坑换土、兴修水利，把这片满目荒凉、沙石遍地、荆棘丛生的旷野荒滩改造成绿树成荫、硕果累累、十里飘香的万亩果园。在发展果树业同时，建起了奶牛厂、养鸡场、食品加工厂。

20 世纪 60 年代中后期到 70 年代中期，受"文化大革命"的冲击，南口农场经济发展受到一定影响，但绝大多数干部、职工经受住考验，为恢复正常的生产生活秩序做出不懈努力，果树科研人员攻克生产中的技术难关，培育研制果树新品种，绝大部分职工坚守岗位，安心生产，保证了农场果树业在曲折中前进和发展。在逆境中果脯加工厂成立，杏脯、桃脯、苹果脯出口到日本、新加坡等国家，桃脯作为特需产品被列入人民大会堂国宴。

1978 年，全场实现总收入 569 万元，果品总产量达到 7750 吨，牛奶总产量 1084.5 吨，年出栏肥猪 2638 头，年销售肉鸡 30000 只，果脯产量 49 吨。

二、第二阶段：改革提升期（1979—1996 年）

党的十一届三中全会以后，农场进入了稳步发展时期。在计划经济向社会主义市场经济转变的过程中，农场逐步树立了"精一、强二、兴三"的指导思想，以加强企业管理和深化结构调整为主线，先后成立种鸭场、种鸡场、水泥构件厂、冷库、职工医院、燕山售货亭等企业，经济结构由以果树业为主、畜牧业为辅，向农工商综合经营方式转变，各项事业发展步伐明显加快。南口农场被评为全国第一批绿色食品示范生产基地，国光、金冠、红星苹果、"燕山牌"甜炼乳、速溶全脂奶粉、速溶多维奶粉等十个品种被评为全国第一批"绿色食品"，农场的苹果、油桃、奶粉及甜炼乳先后数次获市优、部优称号。种鸭场被农业部定为国家级重点种畜禽场。构件厂被评为北京市重合同守信用单位，行业一级资质。随着改革开放的发展，农场开始引进华彬庄园、北京安德鲁水果食品有限公司等合作企业，农场各项事业都迎来了蓬勃发展。

1996年，全场实现总收入9982万元，果品总产量4870吨，奶牛年末存栏1347头，牛奶总产量4904.8吨，奶粉总产量1970吨，年产水泥预制构件10457立方米，年出栏商品鸭24万只，年出售种鸡种蛋354万枚。职工住宅楼6栋，总建筑面积21353.28平方米。

三、第三阶段：调整转型期（1997—2010年）

1997—2001年，总公司实施专业化重组，农场乳品厂、种鸭场、奶牛公司等优势企业相继划归总公司，农场所有制构成、产业结构、生产规模、经济实力发生了巨大变化，特别是果树业连年亏损，新的支柱产业亟待培育，农场进入二次创业的新征程。

1998年7—10月，在北京市委、市政府的领导下，在农工商联合总公司和昌平区委、区政府的指导下，农场进行了场乡体制改革，农村管理和政府工作划归昌平区，农场成为独立经营自负盈亏的国有企业。

2003年，农场重新修订了"十五"规划，结合总公司对农场的"五项职能"定位，提出了"举农字旗、兴农场业、建农业园"的发展战略，加快房地产开发进程，调整企业经济布局，优化资源配置；经营困难的"夕阳"企业，通过改制、转型、有序退出等形式实现软着陆；服务型企业，实现投资主体多元化，进一步放开搞活；有一定优势的企业，建立起新的运行机制，逐步"做精做强"，形成新的"朝阳"企业。同时，经过积极而谨慎的运作，培育并组建新型公司制企业。

以果林、花卉为基本内涵的都市农业作为主导产业的定位基本确立，以混凝土构件钢构为骨干的建材工业不断进行技术改造和结构升级，与地区发展相配套的物产物流业逐步成为农场主要经济支柱，以地产开发为龙头的盘活房地产工作取得进展，由传统农业向都市现代农业的升级付诸实践，南农家园建设日趋完善，职工居住环境得到根本改善，经济和社会发展取得一定成就。

2010年，全场实现总收入4228万元，利润229万元，设施农业面积48000平方米，工业总产值2064万元，果品总产量1338吨，职工住宅楼16栋，总建筑面积62526平方米。

四、第四阶段：创新发展期（2010—2017 年）

"十二五"期间，农场以"高效农业集聚中心，产业融合发展基地"为整体功能地位，突出一条主线，贯穿两个功能，全力推进三大板块建设，实现了农场资源优势向经济优势转化的新突破。突出特色，创新模式，都市型现代农业发展再上新台阶。依托资源，发挥优势，仓储物流实现双赢。积极运作，攻坚克难，房地产板块稳步推进。

自 2011 年南农百果园一期建设工程启动以来，农场利用相关补贴及各类项目的拉动，并配套自有资金，投资 800 余万元，打造出种植各类果蔬面积近 33.33 公顷（500 亩）的南农百果园，成为农场现代农业展示的窗口、融资的平台。南农百果园被认定为中国农业大学、北京农业技术推广站等高校科研单位合作共建农业项目中试基地、北京农学院校外人才培养基地、农业部农产品质量追溯示范基地、北京市科学技术委员会（市科委）南果北种示范基地、昌平区高架草莓观光项目示范种植基地。园区建设为农场在地区农业发展中发挥示范、展示和引领带动作用搭建了有效创新科技平台。以此为平台，农场承接了农业部、国家外专局、北京市科委、北京市农村工作委员会（农委）等部门的科技项目和各项农业补贴项目共十二项，为农场带来了较好的经济效益和社会效益，并获得北京市科技进步一等奖及其他各种奖项十余项，极大地提升了农场的科技实力。2013 年，南口农场抓住北京市百万亩平原造林工程的机遇，对边界土地、废弃煤坑、沙坑及边角地等共计 244.47 公顷（3667 亩）进行平原造林。该项目一方面固化了农场土地边界，有效控制盗挖、盗采沙石的现象；另一方面，改善了农场周边的生态环境，为农场产业转型带来了新的机遇，通过吸纳构件厂等单位的转岗、待岗人员，确保企业的稳定。以生态为核心，做精现代农业，南口农场"十三五"期间利用现有的景观生态林及经济林等生态优势，以南农百果园及平原造林景观林为中心，充分开发具有观光、旅游价值的农业资源和农业产品，把农业生产、科技应用、文化创意等融为一体，将南口农场农业打造成具有生产、生态、旅游、科普及教育等综合功能的现代农业。

以商贸为重点，做强现代物流业，充分发挥农场的区位优势、资源优势，提高商贸质量。以降低商贸成本为核心，以冷链物流为特色，引进先进物流技术与管理，做强、做大物流业。重点建设农场现代物流信息平台，完善服务网络，提高冷链物流标准化、信息化水平，将硕春冷库打造成京西北地区冷链物流基地。通过信息化建设，在做好现有第三方冷链物流的同时，将硕春冷库打造成"网络化冷库＋生鲜加工配送"等具有行业特色和差异化竞争优势的冷链物流企业，提高商贸经营的质量，提升商贸的经济效益，逐步做强、做大南口农场现代物流业。以退为进，积极促进转型。南农水泥构件厂积极探索转型升级，利用现有的资质、人员、厂房、设备寻找新的合作项目、新的合作伙伴，合理安置职工，培育新的经济增长点。以资源为依托，以规划调整为中心，围绕健康养老、生态居住、产业基地、物业经营等业态，分步骤运作实施，突出重点、稳步推进，在合理开发方面做了大量工作，推进重点项目建设初见成效。

"十三五"期间，按照集团公司"一体两翼"的发展战略，结合北京市及昌平区西部的功能定位，农场立足科学发展、特色发展、创新发展，着力解决"十二五"期间农场经济运行中的质量问题，着力推动经济结构战略性调整，着力推进重大项目建设，打造经济升级版的南口农场，全面提升农场综合实力。坚持立足高端，稳健发展；突出生态，特色发展；产业融合，协调发展；依托资源，持续发展；依法治企，科学发展的基本原则。建设美丽、法治、富强、和谐的新南农初见端倪。

2017年，全场实现总收入 1.235 亿元，利润 2040 万元，在岗职工年人均收入88787元。

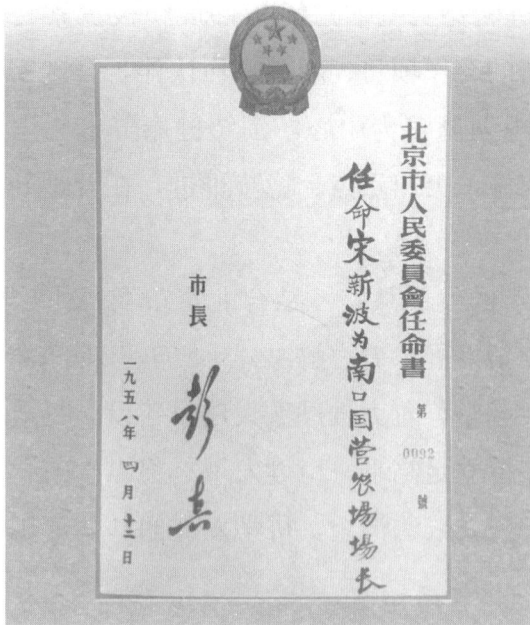

图 1-1　任命书

图 1-2　挖穴种植果树

图 1-3　挖坑换土

图 1-4　荒沙滩

图 1-5　改造荒沙滩

图 1-6　翻土整改

图 1-7　挖土改善

图 1-8　取土整改

图 1-9　扩坑换土堆积石块

图 1-10　栽种果树

图 1-11　评估树木

图 1-12　与果树合影

图 1-13　丰　收

图 1-14　林间耕种

图 1-15　1969 年秋第一张苹果彩色照片

图 1-16　成熟苹果

图 1-17　农场今貌——硕春冷库

图 1-18　南农构件厂

图 1-19　农场今貌——南农家园职工小区

图 1-20　果品中心百果园

图 1-21　农场今貌——南农生态园

图 1-22　农场今貌

中国农垦农场志

第二篇

产业发展

中国农垦农场志

第二章 农　　业

南口农场农业生产包括种植业和养殖业，种植业以果树业为主，兼有农村部分的粮食种植业，养殖业主要是奶牛养殖、生猪养殖及鸡、鸭等家禽养殖。

第一节　种植业

南口农场自1958年建场起，致力建设"万亩果园"，旨在治理荒滩、美化环境，同时服务首都市民水果需求。果树业生产经历了从无到有、从有到精的发展历程。粮食种植业主要以土楼乡所属的4个自然村为主。

一、果树业

南口农场果树业，依据建制改革和管理模式可分为两个阶段。

1. 块块管理阶段　1958年建场至2001年2月，农场果树业分属于一分场、二分场、三分场、四分场、五分场。其中：四分场果树淘汰后改为种鸭场，五分场果树淘汰后改为种鸡场，其他三个分场是南口农场主要果树生产单位。1998年场乡体制改革前，土楼乡所属的土楼村、葛村、李庄村也有零星果树种植业。

2. 条条管理阶段　2001年2月，农场对所属企业实施单位建制调整和产业重组，取消原一分场、二分场、三分场建制，将分属于各单位的果树业聚合在一起，成立果林公司，由果林公司对农场果树业施行统一经营管理。

（一）块块管理阶段

1. 建设万亩果园　1958年4月，一分场成立，第一任书记为程金秀、场长李士元；1958年5月，二分场、三分场（后来五分场的位置）、四分场相继成立。二分场第一任书记兼场长为王显俭，三分场第一任书记兼场长为霍香松，四分场第一任书记兼场长宋观潮。

1958年3月18日，农场在一分场十九区种植第一棵苹果树。到4月底，共种植果树

147.73 公顷（2216 亩），58614 株，其中苹果 127.13 公顷（1907 亩），葡萄 12 公顷（180 亩），桃 4 公顷（60 亩），杏、李 4.6 公顷（69 亩）；大田作物 289.93 公顷（4349 亩）。

1959 年 3 月检查，果树均安全越冬，没有因冻死亡现象。1959 年春又在沙石荒地上栽植果树 50.33 公顷（755 亩），果树均生长茂盛，树高平均在 2 米以上。还种植各种果苗、林苗 18.87 公顷（283 亩），解决了农场苗木的需要，也支持了其他单位。

1960 年，春季新栽果树 205.33 公顷（3080 亩），至此，农场拥有 400 多公顷（6000 多亩）果树，纵横成行，一望无际，已初步成为一个美丽的大果园。

1961 年 3 月底以前，补栽 5700 株果树，栽植防风林 26100 株。

1962 年，新栽核桃、枣、板栗、桃 59.73 公顷（896 亩），产水果 85 吨，移植补栽 4562 株，全场有果树 463.13 公顷（6947 亩），防风林 66.67 公顷（1000 亩）。

1963 年，新栽果树 8.37 公顷（125.5 亩），新栽防风林 33.4 公顷（501 亩）。通过加强管理，部分苹果树开始结果，产果 175 吨。蜜桃销到中国香港。

1964 年，农场在果树管理上实行了定员定额、岗位责任制和成本核算，果树生长比历年都好，新栽 106.67 公顷（1600 亩）果树，46000 株防风林。

1965 年，农场果树面积达 578.13 公顷（8672 亩），防风林 86.67 公顷（1300 亩），苗圃 6.67 公顷（100 亩），号称"万亩果园"。春天，连绵十余里的果林枝叶茂密、新梢旺盛，秋天果实累累，到处飘散着沁人的果香。收获季节，马车穿行，忙碌着将丰收的果实运到首都市场。

2. 推广科学技术　随着生产的发展，果品产量逐年增加，但生产实际中还存在一些问题需要解决，如品种还不够理想、产量低、品质差、病虫危害严重等。1973 年 5 月，由党委副书记宋新波挂帅，农场组建了果树科学实验站。科学实验站以服务农场果树业为宗旨，除承担市级及燎原项目外，还与大专院校合作进行新品种的选育、生长激素的应用、科学施肥等课题的研究。

自 1988 年开始，实验站连续 4 年对农场的几十个果区进行土壤理化测定，为果园的合理施肥提供了依据。针对农场大部分果树种植区土壤速效钾肥含量低的问题，积极推广使用生物钾肥，使果实色泽、品质均有所提高。1990 年，应用北京农业大学研制的放线菌 K84，防治桃树根瘤病取得成效，种子和苗木经处理后根瘤病发病率可控制在 2% 以下。与北京农业大学一起研制的果树发枝素广泛应用于果树生产，解决了苹果树体光秃的现象。"多效唑在果树上的应用""除草剂的应用""叶面肥料的应用"等项目的研究为农场果树生产提供了实验依据。截至 1991 年底，实验站引进并选育国内外苹果品种 108 个、毛桃 56 个、油桃 58 个、蟠桃 6 个、葡萄 20 个、樱桃 26 个、李子 30 个，总计

300 余个品种。

3. 规范管理措施　为促进果树业健康发展，在大树管理上以改造树形为主，解决通风透光问题，提高果品品质。重点采取三项措施：一是控制冠高，使树体矮化；二是限制上部，发展中下部；三是控制前部，培养后部。这样有利于营养集中，减少消耗，保持树体健壮。1988 年，农场果树的树势逐步恢复，产量稳步提高。"南口苹果"在北京市场上享有较高声誉，尤其是国光苹果，以汁多、肉脆、酸甜适度、耐贮藏的优点，备受消费者青睐。

20 世纪 80 年代末，在农场果树科学实验站的推荐和指导下，各果树分场加大品种更新和引进的力度。为保证引种的纯度和苗木质量，各单位自建苗圃、自行培育，并研究出加速果苗繁殖育种的新技术。20 世纪 90 年代，农场逐步建立健全了果树科研和技术推广机构，各单位不断壮大技术队伍，实行科学管理，应用疏花疏果技术、高接换头技术、机械除草、低残留农药应用和发枝素应用技术，围绕提高果品质量，大力推广以生草栽培及覆盖生草技术为中心的果树整形修剪技术，落实地下管理措施，形成一整套适合农场实际情况的行之有效的果树管理技术，农场制订的苹果幼树丰产综合管理技术被农业部绿色食品确认，并在全国大力推广。1991 年春，南口农场被评为全国第一批"绿色食品示范生产基地"。同年 11 月，国光、金冠、红星苹果被农业部批准为"绿色食品"。1996 年，全场苹果总产量达到 3670 吨，创造出大面积丰产成绩。

4. 调整种植规模　南口农场的果树是在荒沙滩上通过挖坑、扩坑换土的方式种植的，由于土质贫瘠、漏水漏肥，随着果树面积的扩大，管理成本过高的问题逐年显现。为减低生产成本，农场自 1979 年起缩减果树种植面积，1981 年果树实际种植面积压缩到 366.67 公顷（5500 亩）。1982 年，五分场果树全部淘汰。1998 年，农场调整经营思路，在经营策略方面，通过高接换头、树种更新、淘汰老龄果树，发展富士等优新品种。在管理方式上推行"两费自理"承包经营。1998 年 3 月，三分场 4 名职工率先与农场签订了果树承包合同，果树承包面积 14.6 公顷（219 亩），1999 年三分场新增果树承包经营面积 30.47 公顷（457 亩）。全场承包面积达到 80.73 公顷（1211 亩），占全场果树经营面积的 34%。

表 2-1　1959—1997 年南口农场（含土楼乡）果品产量表

（实行承包经营以前）

年度	产量（吨）	年度	产量（吨）	年度	产量（吨）	年度	产量（吨）
1958	—	1961	45	1964	324	1967	872
1959	16	1962	8.7	1965	476	1968	1269
1960	17	1963	188	1966	877	1969	2106

年度	产量（吨）	年度	产量（吨）	年度	产量（吨）	年度	产量（吨）
1970	2458	1977	4942	1984	5982	1991	5044
1971	2955	1978	7707	1985	4809	1992	6069
1972	4098	1979	6679	1986	5409	1993	3488
1973	4010	1980	4927	1987	7473	1994	5008
1974	6196	1981	4618	1988	6061	1995	4116
1975	6187	1982	3580	1989	6127	1996	4708
1976	8102	1983	3928	1990	6008	1997	2919

（二）条条管理阶段（2001—2017 年）

2001 年 2 月 28 日，南口农场撤销一、二、三分场建制，成立果林公司、奶牛公司。果树业由果林公司统一经营管理，果树种植规模逐年调整，果树种植业由传统的规模数量型向精品效益的都市型农业转变。

北京市南口农场果林公司（以下简称公司）成立于 2001 年 2 月 28 日，2017 年 7 月更名为北京市南口农场果品经营中心（以下简称果品中心），隶属于北京市南口农场，注册资金 200 万元。公司成立后，充分利用人才和技术优势，结合自身经营情况，不断对公司的管理模式、经营策略、发展思路进行调整和定位。

2017 年末，果品中心共有种植面积 87.87 公顷（1318 亩），其中集体经营面积 21.33 公顷（320 亩），承包面积 66.53 公顷（998 亩）；承租合作单位 11 家；在册职工 53 名，其中，35 岁及以下 7 人，36～50 岁 16 人，50 岁以上 30 人；研究生 1 人，本科 4 人，大专 17 人，中专及以下 31 人；中级职称 3 人，初级职称 4 人，技师 6 人，高级工 4 人，中级工 1 人。

进行如下结构调整：

（1）推进"两费自理"承包经营。公司继续推进和完善"两费自理"，2001—2004 年间，在"两费自理"承包模式下，果树承包面积达到公司果树种植面积的 75%。到 2007 年，承包经营面积占全场果树种植总面积的 70% 以上，经过不断的摸索、调整和完善，公司职工面对市场，独立经营的意识和能力明显增强，公司的亏损状况逐步缓解。2017 年底，公司共有果树承包户 19 户，承包面积 66.53 公顷（998 亩）。

（2）实施南果北种工程。在设施农业方面，公司大力追求果树行业品质与创新，积极探讨名、特、优、新品种树种的引进和试种。2004 年 3 月开始启动"南果北种"项目，充分利用现有日光温室，在京郊率先陆续引进试种青枣、阳桃、芭乐、柚子、莲雾、金橘、砂糖橘、番木瓜等热带、亚热带南方水果。2009 年 4 月 16 日，果中之皇枇杷落户果林公司。4月30日，中央电视台农业频道《农广天地》摄制组进驻果林公司，开始历时南果一个生产周期的拍摄。"南果北种"项目的试验成功，使农场实现一年四季有果，周年采摘。

（3）盘活闲置资产。2004年6月，公司将原二分场办公及生活区整体租赁给金圣博锋青少年综合素质培训中心（现更名为北京盛华人才培训中心），取得发展资金，盘活内部闲置资产，为区域内增添教育场所，取得较好的聚合收益。

（4）更新淘汰老龄果树。2009年，根据北京市民对小国光苹果的需求，公司对原二分场32区4公顷（60亩）老龄果树进行淘汰更新，恢复小国光的种植，栽植小国光、华红苹果1300株。2011年在原二分场13区种植富士、王林苹果1500株，14区种植红灯、先锋、砂蜜豆、美早等多个品种樱桃1300株，60区种植桃、梨、富士苹果850株。2017年初，对原二分场58区、59区、64区、65区的老龄果树予以淘汰。

2017年底，32区、13区、14区、60区国光、富士、王林等品种的苹果进入盛果期。

（5）农业园项目。2004年9月，公司为扩大经营，提高效益，根据集团公司发展战略，结合农场产业发展，提出建设"农业园"的初步思路。农业园项目是农场以新功能定位为指导，实施发展战略，举"农"字旗，兴农场业的重要载体和方向性项目。2005年，落实集团公司关于"农业园要在项目规划、设计和经营管理中高标准、高档次，利用农场土地资源优势形成规模化经营"的指导精神，农业园项目进入紧张运作阶段。

2007年，按照南口农场提出的"分步实施，逐步完善"的原则，农业园项目先期在8公顷（120亩）土地上完成平整土地、水电路改造、建造部分大棚设施、蓄水池及水泵房等工程，并建成2栋轻型钢结构太阳能采暖别墅及2栋温室大棚。2010年5月，为进一步发展室内种植，由农场投资在原二分场地库西南侧建设5000平方米的连栋温室。2011年至2012年，公司先后对农业园（后更名为南农百果园）进行了二、三期工程建设，共建造12栋温室大棚，种植草莓、柚子、金橘、砂糖橘、枇杷、番石榴、无花果、葡萄、桃、西瓜、特色蔬菜等，同时建造钢架大棚8栋。园区露地部分陆续种植了富士苹果、王林苹果、红星苹果、桃、杏、梨、李子、樱桃、核桃、山楂等树种。2014年新增温室大棚6栋，整修园内道路4100余米，修建铁艺围栏200余米。一系列建设投入不仅提高了温室效能和园区景观，更使百果园内的现代化水平得到极大提升。

2014年4月，公司成功在百果园东南侧移植富士、王林苹果大树391棵。

2015年3月，公司在百果园东南侧打造一处长90米、宽13米的葡萄长廊景观，种植玫瑰香、巨玫瑰、摩尔多瓦品种葡萄270株。同年4月，在百果园东侧、北侧启动"苹果高密高效集约化栽培技术"试验项目（种植苹果2200棵），该项目极大地提高了公司在苹果种植业领域内的影响力。

至此,百果园已形成温室与露地栽培并行、一年四季有果可摘的生产格局。采收旺季日采摘人次在 200~300,最高纪录达到上千人。

表 2-2　果林公司历任主要领导

职　务	姓　名	任职日期
公司经理	屈连贵	2001.3—2002.7
	杨春起	2002.8—2003.3
	孙国学	2003.3—2009.2
	李福新	2009.2—2013.3
	陈信友	2013.3—2016.11
	李福新	2016.11—今
支部书记	韩久令	2001.3—2008.3
	刘素果	2008.3—2009.8
	陈信友	2009.8—2016.11
	李福新	2016.11—今

二、粮食生产

南口农场粮食生产主要集中在 1998 年场乡体制改革前的土楼乡所属农村。

1998 年场乡体制改革以前,土楼乡与南口农场合署办公。土楼乡历经两次建制调整。1963 年,经北京市人民委员会批准,成立了南口果园乡,南口果园乡下辖 5 个行政村,即葛村、土楼村、东李庄村、西李庄村、响潭村。1963 年 5 月,召开第一次人民代表大会,选举何平为土楼乡乡长,金洪乐等 11 人为人民委员会委员,1968 年南口果园乡撤销。之后,南口农场先后成立农村工作队、农村分场管理 5 个行政村。1983 年 10 月,成立土楼乡建政筹备处,李连池任组长,负责建乡筹备工作。1984 年 7 月召开土楼乡第一届人民代表大会,选举李连池为乡长,李贵明为副乡长。1998 年 7 月,南口农场与土楼乡联合成立场乡体制改革工作领导小组及办公室,1998 年 10 月,土楼乡撤销,与葛村一同划归马池口镇;东李庄村、西李庄村、响潭村划归南口镇。

主要经济作物有冬小麦、春大麦、蚕豆、豌豆、玉米、高粱、花生、黄豆、甘薯等。1963 年,5 个自然村粮食占耕地面积 280.2 公顷(4203 亩),粮食总产量 440 吨,平均亩产 110 千克;1997 年,粮食占耕地面积 180.47 公顷(2707 亩),粮食总产量 1460 吨,平均亩产 541 千克。

表 2-3 1963—1997 年土楼乡粮食产量

年度	产量（吨）	年度	产量（吨）	年度	产量（吨）
1963	440	1975	1034	1987	1473
1964	584	1976	1149	1988	1525
1965	703	1977	933	1989	1658
1966	776	1978	1065	1990	1729
1967	699	1979	1034	1991	1791
1968	804	1980	888	1992	1798
1969	763	1981	1098	1993	1911
1970	777	1982	1086	1994	1936
1971	856	1983	1077	1995	1928
1972	783	1984	1195	1996	2286
1973	960	1985	1203	1997	1466
1974	1072	1986	1642		

三、绿化种植

2012 年，南口农场响应北京市政府建设"美丽首都、绿色北京"的要求，开始介入北京百万亩平原造林工程。同年底，农场结合企业转型，安置富余人员，决定利用沙坑、煤坑及边角荒地绿化造林。

2013 年 3 月 5 日，南口农场成立绿化公司筹备组。同年 12 月 31 日，北京市南口农场绿化工程中心（以下简称南农绿化）正式成立，注册资金 200 万元。成为南口农场的一个分支机构。南农绿化养护面积 244.47 公顷（3667 亩），分布在南口农场原二分场、三分场、四分场、五分场区域。

南口农场制订绿化战略目标，做好辖区内林地养护工作，确保每年验收合格，充分利用 3667 亩林地资源优势以及昌平西部开发的区位优势，发展林下经济、园林工程、苗圃基地，并建设有南农特色的生态创意园。作为京北地区专业养护的国有园林绿化企业之一，成为集绿化养护、绿化工程设计与施工为一体的综合企业。

绿化公司筹备组成立同月，组长李福新、副组长李长和带领从农场所属企业转入的 21 名员工开始植树造林。5 月 19 日，完成全部原三分场家属区西部的 16.53 公顷（248 亩）植树造林任务，同时，转入对所栽植树木的日常管护工作。

2015 年 1 月，南农绿化全面接手南口农场辖区内的 244.47 公顷（3667 亩）林地管护任务。涉及树种 22 种，其中常绿树 2 种（油松、白皮松）、亚乔木 4 种（山桃、西府海棠、黄栌、碧桃）、落叶乔木 16 种（国槐、银杏、银白杨、立柳、白榆、金叶榆、元宝枫、栾树、白蜡、臭椿、楸树、构树、桑树、柿树、栓皮栎、黑枣）。

2016年，南农绿化经营业务由单一型向多元化转变，利用现有林地资源优势，不断探索生态林的合理开发利用，开始向市财政申请《北京市南口农场林下花卉与药材种植示范研究项目》《南口农场林缘观赏与经济花木种植示范研究项目》，争取财政资金支持，建设以林花、林药、林游为主题的生态创意园。与南农百果园相呼应，带动农场旅游观光、休闲娱乐与科普教育发展。

2017年，南农绿化对营业执照经营范围进行增项，同时取得了《林木种子生产经营许可证》《林木种子产地检验合格证》及《林木种子标签》，并向北京市旅游发展委员会分别申请《北京市南口农场旅游休闲步道项目》《南口农场花海步道项目》，并获得批准。为进一步提升林下景观，培育新的经济增长点，提升社会效益、生态效益和经济效益打下坚实的基础。

经过四年多的发展，经营状况发生了变化。从成立之初至2016年只有财政拨款的养护收入，到2017年签订经营责任书，开始对外扩展多项经营业务。职工从农场所属其他企业陆续分三批次转入45名职工，2017年年末有职工47人。党支部通过召开全体职工大会、恳谈会等形式与职工面对面谈形势、展远景、谈发展，为职工答疑解惑，解决各种实际问题，职工队伍和谐稳定。培养企业管理和技术骨干，职工队伍中现有39人取得中级绿化工、高级电工、装载机驾驶员、货物运输驾驶员、安全员等资格证书。按照"围绕经济抓党建，抓好党建促发展"的工作思路，坚持班子集体领导，将党建工作与经济工作融合，促进经济工作发展。

表2-4　南农绿化历任主要领导

职　务	姓　名	任职期限
筹备组组长	李福新	2013.3—2013.12
经理	李福新	2013.12—2016.11
	王鹏飞	2016.11—今
党支部书记	李福新	2013.12—2016.3
	王鹏飞	2016.3—2016.11
	孙国学	2016.11—今

四、花卉

2003年，北京盛斯通生态科技有限责任公司成立，南口农场开始花卉种植。该公司是由农业部南亚热作中心、北京市南口农场、深圳市热作园农业新技术有限公司和独立投资人杜海成共同投资设立的股份制企业，注册资本金 100 万元，南口农场占股 30%。公司占地面积 6.13 公顷（92 亩），设施日光温室 27 栋，员工 15 人。主要从事百合鲜切花生产和百合商品种球繁育。

2004 年，百合种植技术基本成熟，公司经理、花卉专家杨春起带领技术团队攻克"百合丝核菌病的控制方法""东方百合基质栽培技术配方""日光温室补光加温方法""百合切花瓶插技术"等多项技术难关，形成较完整的东方百合栽培技术体系。

2005 年，参加第六届中国花卉博览会，获得了 1 个一等奖、1 个二等奖、6 个三等奖和 1 个优秀奖。北京市"郁金香水培速成栽培试验示范"项目获三元集团科技进步三等奖。参与完成国家林业总局行业标准《切花百合生产技术规程 LY/T 1913—2010》的编写。

2006 年，公司被指定为昌平区百合花科技示范生产基地，在昌平区南口、马池口、流村、阳坊西部四镇进行百合鲜切花及百合种球种植技术示范试验，为百合产业的壮大发展打下坚实的基础。《百合周年生产栽培技术实验示范》荣获北京市农业推广奖三等奖。

2007 年，随着西部四镇示范基地种植百合切花成功，盛斯通公司被指定为昌平区设施花卉培训及新品种示范基地。在昌平区政府的支持下，公司与当地村镇合作，利用自身技术优势，在荒沙滩中建起设施园艺，并向全区农户推广花卉生产栽培技术、参与花卉生产，使环境景观、设施园艺与经济、生态效益达到完美结合，实现以政府为依托，"公司＋农户＋营销"的产业化生产经营模式。

2008 年，盛斯通公司响应昌平区委、区政府号召提出了"一花三果"都市型现代农业发展战略，在西部四镇进行大面积推广以东方百合切花生产和种球繁育为主的百合花种植技术，结束了昌平西部四镇没有主导产业的历史。

2008—2009 年，公司完成昌平区科委"基于循环农业内涵的百合产业科技示范工程"项目，项目子课题"百合种球国产化繁殖关键技术"项目荣获北京市园林绿化科技进步一等奖、子课题"优质百合鲜切花关键生产技术与产业开发研究"项目荣获北京市园林绿化科技进步三等奖。该项目种植百合切花 971 栋，生产切花 580.6 万支，销售收入达 2634.4 万元。种植百合籽球 580 余万粒，创造产值近 1050 万元，使荒沙地得到改造和有效利用，使农民年均增收 1.5 万～2.2 万元，生活水平得到改善。

2009 年，公司选送百合切花产品参加第七届中国花卉博览会，获得了 1 个一等奖、1 个二等奖、3 个三等奖和 4 个优秀奖的佳绩。

2010 年，经过 4 年的示范推广，盛斯通公司用自主开发和总结的"百合栽培基质配方及配套管理技术""百合—花菜轮作技术"和"荒沙滩地综合治理技术"三大实用技术对花农进行培训，每年培训近千人次，稳定推动了百合产业的发展。促使昌平区以西部四镇平原以百合花为主的都市型现代农业生产、观光、示范和西部山区百合种球繁育为一体的现代农业产业区的形成。

2011—2012年，为丰富国内百合品种结构，满足不同消费需求，公司先后引进东方百合杂种系'伯尼尼''阿克迪瓦'等粉色系品种，'辛普龙'等白色系品种，'蒙特祖玛'等红色系品种；O/T杂交型'耶罗林''康伽德奥'等黄色系品种，'罗宾娜''海湾守候'等粉色系品种，同时，少量引进'Chill out''Happinez'等十余个不同杂交系品种进行试种观察，了解其农艺性状和综合抗性表现，从中筛选出综合性状表现优秀的品种。

2013年，公司选送百合切花产品参加第八届中国花卉博览会，获得1个一等奖、3个二等奖、4个三等奖和4个优秀奖。完成了北京市地方标准《花卉产品等级切花百合DB11/T 1049—2013》的编写。

2014年，公司扩大花卉种植种类，引进月季'北京红'，同时引进东方百合杂种系及亚洲百合杂种系'星光''希望'等盆栽百合品种。总销售收入达600多万元，解决当地农民62人就业，受到区、镇、村一致好评。

2015年，依据花—花轮作理论，引进多头菊切花与球根花卉百合切花进行轮作，克服了百合连作对生产的影响，阻断了病虫害的传播，实现切花类产品周年供应。

2016年4月，根据集团公司改革改制的工作要求，按照国有资产"有进有退，有所为有所不为"的原则，农场将持有的盛斯通公司30%的国有股权全部从该公司退出。同年12月14日，农场通过北京市产权交易所将持有股份转让给独立投资人杜海成，完成股权交割。

第二节　养殖业

一、奶牛养殖业

南口农场奶牛业从1958年4月起步，2001年7月划归总公司所属三元绿荷奶业养殖中心管理，经历43年的发展历程。

（一）建制沿革

为满足果树生长对有机肥的需要，1958年4月28日，北郊农场下属的一个牛场连同5名饲养员划归南口农场。当时，只有40头黄牛杂交奶牛，选址在总场（老三合院）场部东侧，没有固定牛舍，就地取材用石头、木棍等简易材质做围挡，条件比较艰苦。因对周围环境影响较大，同年7月份迁址到乃干屯，1959年从乃干屯迁回农场四分场（即1963年以后三分场的位置），开始建设正规牛舍。

1962年11月15日，农场决定扩大奶牛饲养规模，从北郊农场、南郊农场共引进100头北京黑白花奶牛，在一分场、二分场、五分场分别建立奶牛场。自此，农场4个下属单位均建立奶牛场。

1976年，五分场牛场撤销，牛群转至三分场牛场。

1971年，农场所属土楼村建立奶牛场。

1981年，农场所属葛村建立奶牛场。

1998年场乡体制改革后，土楼村、葛村牛场随两个村整建制划出农场。

2001年2月28日，南口农场实施行业重组，将一分场、二分场、三分场的奶牛场合并成立奶牛公司，对农场奶牛养殖实施统一经营管理。

2001年7月14日，总公司实施专业化重组，奶牛公司整体从南口农场划出。

（二）经营概况

1963年，农场下属4个单位建立奶牛场后，奶牛饲养管理在技术上由总场农牧科统一指导。1964年5月出台了《养牛技术操作规范》《饲草饲料的供应调制管理制度》，对种公牛、成乳牛、犊牛等不同牛群在饲养、防疫等方面做出规范要求。之后，在多年的实践中不断改进完善。

20世纪经济块块运行时期，农场奶牛养殖和果树种植在农场分场经济中相互依存相互补充。果品供不应求时，奶牛养殖就是供应肥料，随着市场经济的不断深入，果树业一度低迷，养殖业的重要性日益突显，如何提高农场奶牛生产水平提到议事日程上来。首先，实行奶牛规范化饲养，包括围产期管理、后备牛培育管理和犊牛管理。其次，改造运动场，疏通排水沟，推广地热饮水槽。再次，推广兽医卫生保健、育种和繁殖规范。通过规范管理，牛群的质量显著提高。为了提高劳动生产率和牛奶质量，各牛场逐渐由手工挤奶过渡到机械化挤奶。随着畜牧科饲料化验室的建立，各牛场可以定期检测饲料成分，做到了科学饲养。通过几年的努力，完成上述的技术改进项目，农场的奶牛生产、管理走上规范化道路，每头奶牛的日产乳量在集团系统名列前茅，接近北京市先进牛场的水平。成乳牛年单产由5000千克，提高到6500千克；人均养牛头数由5头提高到8头；成乳牛总受胎率由88%提高到95%；鲜奶特一级率提高到90%以上，日上市鲜奶由11吨提高到15吨。"九五"期间是农场奶牛业迅速发展的黄金时期，奶牛头数年均增长15.8%，到2000年底，奶牛总数已达2283头，当年牛奶总产量9250吨，每头日产乳量达到21.72千克，总收入1766.2万元，利润180.3万元，奶牛业的盈利水平跃居全场各行业之首。

表 2-5 历年奶牛生产情况（1959—1999 年）

年度	年末奶牛存栏（头）	成乳牛存栏（头）	平均头日产（千克）	产奶量（吨）	商品奶（吨）
1959	80	26	8.10	80.0	60.0
1960	89	50	10.20	70.0	50.0
1961	67	36	11.00	86.0	20.0
1962	215	146	5.60	90.0	69.0
1963	236	112	15.70	460.0	340.0
1964	272	126	12.00	585.0	450.0
1965	297	133	178.00	600.0	515.0
1966	263	186	11.30	660.0	610.0
1967	239	191	10.10	695.0	645.0
1968	258	218	10.20	850.0	765.0
1969	265	195	113.00	957.0	817.0
1970	277	203	13.80	1003.0	998.0
1971	321	222	17.90	1306.0	1037.0
1972	339	238	17.60	1065.0	1010.0
1973	329	247	13.50	1150.0	1090.0
1974	336	246	13.80	1230.0	1150.0
1975	332	229	13.50	1271.0	1102.0
1976	320	213	12.60	1000.0	995.0
1977	326	213	13.60	1055.0	1000.0
1978	371	250	12.80	1034.0	1045.0
1979	379	240	17.60	1136.0	1031.0
1980	416	249	13.90	1250.0	1197.0
1981	571	323	14.60	1509.5	1448.0
1982	690	415	15.60	2085.0	1995.0
1983	833	489	15.45	2562.5	2466.5
1984	1013	558	17.15	3417.5	3256.0
1985	960	557	17.15	3433.5	3245.0
1986	1188	668	15.75	3432.0	3252.5
1987	1251	703	15.00	3768.5	3575.0
1988	1286	770	15.29	4218.0	4001.0
1989	1332	760	15.65	4207.0	3972.0
1990	1408	720	17.34	4585.0	4325.0
1991	1368	810	17.35	5209.0	5027.0
1992	1371	844	18.10	5803.0	5616.0
1993	1027	591	16.40	5066.0	4895.0
1994	1141	648	17.50	3707.0	3577.0
1995	1264	745	18.13	4295.0	4143.0

（续）

年度	年末奶牛存栏（头）	成乳牛存栏（头）	平均头日产（千克）	产奶量（吨）	商品奶（吨）
1996	1347	754	18.40	4900.0	4740.0
1997	1714	981	20.00	6520.0	6380.0
1998	1652	1013	20.48	7040.0	6930.0
1999	1814	1096	21.61	8400.0	8290.0
2000	2283	1343	21.72	9248.0	9008.0

二、生猪养殖业

1958 年 12 月，北京市银行系统下放干部在三分场（1963 年以后的五分场）建设猪舍 20 间。一分场猪场 1958 年建成。1959 年，二分场建成猪场。1963 年以后，农场下属单位共有 4 个猪场，经过十年的发展，1973 年，全场国营部分年末生猪存栏 948 头，其中一分场 270 头、二分场 289 头、三分场 293 头、五分场 96 头。1999 年，三分场猪场承包经营。2005 年，猪场关闭。

表 2-6　生猪存栏情况表（1958—2004 年）

年度	生猪存栏（头）	年度	生猪存栏（头）	年度	生猪存栏（头）
1958	—	1974	2468	1990	2822
1959	690	1975	2478	1991	4617
1960	2601	1976	2597	1992	5910
1961	1633	1977	2427	1993	7154
1962	1460	1978	2536	1994	7388
1963	1384	1979	3017	1995	7310
1964	1728	1980	3006	1996	3554
1965	2228	1981	2683	1997	3023
1966	2714	1982	1935	1998	1287
1967	2660	1983	1261	1999	1411
1968	2355	1984	2959	2000	1150
1969	1147	1985	1559	2001	572
1970	2590	1986	1511	2002	966
1971	2579	1987	1163	2003	1019
1972	2474	1988	1671	2004	1019
1973	2077	1989	2938		

三、家禽养殖业

（一）鸡

1958年7月，北京市银行系统下放干部在三分场（1963年以后五分场的位置）筹建养鸡场，8月15日第一批鸡苗入场。当时还没有规范鸡舍，用石头、席棚做简单围挡。1958年10月中旬建成4栋鸡舍，12月份建成10栋鸡舍。1960年，大批下放干部返岗离开农场后，鸡场由农场自主经营，1963年以后叫五分场养鸡场，饲养的种类主要是商品蛋鸡和肉鸡。

1988年，五分场进行品种调整，商品鸡退出，引进了父母代肉种鸡3000多套，父母代种蛋鸡5000套。1990年引进种鸡5000多套，建成2栋成鸡舍。1992—1996年建成3栋育雏舍、4栋成鸡舍、1座孵化车间。到1997年，种鸡规模已达2万套，品种全部换成科技含量较高的'艾维茵''爱拔益加'。种蛋、鸡雏销往全国各地。

1988年10月，农场在原四分场饲养祖代鸡，1990年5月，正式成立祖代鸡场，1991年开始，种鸡场与以色列科尔公司驻京办事处协商合作。每年从以色列PBU家禽育种者协会引进新品种'亚康'粉壳蛋鸡，并于1991年9月首次引进祖代蛋鸡。1991—1995年种鸡场修建了新鸡舍、办公室、隔离鸡场、宿舍、孵化车间，1997年修整饲料车间，安装了饲料机，日加工饲料能力可达10吨，新盖可存放200吨的饲料大棚。1997年，实际饲养鸡数由开始时3000只增加到24500只，当年资产总额230万元，房舍建筑面积6000多平方米，种鸡种蛋销往全国19个省市。

2000年7月，种鸡场并入五分场，南口农场五分场更名为南口农场种鸡场。

由于种鸡行业受市场影响较大，农场种鸡场在生产成本、市场竞争力等各方面不具备优势，加之禽流感疫情的影响企业效益极不稳定，2003年7月，农场利用种鸡场场地与金山圣地房地产开发公司签订场地租赁合同，随着开发项目的推进，8月底鸡群淘汰完毕，员工分流到所属企业，种鸡场关闭。

（二）北京鸭

1985年10月，南口农场种鸭场正式成立。1998年1月，总公司实施专业化重组，种鸭场从南口农场划出。

种鸭场成立时确定的主要经营项目为北京鸭的育种及饲养推广，饲养品种有北京鸭、金定鸭、康贝尔鸭。建场之初职工不到40人，总建筑面积约3000平方米。"七五"期间，种鸭场更新了发电机、孵化机和饲料加工成套设备，新建了两栋网上育雏室1200平方米，增建了肉鸭舍2500平方米，还新建了办公室、食堂、配电室、更衣消毒室等建筑设施，完成了场区绿化美化的建设。到1990年底，鸭场的综合实力大增，年肉鸭饲养量增至11万只，孵化率由原来的65％增至75％。固定资产总额达110万元，总建筑面积900平方米，年销售收入187万元，利润40万元。

"八五"期间，种鸭场筹建日屠宰量上千只的屠宰加工车间，又先后购置了两台锅炉，孵化间、育雏室、屠宰间全部实现供暖；增建和扩建网上鸭舍、封闭鸭舍、肉鸭舍共2500平方米，继续投资引进国内先进的孵化设备4台和美国三福公司生产的干挤式大豆膨化机；用三年时间完成由农业部决定筹建的北京鸭育种中心的一期工程，新建孵化厅及种鸭舍、育雏室、后备鸭舍7000平方米，从而基本实现了集育种、孵化、饲养、屠宰及饲料加工于一体的现代化配套作业的生产体系，到"八五"末，肉鸭年饲养量20万只以上，孵化率80％。固定资产增至600万元，总建筑面积2万平方米，年销售收入650万元，利润100万元，均是建场初期的十倍以上。

在产品发展方面，"七五"期间完成了"Ⅲ系、Ⅳ系及配套系建立"的科研课题，选育出了Ⅲ系、Ⅳ系高瘦肉率北京鸭，其脂肪比北京填鸭低10％，瘦肉率高5％～15％，备受市场欢迎。"八五"期间完成了"Ⅴ系、Ⅵ系及配套系的瘦肉型北京鸭选育"的科研课题，选育出了Ⅴ系、Ⅵ系高瘦率北京鸭，其不少指标优于世界名种鸭。种鸭场也因而获多项殊荣。种鸭场被农业部定为国家级重点种畜禽场——北京鸭育种中心。1987年被北京市农工商总公司评为先进单位，1990年被北京市农工商总公司评为1989年度"菜篮子工程"系列竞赛养鸭生产一等奖，1990年评为总公司级"三环杯"奖，1993年被中国家禽协会评为全国优秀家禽企业，1995年、1997年评为总公司养鸭先进单位。"九五"期间，鸭场承担"提高北京鸭胸肉率，降低皮脂率"的科研课题，连续两年创出佳绩。1996年，销售收入达到718万元，利润120万元；1997年销售收入760万元，利润158万元。

第三节　水利工程建设

为解决农场生产生活用水问题，尽快让沙石荒滩上栽植果树成活，农场主要采取运水、修建水库、打井、修渠道等办法兴建灌溉工程。

一、运水

建场初期生活生产用水靠人力从附近部队、农村拉水，由于这里地广风大，有时用小毛驴车由北往南送水时，为了防止送水车被西北风吹翻，还要有人用绳子往后拉着，通过采取种种措施，初步保证了农场生产、生活用水。水运到果区后，就组织人工担水浇灌果树。每个树坑四挑水，四人一组，在浇水时大家一字排开，谁也不甘落后。每人每天一百挑，多的可挑到三百挑。仅1958年定植的133.33公顷（2000亩）果树，拉水、挑水达十多万吨，创造了荒滩植树的一个奇迹。

二、修建水库

为了解决用水的问题，1958年下半年决定修建水库。在位于北京昌平区南口镇西北2.5千米处，温榆河支流北沙河唐猥沟出山口处，响潭村村边最窄处修一条水泥坝，挡住上游下来的水并储存起来。一期工程完工后，以响潭村的名字命名为响潭水库。1961年又抽调人力，扩修响潭水库，砌坝2260立方米，水坝提高3米，蓄水由28万立方米增加到60万立方米。

1961年春季旱情严重，果树普遍发生萎蔫、黄叶、落叶现象。各分场紧急动员，组织人力，日夜突击抗旱浇水。同时，集中优势兵力，用浆砌块石抢修建成一条从响潭水库引水干渠，解决了两千多亩果树、大田的用水问题。

三、打井

1961年，南口农场成立由40多人组成的打井队，第一眼井奋战39天，钻到90米深处才打成。打井队先后完成46眼机井的任务，为农场建设解决了水源问题。

表 2-7　南口农场机井基本信息统计表

井位置	开始日期	竣工日期	施工单位	井深（米）
南口农场三分场	1959.02.01		市农林局打井队	58.60
南口农场总场菜园	1961.05.01		密云三队	60.30
葛村村北	1962.05.28	1962.07.09	密云三队一组	57.00
土楼西	1963.02.10	1963.12.25	水电总局基建三队六组	79.50
土楼北	1963.02.14	1963.03.15	农场打井队	54.60
土楼庄东	1963.03.27	1963.04.18	基建打井队	50.90
三分场菜园西北	1963.06.12	1963.07.16	农场打井队	64.00
李庄南三角地	1963.10.23	1963.12.01	基建打井队	78.00

（续）

井位置	开始日期	竣工日期	施工单位	井深（米）
土楼村西白羊道西井	1963.11.04	1963.11.22	密云三队六组	73.50
李庄三角地中	1963.12.13	1964.01.12	基建打井队	74.65
南农二分场菜园	1964.01.03	1964.01.21	水利水电总局三队六组	64.60
李庄南	1964.01.26	1964.03.02	水利水电总局三队六组	75.00
四场葛村西	1964.03.23	1964.04.23	密云三队二组	59.00
四分场三脚架	1965.11.03	1965.12.27	农场打井队	96.00
土楼庄白羊道	1966.01.09	1966.02.16	基建打井队	77.40
二分场66区	1966.02.26	1966.04.01	打井队第二机组	88.00
一分场油库北	1966.03.01	1966.04.01	农场打井队	76.00
一分场一区	1967.03.27	1967.05.20	农场打井队	76.00
五分场生活区	1967.07.03	1967.08.03	基建打井队	74.00
一分场新一区	1968.07.20	1968.08.15	农场打井队	73.50
总场新村北	1968.10.13	1968.10.25	农场打井队	61.30
葛村东电井	1969.09.01	1969.09.23	农场打井队	56.53
油库东	1970.11.20	1970.12.18	农场打井队	72.10
三分场市府大楼西	1971.12.18	1971.12.31	农场打井队	76.00
构件厂院	1972.04.16	1972.05.09	农场打井队	72.80
二分场二十九区东	1972.12.25	1973.01.15	农场打井队	75.30
五分场九区井	1973	1973	农场打井队	64.30
葛村西老建	1973.03.13	1973.04.08	农场打井队	80.30
土楼村西三脚架	1973.03.24	1973.05.19	农场打井队	88.50
二分场十二区	1973.06.01	1973.07.01	农场打井队	96.40
二分场牛场北	1973.08.09	1973.08.24	农场打井队	76.50
一分场7区	1973.09.01		农场打井队	68.00
李庄村北	1973.12.27	1973.01.23	农场打井队	76.00
三分场十四区南	1974.04.01		农场打井队	80.00
土楼村村东老菜园	1974.04.17	1974.04.24	农场打井队一组	72.20
李庄村南西果区东	1974.06.01		农场打井队	80.30
土楼村西三脚架南	1974.06.01	1974.06.11	农场打井队	85.60
南口农场科技站	1974.11.24	1974.12.10	农场打井队	76.60
土楼村北赵坟	1975.06.12	1975.07.12	农场打井队	80.60
四分场西	1975.06.26	1975.08.22	农场打井队	123.10
葛村西	1975.12.14	1976.01.11	农场打井队	76.30
李庄村村南	1976.04.01	1976.05.08	农场打井队	72.30

（续）

井位置	开始日期	竣工日期	施工单位	井深（米）
李庄村东北	1976.06.29	1976.08.11	农场打井队	81.60
四分场南马路东	1976.10.16	1976.11.26	农场打井队	109.00
李庄村西	1977.08.01	1977.10.01	农场打井队	80.30
农场一分场 22 区	1978.04.06	1975.05.02	农场打井队	78.40
土楼村北小刘坟	1978.10.01		南口桃洼打井队	84.00
土楼村北原苗圃	1978.10.11	1978.10.23	南口桃洼井队	84.00
土楼村东六亩半	1980.06.11	1980.06.19	三河县打井队	86.00
南口农场一分场内	1982.02.09	1982.03.12	昌平县水利局打井队	90.00
二分场生活区南	1982.03.19	1982.04.03	南口公社打井队	88.30
45 区场部南	1982.04.11	1982.05.13	南口公社打井队	84.00
一分场新一区东	1982.05.01		昌平县水利局打井队	80.00
农场一分场场西路边	1982.07.01		昌平县水利局打井队	81.00
响潭大队	1982.08.10	1982.08.21	昌平县水利局打井队	120.00
土楼村西董家坟	1982.09.21	1982.10.02	南口桃洼打井队	81.25
四分场小工厂东	1983.07.17	1983.08.31	南口打井队	118.00
南口农场乳品厂	1983.08.24	1983.09.10	南口桃洼打井队	87.00
三分场场部东南	1983.11.15		南口桃洼打井队	98.00
农场场区东边北角	1983.12.22	1984.01.19	南口桃洼打井队	97.00
二分场 20 区北	1984.05.23	1984.06.05	昌平县中越北七家中队	98.00
南口农场三分场六区	1984.12.25	1985.01.12	南口桃洼打井队	94.30
一分场 21 和 20 区间	1985.01.15	1985.02.11	南口桃洼打井队	96.50
南口农场二分场正面	1985.03.05	1985.04.19	南口桃洼打井队	117.70
南口农场二分场五区	1985.04.29	1985.06.03	桃洼公社打井队	100.00
李庄村西北角	1986.03.01	1986.03.26	十三陵打井队	116.70
葛村西上横头北	1986.03.26	1986.04.30	南口桃洼打井队	98.00
土楼村北大牛道	1986.04.12	1986.05.13	长陵打井队	88.00
李庄村中生活井	1986.05.27	1986.06.16	昌平长陵打井队	93.00
土楼村西里八亩	1986.10.28	1986.12.07	昌平长陵打井队	120.00
场部西北 2 千米	1987.02.05	1987.03.07	昌平县水资源局钻井队	140.00
三分场四工区西	1987.04.21	1987.05.12	南口打井队	112.00
场部西南 4 里	1987.04.22	1987.05.28	昌平县水资源局钻井队	122.00
响潭村南	1987.05.12	1987.08.03	流村水管站冲击机组	118.70
六分场场部西	1987.08.29	1987.09.16	南口桃洼打井队	104.00
土楼村白羊道三区	1987.12.21	1988.01.30	流村打井队	120.00
南农新村	1988.01.16	1988.03.16	南口桃洼打井队	122.50
种猪场	1988.02.13	1988.04.07	南口打井队	134.00
冷库院外东 150 米处	1988.03.10	1988.05.09	流村打井队	119.00
六分场鸡场	1988.03.17	1988.05.19	南口桃洼打井队	125.00

（续）

井位置	开始日期	竣工日期	施工单位	井深（米）
土楼村东大三尖地	1988.11.30	1988.12.22	南口打井队	121.20
四分场红房子	1989.02.26	1989.05.12	平谷县打井队	161.00
南口农场二分场	1989.07.20	1989.09.11	南口打井队	130.50
二场三区	1989.11.21	1990.01.24	南口打井队	130.00
二分场场部东侧	1990.02.13	1990.03.16	南口打井队	130.00
三分场二十区东	1990.03.24	1990.05.04	南口打井队	130.00
二分场原化工厂东	1990.05.13	1990.06.16	南口打井队	130.00
一分场牛场	1990.06.28	1990.08.02	南口打井队	120.00
土楼村西大河湾	1990.08.15	1990.09.12	南口打井队	140.00
农场五分场西北角	1990.09.01	1991.06.27	昌平县水资源局钻井队	184.00
六分场四区	1991.05.12	1991.06.08	南口打井队	132.00
祖代猪场	1991.07.16	1991.08.10	南口打井队	140.00
葛村南	1991.08.22	1991.09.28	南口打井队	140.00
葛村西下横头	1994.08.01	1994.09.01	桃洼钻井队	150.00
土楼砂石厂	1994.08.13	1994.09.29	流村乡打井队	140.00
土楼乡李庄村	1995.01.20	1995.02.20	桃洼水站井队	140.00
农场五分场南侧	1995.03.01	1995.04.01	桃洼水站井队	120.50
南农乳品厂	1995.05.27	1995.06.30	昌平水站钻井队	140.00

四、节水灌溉

1963年，南口农场为解决沙质土渠道渗漏严重，一棵树往往需要浇一两个小时的问题，决定利用沙石滩上的石头修建浆砌卵石的防渗渠道。当年，新修浆砌块石的防渗渠道20千米，使用后减少了渗漏，加快了流速，节约了用水，提高了灌溉效率。之后，试制了2500多米水泥预制构件的渠道，铺接起引水灌溉。二分场电井处低于果树区，担水浇树要行走近千米，最远处需10人接力，于是组织职工修成了一条84米的高架渠道，解决33.33公顷（499.95亩）果树的灌溉问题。经过八年的努力，农场共修主干渠50多千米，大部分果园和农田得到了自流灌溉，做到了旱涝保收，实现了水源多样化、渠道网络化、主渠防渗化。

2010年6月，首农集团在南口农场实施节水灌溉工程。项目总投资1281万元，其中市政府财政资金897万元。建设总面积333.33公顷（4999.95亩），全部为果树滴灌。主要建设内容为维修机井17眼，更新机井2眼，安装水泵19台（套），安装机井首部和变频控制系统19套，新建井房19座，铺设管线1201千米。项目于2010年12月底投入使用。

第三章　工　　　业

第一节　乳品加工业

一、建制沿革

1960 年 2 月，农场建立食品加工厂（后更名为南口农场乳品厂，以下简称乳品厂）。厂房是原装甲兵训练场的临时指挥所，几间普通平房，总建筑面积 200 平方米，职工共十几人，生产烧鸡、糕点、果脯。1963 年，开始生产炼乳。1986 年，奶粉投入生产。1997 年 1 月，总公司专业化重组，乳品厂从南口农场划出。

二、经营概况

1963 年 3 月，乳品厂厂房面积扩大到 500 平方米，职工人数增加至近 30 人，并开始手工制造甜炼乳，规模很小，日处理量不足 500 千克。1965 年，厂房面积扩大到 1200 平方米，职工人数增加至 40 人，日处理鲜奶量可达 30 吨，并且由原来的纯手工制作，改为部分机器生产，产品除甜炼乳外，还生产人造冰、冰棍，并建立了自己的化验室。1965 年加工生产炼乳 270 吨，生产冰棍 28 万只，人造冰 19 吨，纯利润 8.1 万元。

1983 年，乳品厂兴建浓缩车间，生产加工量有所提高，到 1985 年底，又兴建 150 喷粉车间。在此期间，还建立了麦乳精车间、制缸车间等几个辅助车间。

1983—1985 年，乳品厂出现产品库存积压、利润下滑的困难。为走出困境，乳品厂调整销售策略，大胆尝试，一方面开展有奖促销活动，一方面派人分赴国内各地，进行市场调研，积极拓宽市场，采取登门拜访用户、征求产品质量意见，召开用户座谈会、产品订货会、请用户进厂参观等营销策略，从而打开销售渠道，使得产品保持畅销不衰。

1987 年 12 月，乳品厂新建 1700 平方米的乳品车间，日处理鲜奶量达到 40 吨，固定资产总值达 198.3 万元，职工人数增加到 164 人（其中专职检验员 5 人），实现产值 751

万元，利税 101.4 万元。同时，销售市场不断扩大，产品远销山东、河南、山西、甘肃、河北、陕西等地，乳品厂成为当时华北地区最大的乳品生产企业。

1994 年，为满足市场需求，新增一台 250 喷粉塔，经过半年多的施工，新塔于 1994 年底投入使用，新塔的启动使鲜奶加工量和产量有了突破性的增长，鲜奶加工量由以前的 40 吨左右，增加到 55 吨左右，产量和加工量的增加，较好地解决了产品销售和鲜奶销售问题。截至 1996 年底，乳品厂实现销售收入 4190 万元，利润 459 万元，创造了建厂以来的历史最高纪录。

三、产品及荣誉

从 1960 年建厂之初到 80 年代初期，乳品厂只生产甜炼乳、冰棍、人造冰 3 种产品。随着牛奶产量的增加，乳品厂的加工能力明显提高，生产品种由原来单一的主产品甜炼乳，发展到可生产甜炼乳、奶粉、麦乳精、鲜奶油等几个品系，六七种规格的产品。

1984 年开始生产酸奶和奶油，1986 年又增加了奶粉和麦乳精。1988 年 10 月，又以专利投产微霉素奶粉。

1987 年 1 月，乳品厂生产的燕山牌全脂甜炼乳被评为"北京市优质产品"，奶油质优味美，长城饭店所需奶油均由乳品厂专供。

1991 年，乳品厂生产的奶粉被评为部优产品。

1992 年，在全国农垦产品博览会上，乳品厂生产的炼乳被评为铜牌奖。

从 1992 年起先后被评定为北京市重合同守信誉单位、首都文明单位、全国农垦系统最佳经济效益单位、全国农垦系统思想政治工作先进单位、北京市农场局先进党支部。

1995 年，全国消费者基金会在北京市市场抽样检查中，奶粉被抽检为特级产品，被评定为"信得过产品"。

1996 年 3 月 15 日，在"3·15"国际消费者权益日活动上，《人民日报》公布国家名优产品光荣榜，乳品厂生产的燕山牌全脂奶粉榜上有名，被评为"信得过产品"。

1997 年 8 月，农业部农垦局（农垦工）〔1997〕75 号文通报 1996 年度全国农垦工业利税百强企业，乳品厂位列第 89 位，并颁发荣誉证书。

第二节 果脯加工业

南口农场果脯生产最早可追溯建场初期。1958 年 6 月 25 日，农场选址马坊村场院，从周边农村收购香果、杏、枣等果品，5名员工试加工果脯、果酱、枣酒，后逐步增加了肉食品、糕点加工项目。1960年2月，果脯生产由马坊迁至南口农场食品厂（原南口农场乳品厂前身）。1969年7月，果脯生产与食品厂分开，迁址到二分场。同年11月，在西新村基建队物资站院内，建成总建筑面积约1100余平方米的厂房，国营北京市南口农场果脯厂（以下简称果脯厂）成立。

果脯厂建场初期，安装了锅炉，改善了果脯烘干条件，又增加两口铜锅，职工增加到40余人。果脯生产技术成熟，生产的品种有青梅、杏脯、金丝蜜枣、瓜条、脯条、果丹皮等几十个品种。那个时期生产的杏脯、桃脯、苹果脯出口到香港、日本、新加坡、马来西亚等地区和国家，这3个品种的出口率最高时分别达到90％、87％、60％，同时桃脯作为特需产品被列入人民大会堂国宴。

1974年，农场在乳品厂东侧重新建厂，投资56万元建起一座按工艺流程布局、封闭式的厂房，建筑面积2000平方米，生产能力为500吨。厂房配套设施、生产设备进一步完善。蒸汽夹层锅代替了用旺火烧锅，烘干由架式改为车式，改善了操作人员高温操作环境，降低了劳动强度。为充分利用能源，降低能耗，4吨蒸汽锅炉由果脯厂、乳品厂共同使用。

1977年，果脯厂正式迁至乳品厂东侧。生产过程中，实际生产使用面积仅有建筑面积的60％，实际生产能力只达到设计生产能力的40％。由于投资大使生产成本增加，产品不适应社会需求，供销失衡。1978年，果脯厂被迫停产，除留守个别人外，其他人员进行了转岗分流。

1980年，果脯厂重新组建，恢复生产。这次从人员结构上做了较大调整，职工队伍由固定工、合同工、临时工组成，厂内管理也采取一系列的措施。1984年果脯厂开始生产桃、杏和苹果罐头，并出口日本和东南亚。

1985年，果脯厂更名为北京市南口农场食品厂（以下简称食品厂）。

1986年2月15日，食品厂注册"京南春"牌果脯商标。

1988年，随着市场和饮食消费习惯的变化食品厂及时调整产品结构，开发了膨化食品、罐头、果汁及羊羹、茯苓饼的食品生产，以适应市场变化。

1994年，果脯出口远销日本、加拿大等国家。1997年年创利润52万元。

1999年6月，食品厂更名为北京市南口四方食品厂（以下简称食品厂）。同年，7月8日，食品厂与北京安德鲁水果食品有限公司签订商业租赁合同。

21世纪初，由于食品厂产品市场竞争力差，经营困难，连年亏损，农场按照"有进有退、有所为有所不为"的国企改革方针，加快产业调整，逐步优化经济结构。2002年6

月 27 日，食品厂注销关闭，农场退出果脯加工业。

第三节　水泥建材加工业

1978 年，北京南农建筑科技有限公司（原北京市南农水泥构件厂，以下简称南农建科）成立。南农建科是独立法人单位，为农场全资子公司。公司主要产品有工业化住宅 PC 产品外墙板、内墙板、楼梯板、空调板、阳台板、叠合板、隔墙板、长向板、短向板、屋面板、沟盖板、过梁、柱子、H 型钢结构系列产品、透水砖、盘扣式脚手架等。厂区占地面积 20.93 公顷（314 亩）。2017 年底，职工人数 27 人。公司坚持科学管理、人才培养、技术创新，产品主要销往北京及周边省市地区。

一、建制及沿革

改革开放后，随着市场经济的逐步发展，企业间的竞争也愈演愈烈。1978 年，南口农场着眼企业长远发展，为壮大农场经济实力，在分析市场需求的基础上，决定成立南口农场水泥构件厂（以下简称构件厂）。

在农场的统筹部署下，构件厂于 1981 年 2 月 20 日取得营业执照，确定企业名称为北京市南农水泥构件厂，企业机构类型是全民所有制。企业经营范围为：制造水泥制品；普通货运、加工钢结构；销售混凝土（未取得专项许可的除外）；经营本企业自产产品的出口业务和本企业所需机械设备、零配件、原辅材料的进出口业务，但国家限定公司经营或禁止进出口的商品及技术除外；专业承包；出租办公用房；租赁建筑工程机械、建筑工程设备。建厂初期，构件厂是一个只有一条拉模生产线、34 人的行业三级小厂，下属沙石厂和通用机械厂。沙石厂从事沙石开采，为构件生产提供原料。通用机械厂从事车、铣、刨、磨等机械加工业务，其主要产品是胶体磨。经过四十年的发展，公司从初期的小型构件厂逐步发展成为生产规模大、技术力量雄厚的行业二级生产企业。

2017 年，按照集团公司推进全民所有制企业公司制改革工作的部署，北京市南农水泥构件厂由全民所有制企业改制为国有独资有限责任公司，设立后的新公司名称为北京南农建筑科技有限公司，并于 2017 年 12 月 25 日工商营业执照登记变更。

二、经营概况

（一）产业发展

1. 发展壮大（1978—2000 年） 构件厂经过最初十年的发展，在混凝土预制构件生产方面，立足市场需要，先后建立了预应力长向圆孔板，并逐步配套民用建筑、工业厂房的相应构件，形成冷拔钢丝、冷轧带肋钢筋生产线。在基础设施方面，构件厂先后购置了 4 吨蒸汽锅炉，35 米和 55 米跨度的两台龙门吊车，并建设大型钢筋加工车间，配散装水泥库及袋装水泥库 1000 多平方米，坑式大型蒸汽养池 800 平方米。生产设施的完善使构件厂的生产规模也由建厂初期的 500 立方米发展到 7080 立方米；利润由开始的 1 万元逐步发展为 36.53 万元。

20 世纪 80 年代后期，构件厂建立中心试验室，配备万能材料试验机、压力试验机、水泥软练设备等，保证了混凝土原材料、半成品及成品的试验、检测，产品合格率始终保持在 98％以上，优良品率在 60％以上。1994 年实现产量 13346 立方米，收入 916.16 万元，利润 161.6 万元；1995 年实现历史最高利润 194.6 万元。在不断对实验室进行改造升级的基础上，1996 年构件厂的实验室经北京市城乡建设委员会审查核定为二级实验室。随着构件厂的综合实力不断增强，预制构件的生产在实现半机械化、模具钢模化的同时实现了蒸气养护，使整个生产的效率提高、周期缩短，实现产量 10457 立方米，收入 873.27 万元，利润 142.76 万元。

1998 年，为顺利实现短向圆孔板的转型，构件厂投资近 35 万元引进连轧式冷轧带肋钢筋生产线，并取得冶金部颁发的冷轧带肋钢筋生产许可证，首先完成 KB 板向 ZB 板的转轨工作。为使生产能力更加配套成龙，构件厂将 42-6 级和 42 窄板模具投入生产，实现产量 12316 立方米。1999 年，实现产量 13891 立方米，产值 1023.41 万元；2000 年实现历史最高产量 14786 立方米，职工人数 200 人。

2. 调整时期（2001—2015 年） 随着市场经济的不断深化，建筑建材市场发生变化，预制楼板市场开始减小，企业的产品结构调整没有及时跟进，产品的销售范围仅仅覆盖附近农村村民盖房需要，构件厂经营困难。为了改善这种情况，构件厂做出了一系列调整。

首先，缩减构件厂的职工，人数从 2000 年的 200 人减少到 2013 年的 110 人。

其次，2003 年，构件厂投资建设钢结构生产车间。2004 年，随着建筑市场的变化，即钢结构建筑逐步成为市场的建造主要模式，构件厂适时投资建成一条 H 型钢结构生产线，设计年生产能力达到 5000 吨；2006 年，为改善构件厂生产淡季的问题，经国家相关部门批准，签订逾 700 立方米叠合板的订单。

再次，2008 年，借承办奥运和新农村建设的契机购置了新的 2000 千克锅炉。淘汰了型号过时且损耗较大的变压器，投资 4.4 万元安装了低损耗变压器。添置了一辆载重为 5835 千克卡车，极大地缓解了产品运输压力。2010 年，实现收入 1708.7 万元。2011 年，实现收入 2367.51 万元。

2012 年以后，北京市钢结构市场一度低迷，大多数钢结构厂都处于停产、半停产状态。除了面对这种惨淡的外部市场环境，公司还面临着人工成本过高、折旧费用、任务指标持续提高等内部压力，因此再次出现经营亏损局面。为此，构件厂采取三项调整措施：一是在农场的统一部署下进行人员分流，从 2013 年开始，分批次对构件厂的剩余人员分流到农场所属其他单位，减少人员成本负担；二是对钢结构车间进行关停，2014 年初，在对钢结构业务进行清理、资产进行核查的基础上实行停产；三是为完成农场下达的任务指标和安置钢结构车间富余人员，2014 年在市场调研的基础上，构件厂与北京盛名达工程技术有限公司合资投产盘扣式脚手架项目。

3. 二次创业时期（2016 年至今）　其间，构件厂经历了产业退出，转型阵痛，迎来创新发展的曙光。2016 年，构件厂退出盘扣式脚手架加工业务。2017 年退出预制楼板业务，构件厂的三大产业水泥预制构件、钢结构构件、脚手架加工业务逐步完全退出。

为适应北京市住宅产业化政策要求，在经过详细市场调研后，构件厂与北京国际建设集团有限公司进行住宅产业化项目合作，把转型发展目标放在国家鼓励发展的住宅产业化部品生产加工上面。

2017 年，按照产业发展规划对厂区进行规划布局，逐步完成车间及厂区的改造。与此同时，设备的采购及安装调试工作同步进行，布料机、钢筋调直机、钢筋弯箍机、抹光机、挫平机等设备调试完成。

（二）开拓市场

2002 年，构件厂向蒙古国乌兰巴托市出口整套螺旋肋钢筋预应力长向圆孔板的生产设备，并转让相关专利技术项目，并于 2002 年 3 月 10 日签订合同，实现了国际贸易。

2003 年，构件厂为首钢平板车间工程提供本企业生产的混凝土预制柱，工程量 600 立方米。2005 年，构件厂生产的预制桥板在昌平区老峪沟砼涵洞工程及海淀区上庄运河大桥上应用。

2006 年 3 月，建研科技股份有限公司顺景园休闲配套工程中使用了复合预应力夹芯板 YYB-1、YYB-2，实际应用工程部位为朝阳区顺景园钢结构层间板。同年 5 月，北京周庄小区商场工程使用了本企业大开间预应力叠合板 DXD1-3，实际应用工程部位为商场层间板。8月构件厂承接首都国际机场3号航站GTC项目楼扩建工程预制圆孔板的生产任务。

2008年，构件厂的预制构件预应力加长板向卡塔尔的首都多哈销售。构件厂预制构件产品相继入选鸟巢等重点工程建设，参与北京市重点项目"三一重工"工程，为其制作厂房钢结构托梁。

2012年与内蒙古太仆寺旗草原酿酒公司达成新订单，该公司订购1000多块大型屋面板。

（三）科技发展

1995年，构件厂与中国建筑科学研究院合作，先后完成"高强度钢丝应用""大跨度双向叠合板"项目试验。其中"高强度钢丝应用"于2001年获得国家实用新型专利。

2000年，与中国建筑科学研究院再次合作，对预应力长向圆孔板主筋进行成功试验，并得到北京市建委专家组的认可。

2001年，构件厂在企业技术顾问徐有邻博士的指导下，研制开发"大开间预应力楼板"项目。2005年1月，该项目荣获2004年度"中联重科杯"华夏建设科学技术二等奖。

2002年，企业在混凝土预制构件市场急剧下滑和北京地区砂石资源禁采的双重压力下，与建研科技股份有限公司合作，对轻质、保温、装配式预应力夹层板进行了试制，并完成建筑面积20000平方米。同年，构件厂成为北京市混凝土协会会员单位，并具有国家三级计量资质。

2011年4月6日，构件厂与清华建筑设计研究院合作的"双向圆孔墙板"项目试验在构件厂试制成功。

表3-1　1978—2017年构件厂经营情况一览

年度	年末职工人数	产量（立方米）	产值（万元）	收入（万元）	利润（万元）
1978	34	500	4.60	4.60	1.00
1979	92	1000	15.60	15.60	0.50
1980	107	2410	37.30	37.30	6.90
1981	110	3900	50.60	50.60	6.80
1982	137	6859	71.50	71.50	14.60
1983	141	7150	93.60	93.60	11.20
1984	156	7875	106.90	106.90	22.60
1985	198	7760	132.00	132.00	49.40
1986	211	8226	144.40	144.40	34.20

（续）

年度	年末职工人数	产量（立方米）	产值（万元）	收入（万元）	利润（万元）
1987	220	8681	164.20	164.20	36.00
1988	214	7080	133.75	302.29	36.53
1989	171	6456	121.97	263.77	33.55
1990	188	8353	235.83	337.34	31.72
1991	204	9585	520.45	398.49	52.52
1992	248	12000	754.50	564.40	84.16
1993	249	13877	1557.41	991.55	156.36
1994	255	13346	1492.10	916.16	161.60
1995	233	11868	1336.42	902.39	194.60
1996	235	10457	942.7	873.27	142.76
1997	230	9904	811.90	789.95	90.97
1998	160	12316	878.10	808.97	66.43
1999	194	13891	1023.41	820.02	35.06
2000	200	14786	1066.55	848.43	42.12
2001	170	12197	1044.67	879.68	45.22
2002	200	9139	972.41	941.99	45.38
2003	119	8132	865.55	815.55	35.12
2004	116	6580	700.36	756.01	35.05
2005	117	5751	536.94	778.07	−32.09
2006	117	8182	896.68	883.60	51.69
2007	116	9132	875.56	898.28	52.16
2008	117	10452	1061.33	992.57	57.50
2009	138	7989	847.44	1695.26	88.79
2010	143	2600	275.80	1708.70	92.62
2011	144	6347	673.26	2367.51	28.08
2012	112	4467	473.84	2500.00	32.90
2013	110	2716	243.87	2000.00	10.02
2014	91	2708	243.16	1865.15	9.55
2015	32	1945	174.65	1050.06	10.82
2016	30	1871	168.00	842.52	−239.46
2017	27	308	27.66	789.73	−98.09

表 3-2 构件厂历任主要领导

职 务	姓 名	任职时间
厂长	吴恭利	1979.2—2009.2
	徐春生	2009.2—2015.5
	刘素果	2015.5—今
支部书记	吴恭利	1979.2—1981.1
		1992.7—2008.3
	郭晓振	1981.1—1992.7
	陈军	2008.3—2011.12
	孙全成	2011.12—今

第四章　物产物流及服务业

第一节　房地产开发

土地是农场生存与发展的基础，是农场产业发展的重要资源。1995年2月22日，农场与北京华彬庄园绿色休闲健身俱乐部有限公司签订租赁3号楼的《公证书》，从此，农场正式打开地产开发对外合作的大门。

"九五"后，农场先后与华彬集团、万维药业公司、河北卓达集团、万鹏地产开发公司、北京瀚林兆业房地产开发有限公司、安德鲁公司等多家单位洽谈土地开发事宜并与之建立合作关系，特别是华彬庄园的进驻与建设，极大地改善了农场的投资环境，为今后时期地产开发业的发展奠定了基础。

2003年，农场与金山圣地房地产开发（北京）有限公司建立了合作关系，北京雪域风情生态园落户农场。2004年后，又与金圣博峰教育中心、东方阳光老年颐养中心、北京住总集团、七星公司等多家单位签约。

2017年年末，南口农场有合资房地产公司4家。其中，国有参股公司为北京三元百旺房地产开发有限责任公司、北京秋海旭荣房地产开发有限公司；国有控股公司为北京南农东亚房地产开发有限公司、北京坤和建谊置业有限公司。

1. 北京三元百旺房地产开发有限责任公司　2007年1月16日，南口农场取得集团公司《关于同意成立开发南口农场三分场土地一级开发公司的批复》（京三元集团发〔2007〕9号），批复同意由东北旺农场及其所属北京市安达房地产开发公司和南口农场共同成立一家土地一级开发有限责任公司，新公司注册资本为人民币3000万元，三方持股比例各为三分之一。同年2月13日，三方合资公司"北京三元百旺房地产开发有限责任公司"（以下简称"三元百旺"）成立。

三元百旺自成立以来，开展了南口农场三分场居住用地项目约49.87公顷（748亩）土地一级开发的大量前期工作，因受到北京市规划委员会昌平分局拟对项目地块规划进行调整，以及房地产政策相关原因的影响，项目始终无法进入实质开发程序。《南口农场CP03-0110等街区层面控制性详细规划（街区深化方案）》中，南口农场三分场居住用地地块调整至原一分场区域。至 2017 年 12 月底，规划正在批复中。

2011 年 4 月 21 日，三元百旺股东会同意将东北旺农场持有三元百旺的 33.4% 全部国有股权无偿划转给北京市西郊农场。2017 年末，三元百旺资产总额为 2911.58 万元，所有者权益为 2911.58 万元。

2. 北京秋海旭荣房地产开发有限公司　2009 年 8 月 18 日，南口农场取得集团公司《关于北京市南口农场与北京昀滢旭荣投资管理有限公司合作的批复》（首农发〔2009〕64号）。8 月 24 日，农场与昀滢旭荣签署《南口农场一分场居住用地项目合作框架协议》。9 月 24 日，农场与昀滢旭荣公司共同成立的合资公司北京秋海旭荣房地产开发有限公司（以下简称"秋海旭荣"）取得法人营业执照。合作公司注册资金 3000 万元人民币，农场出资 600 万元，持有 20% 股权，昀滢旭荣出资 2400 万元，持有 80% 股权。

2011 年，公租房项目被列入昌平区保障性住房项目建设计划。秋海旭荣先后取得规划意见函、规划条件、建筑用地钉桩通知单、环评批复、用地预审批复、项目核准等前期批复手续。但由于未能取得北京市住房城乡建设委员会"关于公租房项目部分成本分摊纳入商品房地块土地一级开发成本"的批复，项目处于搁置状态。

2013 年 6 月，秋海旭荣取得土地一级开发项目授权。并且先后取得了规划条件、用地预审意见、环评批复、项目核准批复、交通评价批复、涉水事项论证批复等前期手续。同年 12 月，南口农场同意昀滢旭荣持有的秋海旭荣 80% 股权转让给北京天恒房地产股份有限公司，并不可撤销地承诺放弃本次转让的优先受让权。

2015 年 11 月，经市住房保障办公室研究将公租房项目从原建设计划中核减。

2017 年 11 月 4 日，北京市副市长批示：秋海旭荣继续按照土地一级开发模式办理农转用等入市前期工作；公租房项目建议集团公司考虑先稳步推进现有项目，再研究启动后续自有用地建设有关事宜。至 2017 年 12 月，秋海旭荣积极跟进办理农用地转建设用地等土地一级开发后续工作。2017 年 12 月末，秋海旭荣资产总额 41020.60 万元，负债总额 38540.60 万元，所有者权益 2480 万元。

3. 北京南农东亚房地产开发有限公司　2012 年 6 月 14 日，集团公司同意南口农场与北京东亚新华投资有限公司（以下简称"东亚新华"）所属两家独立法人企业共同出资成立项目公司。同年 7 月 5 日，南口农场同东亚新华、北京东亚标志投资有限公司（以下简称"东亚标志"）签署《北京市南口农场 NC-03 街区居住用地（含配套商业）、办公用地、商业用地框架合作协议》。同年 8 月 6 日，南口农场、东亚新华、东亚标志三方共同出资成立的合资公司"北京南农东亚房地产开发有限公司"（以下简称"南农东亚"）成立，注册资金 1000 万元人民币，南口农场持有 51% 股权，东亚新华持有 30% 股权，东亚标志持有19％股权。董事会成员5名，监事会成员1名。

南农东亚成立后，先后对申报土地一级开发、建设持有型养老机构、建设自住型商品房等开发模式进行调研，经过四年多的努力，南农东亚被列入《2017年北京市保障性住房储备建设计划》，明确南口农场二分场场部及周边地块列为市属国有企业利用自有用地建设自住型商品房储备计划。但由于南口农场街区控规调整，且北京市已经出台了共有产权房的相关政策，致使该项目无法按原方案推动实施，待街区控规调整工作完成后再行研究具体运作方式，包括但不限于一级开发、建设保障性住房等模式。至2017年底，南农东亚资产总额为845.91万元，负债总额为11.74万元，所有者权益为834.17万元。

4. 北京坤和建谊置业有限公司 2014年7月2日，南口农场同北京建谊投资发展（集团）有限公司（以下简称建谊集团）签署《接拍北京市南口农场与北京绚丽阳光老年服务有限公司合作用地及地上物的框架合作协议》。约定合资公司接拍阳光公司项目用地、地上物，负责解决用地问题、补办和完善相关资产的规划、建设等行政审批手续，用以承接运作规范的养老项目。双方共同出资成立合资公司"北京坤和建谊置业有限公司"（以下简称坤和建谊）。注册资金3000万元人民币，南口农场持有51％股权，建谊集团持有49％股权。

2017年，公司积极协调昌平区法院、昌平区民政局等相关政府部门，完成对北京绚丽阳光颐养中心注销、工商局域名注册及地形图测绘等具体工作。至2017年底，坤和建谊资产总额为12023万元，负债总额为9100万元，所有者权益为2923万元。

第二节 商贸仓储业

1986年10月16日，北京市南口农场冷库成立。1990年6月4日，北京市南口农场冷库更名为北京市南口农场商业公司。1997年9月北京市南口农场商业公司更名为北京市硕春商贸公司，2001年2月28日，南口农场行业调整，北京市硕春商贸公司与职工医院、物业管理委员会合并组建南口农场服务公司，同年9月3日，南口农场服务公司被撤销，恢复北京市硕春商贸公司建制，实行经理负责制的领导体制。2006年10月，北京市硕春商贸公司法人执照注销，非法人营业执照办理完毕，更名为北京市南口农场硕春冷库（以下简称硕春冷库）。2017年，冷藏库建筑面积12700平方米，有员工41人。

1986年，硕春冷库成立之初，只有一座库容为1100吨的冷库（其中冷藏库100吨，保鲜库1000吨）和一座半地下库（没有降温设备，冬季靠开窗调节储存温度）。硕春冷库从成立到20世纪90年代，主要储存农场果品，为农场提供服务。

20世纪90年代，由于交通运输业的发展，水果市场放开，果品储存后的价值难以体现，硕春冷库发展面临很大压力，及时调整经营策略，既服务又经营，既储存又销售，利用自身优势，广开门路，积极推销，为农场的畜禽产品销售做出了贡献。1992年，按照农场"精一、强二、兴三"的指导思想，投资建成第二座冷库，库容为1500吨（其中冷藏库500吨，保鲜库1000吨），水果库温度可控制在－5～10℃。冷藏库可储存冷冻肉、禽、水产等，除满足农场果品储存外，还进行招商引资，对外开放。这个时期，冷库基本处于亏损状态。

2000年后，随着低温冷藏市场的逐渐兴起，冷库紧抓机遇，于2001年11月、2003年8月、2005年12月，分三期对全部的保鲜库进行低温改造，俗称"高改低"工程，改造后，所有库房全部为－18℃以下的低温冷藏库，总库容达到了3000吨。吸引了众多储户，储存收入明显增加，经济效益稳步提升。2002年实现收入158.12万元、利润3万元，2004年，低温库存曾突破2100吨，达到饱和状态。2005年实现收入215.29万元、利润12.14万元；2006年实现收入251.64万元、利润37.07万元。

农场根据集团公司"培育壮大物产物流业"的战略部署，在充分调研论证的基础上，将7000平方米冷库扩建项目提上重要日程。2009年5月，该项目通过集团公司及昌平区相关部门核准批复，同年8月12日正式开工。2010年7月，冷库7000平方米扩建项目投入运行，是年底库房出租率超过90%，2010年实现收入750万元、利润92万元。冷库加强规范化管理，2010年11月，正式通过ISO 9001：2008管理体系认证和HACCP食品质量安全体系认证。2011年9月26日，冷库扩建项目竣工，库容量达到1万吨，至此，硕春冷库成为北京西北地区最大的低温冷藏库之一。为加强安全管理消除安全隐患，2012年3月8日，硕春冷库对排管存在安全隐患的2号库西侧库位进行改造，同年5月6日改造竣工。2013年对二号库机房和一号库机房进行改造，改造后，提高制冷机组的性能，增加安全设施设备，消除安全隐患，同时增加400平方米冷藏库面积。

硕春冷库坚持以市场为导向，以客户为中心，加强内部管理，提升对外服务，广泛合作，融合发展的理念，打造集速冻、冷冻、保鲜、常温、加工为一体的京西北第一物流平台。为满足不同客户的用库需求，2015—2017年，冷库投资新建常温库，总建筑面积为2800平方米，拓展库房类型，增加库存收入。

在实现存满存严目标的基础上，2011年下半年，冷库尝试开展商贸业务，提高经济总量和运行质量。商贸收入占总收入比重逐年增加，到2017年实现收入8200.06万元、利润301.59万元，其中商贸收入7147万元。2014年至今，硕春冷库在农场产业结构调整及经济发展中，积极发挥战略协同作用。

表 4-1 2001—2017 年硕春冷库入出库量表

年度	入库量（吨）	出库量（吨）
2001	3204	4146
2002	3606	3013
2003	3221	2895
2004	6457	5953
2005	4281	4367
2006	5561	5123
2007	5785	5252
2008	4609	5729
2009	5617	5189
2010	14062	13000
2011	16708	15955
2012	25023	21225
2013	25745	26752
2014	16634	17185
2015	14597	15948
2016	20485	20071
2017	16160	15058

表 4-2 1986—2017 年硕春冷库经营情况表

年度	收入（万元）	利润（万元）	年度	收入（万元）	利润（万元）
1986	—	—	2002	158.12	3.00
1987	27.22	−3.88	2003	150.11	6.00
1988	81.60	4.99	2004	174.19	15.82
1989	227.12	3.00	2005	215.29	12.14
1990	312.09	3.92	2006	251.64	37.07
1991	417.39	−17.71	2007	252.22	30.26
1992	243.30	−33.28	2008	290.18	33.58
1993	379.49	3.22	2009	296.01	38.02
1994	333.01	−93.76	2010	750.32	92.34
1995	307.09	−54.67	2011	2012.42	43.96
1996	202.24	−155.34	2012	3012.05	77.28
1997	146.50	−99.34	2013	3400.49	106.18
1998	77.67	−55.26	2014	5500.97	260.18
1999	77.66	−52.09	2015	7086.35	216.29
2000	112.53	−24.39	2016	7558.61	239.83
2001	162.44	−2.53	2017	8200.06	301.59

表 4-3 硕春冷库历任主要领导

职务	姓名	任职时间
主任	李需	1987.2—1990.6 1995.9—1997.7
经理	杨启仁	1990.6—1995.9
	张秀云	1997.7—2001.2 2001.9—2009.8
	刘景兵	2009.8—今
支部书记	付义君	1990.6—1992.7
	郭晓振	1992.7—1995.9
	杨启仁	1995.9—1997.7
	郑加云	1997.7—2001.2
	张秀云	2001.9—2009.8
	刘景兵	2009.8—2011.12
	陈军	2011.12—今
隶属南口农场服务公司时期副经理	张秀云	2001.2—2001.9

第三节　物业管理

随着农场的建设发展，职工家属区陆续建成并不断扩大。20世纪80年代起，农场先后建设16栋职工住宅楼，分散在各单位家属区的职工陆续集中到南农家园。多年来，南口农场物业管理委员会与南口农场居民委员会合署办公，共同管理家属区事务。2002年8月8日，为推进物业管理专业化进程，北京南口南农家园物业管理有限责任公司（以下简称南农物业公司）成立，注册资本50万元。

一、建制沿革

1958年，南口农场建场后就开始建设职工家属区，总场办公室负责家属区管理工作。随着家属区规模的不断扩大，南口农场先后组建家属委员会、居委会作为农场的下属单位对家属区进行日常管理，农场各下属单位（一分场、二分场、三分场、五分场）曾经都建立各自的家属区，各分场后勤部门对家属区进行日常管理。

1981年1月至1992年6月，南口农场家属区由居委会负责管理。

1992年7月，居委会变更为综合服务公司，经营管理向经济实体发展。

1994年4月，南口农场撤销家属区综合服务公司，改为居民委员会，负责管理南口农场家属区事务。

1998年2月，南口农场物业管理委员会成立，主要负责家属区1～6号楼及平房居民的管理和服务。2000年后，增加7～12号楼居民的服务。2001年3—9月，南口农场物业管理委员会隶属南口农场服务公司。

2001年9月，南口农场服务公司撤销，南口农场物业管理委员会恢复建制。

2002年8月8日，南口农场物业管理委员会注册变更为北京南口南农家园物业管理有限责任公司，行使企业的经营管理职能，服务小区居民。自此，农场开始发展规范化管理的物业服务业。

二、经营概况

南农物业公司主要服务于南农家园小区及南口农场辖区内部分企业。农场1987年开始建设职工住宅楼，1989年建成1、2号楼，1990年建成3、4号楼，1995年建成5号楼，1996年建成6号楼，到2000年7～12号楼陆续建成，2007年建成13～16号楼，至此南农家园小区形成，共建成职工住宅楼16幢，房屋共计789套，入住率100%，总面积达62532.54平方米。

2002年8月，南农物业公司为便于小区居民用电，将之前的直给式电表系统改造为预售式电表系统；为扩大业务范围，在昌平城区开设休闲水吧。

2003年5月，南农物业公司为改善办公环境及更好地服务小区居民，南农物业在锅炉房原址上新建公司办公楼。2004年11月，南农物业公司取得北京市物业管理三级资质证书。同年，制定《北京南口南农家园物业管理有限责任公司工作标准》《北京南口南农家园物业管理有限责任公司管理标准》。

2007年，南农物业公司为解决小区居民日常生活所需，在政府有关部门的支持下，在小区内新建菜市场大棚。为维护小区内的治安环境，2007年7月在整个小区范围内安装监控系统，实现安全无死角。

2008年4月，经向政府规划部门申请，小区正式定名为"南农家园"。

2010年11月，为便于管理，将原有小区菜市场改迁至南农物业公司办公楼东侧新址。

2011年11月，为改善小区居民饮水质量，小区新机井投入使用。同年12月6日，根据《北京市南口农场职工医院改革方案》接管北京市南口农场职工医院。

2012年，南农家园天然气管道铺设安装完成，实现了燃气管道入户。

2014年，南农物业公司开始扩大经营，在原有经营项目的基础上，增加了"专业承包"项目,开始承接各项工程,其中包括改造南口农场机关餐厅、新建南口农场大门和搭建630KVA变电系统等工程。同年,物业公司完成安全生产小微企业达标工作,成为昌平区南口镇首家达标企业,实现安全生产标准化。2014年5月,南农物业公司与农行昌平支行合作,在小区内安装两台自助取款机,方便小区居民生活。同年,制定《北京南口南农家园物业管理有限责任公司员工手册》。

2015年5月,响应北京市政府环境治理的相关政策,将小区锅炉改造为环保型的燃气锅炉。同年,为规范管理,制定《北京南口南农家园物业管理有限责任公司制度汇编》。

2016年6月,南农物业公司在承接各类工程的基础上继续增加经营项目,增加"花卉租摆"一项,国庆节期间,此类业务得到迅速发展,在该领域取得了瞩目的成绩。在便民方面,为方便居民收取和寄送快递包裹,南农物业公司支持有关部门,8月份在小区内安装了快递柜;为改善居住环境,在政府有关部门的支持下,5—8月份对7~12号楼的路面进行硬化。在内部管理上,按照国家税务管理部门"营改增"相关政策的要求,对相应工作及时做出调整,在克服时间紧、任务重、工作量大等困难的情况下顺利完成该项工作。

2017年3月,完成北京南口农场职工医院平稳退出工作。7月,协同南农社区居委会利用原煤气站旧址建立社区养老驿站。11月,完成总部新办公区绿化项目的建设。响应北京市政府消防安全政策的要求,在小区内新建电动车充电桩,确保电动车安全充电。12月,将小区市场房屋屋顶更换为防火阻燃材料,同时打通消防通道,消除火灾隐患。

2017年末职工22人,其中具有各类职称的专业技术人员6人,管理人员具有物业管理及企业经理岗位证书,技术人员持有物业管理、电气焊、电工、司炉工等相应证书,员工持证上岗率95%。

南农物业公司本着"业主至上,服务第一"的宗旨,始终以服务南农家园小区业主为己任,小区环境日益美化,各项设施相继健全,建强物业管理队伍,不断提高物业服务水平,在供水、供电、维修、保洁、保安、绿化、市场经营等各项工作中为业主提供全方位的优质服务,受到业主的广泛好评,今已成为规范化管理、多元化经营、效能化运转的经济实体。

表4-4 南农物业公司管理项目汇总

项目	服务管理范围	面积（平方米）	项目	服务管理范围	面积（平方米）
经营管理	小区市场出租房	1056.00	主营服务	南农家园小区	62532.54
	南阳居饭店出租房	1732.00		南口农场总部机关	6507.96
	大屋出租房（原供销社）	2486.73		东小区家属院（原物资站）	2174.01
	臻俐康医院	533.00		合计面积（平方米）	77022.24

表 4-5 2002—2017 年南农物业公司各项经济指标计表

年度	资产总额（万元）	收入（万元）	年度	资产总额（万元）	收入（万元）
2002	19.39	218.05	2010	298.56	265.05
2003	130.80	54.82	2011	307.36	87.58
2004	167.00	199.97	2012	398.31	288.78
2005	135.05	199.53	2013	476.33	329.56
2006	171.86	203.08	2014	460.11	443.56
2007	193.66	230.09	2015	519.49	448.42
2008	176.05	258.94	2016	517.46	480.33
2009	222.19	265.19	2017	301.02	572.88

表 4-6 南农物业历任主要领导

职务	姓名	任职起止日期
家属（居）委员会主任	张树森	1981.1—1994.7
	任勇	1994.7—1995.7
	王宝成	1995.7—1998.2
物业管理委员会主任	郭顺	1998.2—1999.6
	杨启仁	1999.6—2001.3
	刘志宝	2001.9—2002.8
有限责任公司经理	刘志宝	2002.8—2003.3
	刘景兵	2003.3—2009.8
	张秀云	2009.8—2011.11
	谷继锋	2011.11—今
物业管理委员会支部书记	史金英	1998.2—2001.3
有限责任公司支部书记	郭柏声	2001.9—2002.6
	李来荣	2002.6—2009.8
	谷继锋	2009.8—2011.10
	张秀云	2011.10—2013.2
	谷继锋	2013.3—2014.2
	张春光	2014.2—今
隶属南口农场服务公司时期副经理	刘志宝	2001.3—2001.9

三、南农社区居委会

南农社区居委会成立以来，南口农场从办公场地、人员、资金等方面给予大力支持，南农社区居委会与南农物业公司发挥优势，携手合作，为南农家园业主提供了服务保障。

2002 年 8 月 14 日，根据《北京市政府办公厅、市民政局关于（家委会向社区居委会转制工作意见）的通知》（京政发〔2001〕46 号）和昌平区委、区政府《关于推进城市社区建设的意见》(京昌发)〔2002〕4号的通知精神,为优化家园物业管理和社区服务,厘清企业和社会职能,南口农场成立社区居委会工作领导小组,组长付义君,成员刘志宝、刘俊峰、杜连启、李来荣。按照《北京市社区居民委员会选举工作规程》(试行),2003年3月10日,南口农场召开居民代表大会,选举产生南农社区居民委员会,委员5名:李来荣、史金英、刘进言、于莲香、周俊兰;主任:李来荣,副主任:史金英。

2003年3月,南农社区党支部成立,南口镇党委任命李来荣为党支部书记,支部有党员7人。南农社区每三年进行一次换届选举,李来荣2006—2015年连续三届当选社区党支部书记、居委会主任。2015年,杨连成当选南农社区党支部书记、居委会主任。

南农社区成立以来,先后选举产生李来荣、许树坡、孙军三名昌平区人大代表。历届人大代表向昌平区人民代表大会提出的"恢复南口农场357路公交车站运行""在南农家园小区门口安装红绿灯""南农家园小区污水处理系统并入市政管道""在南农路沿线安装路灯"等多个议案先后被政府采纳并实施,帮助小区居民解决了出行难的实际问题。

社区党支部围绕关系居民切身利益、居民关注的热点难点问题,广泛开展为民服务工作,争取政府资金,在服务小区环境改造做了大量工作。党支部支持和保证社区居委会依法充分行使职权,开展居民自治。指导社区服务站开展社区服务工作,提高社区服务水平。2012年6月,被昌平区委命名为"创先争优先进基层党支部"。

2009年12月,社区居委会成立环境整治、治安巡逻、文教娱乐、便民服务志愿服务队。

2012年4月,南农社区艺术团成立。艺术团下设合唱、舞蹈、书画、太极四支团队。艺术团多次为社区居民带来精彩的文艺演出,各团队和谐发展,专业水平不断提高,多次在区镇级大型比赛或活动中展演,受到各界人士的广泛好评。

2017年9月,南农社区养老服务驿站成立,小区老年人可在该驿站享受用餐、健康体验、娱乐、免费理发等多项的服务。

南农社区成立至今获得多项荣誉。2006年12月,被昌平区人民政府评为"精神文明建设文明社区"。2007年4月,被首都精神文明建设委员会评为"首都绿色社区";同年8月,被昌平区社会建设管理办评为"昌平区建设和谐社区示范社区"。2008年3月,被昌平区防震减灾办评为"昌平区城市地震安全示范社区"。2009年1月,被昌平区人民政府评为"昌平区平安示范社区";同年6月,被昌平区人民政府评为"昌平区人口计生工作先进社区";同年11月,被北京市科学技术协会评为"北京市创新型科普社区"。2012年1月,被北京市爱国卫生委员会评为"北京市健康社区";同年7月,被北京市地震局评为"北京市地震安全社区";同年10月,被北京市人民政府评为"北京市敬老爱老为老服务示范单位"。2013 年 12 月，被北京市卫生局评为"北京市全民健康生活方式行动示范社区"；同期被国家地震局评为"国家地震安全示范社区"。2014 年 12 月，被北京市水务局评为"北京市节水型小区"；同期被民政部国家减灾委员会评为"全国防灾减灾示范社区"。2017 年 3 月，被国务院防范和处理邪教问题办公室评为"创建无邪教示范社区"。

第四节　其他服务业

20 世纪 70 年代，为解决农场职工及周边农村医疗卫生及子女教育等问题，农场相继建起学校和医院。1998 年场乡体制改革，土楼小学划归马池口镇，农场中心小学划归南口镇，农场中学整建制划归昌平县教育局。随着农场不断的改革，医院卫生服务业发生了变革，其他服务业也在变革中走上发展的道路。

一、职工医院

1975 年 11 月，南口农场职工医院成立。经过 42 年历程，近半个世纪发展，南口农场职工医院从最初一间简陋的医务室，发展到 20 世纪 80 年代末 90 年代初规范化的基本医疗及公共卫生服务的区县级医院，是综合性非营利性的医疗机构。该医院成立至退出，始终担负南口农场及周边村镇范围内的预防保健、基本医疗工作。

南口农场建场初期，总场及下属单位设有医务室，随着农场职工逐渐增多，为方便职工就医，农场逐步加大医疗队伍培养和医疗设施的投入，采取内部学习培训与外部巩固提高相结合的方式，不断增强医疗实力，成立职工医院的条件逐步具备，1975 年 11 月，南口农场组建职工医院，院址在现南口农场总场院内（小白楼以及原乡政府），院名为南口农场职工医院门诊部。

1984 年，正式建立北京市南口农场职工医院（以下简称职工医院），院址为原农场场部（三合院以及辅助房屋）。同年 10 月，设立住院病房，健全医院设施，设有病床 99 张，正式接受住院病人，时有医务人员近 50 余人，设有住院部，门诊有内科、外科、妇科、儿科、放射科、检验科、口腔科、中医科以及预防保健科等，担负当时全农场以及土楼乡9000 余人的医疗及预防保健工作。

1986 年 6 月，职工医院经北京市卫生局批准更名为"北京市南口长城老年病医院"，享受区（县）级医院待遇。

1987 年 2 月引进药浴，1988 年 9 月扩建门诊和北病区，1989 年 3 月医院自筹资金建立新住院楼。

1990 年 7 月，北京市南口长城老年病医院更名为"北京市南口长城医院"。同年扩建、改建东新村家属区为医院门诊部，住院部分三个病区（东、北、西），可容纳住院病人 150 人以上，在职职工 110 余人，医务人员近 80 人，其中高级职称 5 人，中级职称 7 人，初级职称以下 60 余人，总面积约 4 公顷（60 亩），内有花园、湖泊，其中建筑面积近 10000 平方米，服务总人口 9000 余人。医院级别待遇和业务指导仍按（86）京卫医字第 330 号的批复文件执行（北京市卫生局）。同年 9 月，"中国康复医学会药浴协会"在南口农场职工医院召开了成立大会。

1991 年 4 月，农场医改启动职工就医实行定点医疗。1992 年 3 月，增设精神卫生科，同时设立病床 30 张床位。1993 年引进中医治疗小儿脑瘫疾病。

1994 年 10 月，第一批实行大病医疗单位。

1995 年 7 月，恢复原名"北京市南口农场职工医院"。

2001 年 2 月，医院和物业公司、硕春冷库组建了农场服务公司。9 月，农场服务公司撤销，南口农场职工医院恢复建制。

2002 年 9 月，医院成为北京市第一批医疗保险定点医疗机构。2003 年 4 月，医院重点开展"非典"疫情防控工作。

1975—2004 年，科室设置分为门诊和住院处，门诊有内科、外科、儿科、妇科、中医科、中西医结合科、放射科、检验科、理疗科、预防保健科、精神科等，主要医疗器械有 200 毫安 X 光机、B 超机、红外线治疗仓、心电图机、心电监护仪、胃镜、肠镜、血细胞分析仪、生化仪、尿液分析仪等设备。

2004 年 4 月，农场与北京阳光颐养中心合作，职工医院搬离原址，职工医院（门诊部）迁入南农家园内，医院精神科迁入南口桃洼卫生院内。

2005 年 3 月，职工医院精神科（地址：南口镇桃洼）升级为北京市南口农场精神病专科医院，编制床位 80 张。同年 5 月，职工医院门诊部改造增加走廊，加强了控制二次医院感染功能。同年 9 月，职工医院项目变更为"绚丽阳光老年颐养院"。

2006 年 3 月，职工医院（门诊）自主经营单独核算。

2009 年 4 月，职工医院重点对 H1N1 传染疾病的预防和控制。同年 9 月，撤销南口农场精神病专科医院，职工并入职工医院。

2010 年 6 月，北京市"持卡、实时结算"现场验收合格，2011 年 1 月医生工作站建立以及实行定点医疗机构持卡实时结算。

2011 年 12 月，职工医院改革，自主经营、单独核算、自负盈亏，部分职工分流，接受物业公司托管和上级领导、监管。

2015年1月，职工医院住院床位由99张变更为20张，注销口腔科。

2017年1月，根据北京市人民政府办公厅发布的《关于推进国有企业分离办社会职能工作的实施意见》，要求对本市地方国有及国有控股大中型企业自办的医院等公益性机构完成分离工作。北京市南口农场与职工医院剥离，不再作为职工医院的设置主体及法人单位，转由北京臻俐康医疗科技有限责任公司承担。3月，职工医院职工分流到南口农场所属企业。自此，农场退出医疗公益性行业。

表4-7　职工医院历任主要领导

职务	姓名	任职时间	说明
院长	张树杰	1975.11—1991.6	
	高始诚	1991.6—1992.4	
	张万成	1992.4—1994.9	
	金万福	1994.9—1998.6	
	杜连启	1998.6—2009.11	
	孙凤国	2009.11—2017.3	
支部书记	郭金榜	1978.6—1993.5	
	张万成	1993.5—1994.9	兼任
	金万福	1994.9—2000.2	
	刘俊峰	2000.2—2005.3	
	杜连启	2005.3—2009.11	主持工作，无任命文件
	杜连启	2009.11—2011.11	

二、北京市金沙物资站

农场物资站在计划经济时期，基本任务是供应农场内部和基本建设所需物资。20世纪80年代后期由于畜牧业的规模扩大，各单位的基本建设规模扩大，物资需求猛增。面对生产、基建物资的价格双轨制，同北京市国营农场管理局物资公司沟通，尽可能争取平价钢材和木材满足农场内部需求。

1994年10月，农场决定以物资站为股份制试点单位。为实施股份制企业做准备，同月物资站到工商登记注册，企业名称为北京市金沙物资站（发下简称物资站）。同年12月，农场场长陈东、财务科孟凡鉴到物资站宣讲办理股份制试点的意义并介绍北郊农场实行股份制的经验。农场财务和劳资部门负责人同物资站商谈股份制改革实施框架计划。北京市农工商联合总公司体改办公室相关人员到物资站进行股份制认定。同年底该站《股份制条例》及请示农场上报北京市农工商联合总公司进行批复。

1995 年 2 月 17 日，北京市金沙物资站在构件厂办公楼二层召开南农物资站股份制合作创立会议。陈东、王泽润、郭顺、吴恭利、赵志荣、付义君、孟凡鉴、王晓军及该站员工参加会议。该站实行股份制后，采购当时较紧缺的化肥，为果树的丰产、丰收发挥了作用。为了扩大业务，建起加油站，保证农场生产、生活需要的同时，营业额、经营效益持续增长。

1997 年 8 月，根据北京市农工商总公司经济分析会有关资产重组的精神，北京市南口农场油站归属物资站。徐建堂任物资站站长，赖志强任副站长。

农场机关机构改革，实施减员增效措施。1998 年 1 月 5 日，农场批准该站全体参股员工股金退出。1998 年 4 月，农场原基建科与物资站合并组建南口农场建材建筑服务中心，李安平任中心主任。该中心成立后对外经营延用北京市金沙物资站营业执照。

2001 年 3 月 14 日，农场以北京市金沙物资站为试点，通过上交承包费的形式扩大企业经营自主权，实行"放权让利"的承包经营责任制。农场与金沙物资站签订了为期五年的承包经营合同。

2004 年 8 月 5 日，随着国家对石油行业管理的进一步规范，农场内部加油站规模小、安全风险大、经营成本高。北京市金沙物资站加油站关闭。

2005 年，该站被列为集团公司首批"主辅分离、辅业改制"的单位，经职工大会多次讨论决定将该企业关闭，资产、负债、所有者权益并入南口农场，职工由农场内部分流安置。同年 5 月 23 日，完成企业注销登记和职工分流安置工作。

三、北京市南口农场加油站

1992 年，为解决南阳路段日益增长的交通运输车辆加油难的问题，在满足农场需要的同时，为社会车辆提供方便，增加企业经济效益。同年 8 月，北京市南口农场与北京市农工商联合总公司能源供应站、北京市农工商联合总公司农机处本着充分发挥各自优势，三方协商确定在南阳公路与葛流路口西北角建加油站一座。企业名称为北京市南口农场加油站。主要经营柴油、汽油、润滑油等成品油，兼营汽车配件等业务。该加油站建成后，当时农场 113 辆汽车及拖拉机的加油难问题顺利解决，一段时期内方便了该路段社会车辆的加油。

1997 年 8 月，北京市南口农场油站归属物资站。

2000 年 4 月 12 日，北京三元集团总公司专业化重组，由该加油站清产小组完成了资产评估。2001 年 12 月 27 日，北京南口农场加油站划归北京三元石油有限公司。

四、北京市西单燕山百货商场

1980 年，在北京市副市长王纯的支持下，南口农场在西单路口的东北角处建立了燕山售货亭。燕山售货亭占地 320 平方米，其中营业面积 151 平方米。

燕山售货亭地处市区繁华地段，初期主要经营农副产品，1985 年改为主要经营服装和电器，该店坚持两个文明一起抓，多次被评为西单地区物价信得过和双文明建设先进单位，随着经营项目的不断扩大，顾客越来越多，营业额直线上升。1988 年，营业额由建店时 240 万元增加到 1000 万元。

1991 年，为了改善服务环境，提高知名度，农场投资对燕山售货亭进行改建、扩建，使营业面积由 151 平方米增加到 1100 多平方米，简易平房变成了二层楼，副食店变成了综合商场。燕山售货亭因此更名为北京市西单燕山百货商场，通过开展出租柜台的业务，生意兴隆，顾客盈门。截至 1995 年，燕山商场营业额突破 1200 万元，利润近百万元，成为农场经济的一个亮点。同年，政府对西单商场道路进行扩宽，修建步行街，区域正好覆盖到燕山百货商场，因此北京市西单燕山百货商场配合建设需要而关闭。

2016 年，根据京国资发〔2016〕20 号文件《关于市属企业开展压缩管理层级减少法人户数工作的通知》，为贯彻《市委市政府关于全面深化市属国资国企改革的意见》（京发〔2014〕13 号）文件的精神，南口农场对北京市西单燕山百货商场进行了吊销转注销工作。

图 2-1 果 树

图 2-2 果树采收

图 2-3 苹果采收

图 2-4 设施农业

图 2-5 四季采摘

图 2-6 种 树

图 2-7 挖坑种树

图 2-8 放线打点

图 2-9 树木生长

图 2-10 树木种植

图 2-11 绿 化

图 2-12 百合种植

图 2-13 百合技术研修班

图 2-14 畜 牧

图 2-15 猪 场

图 2-16 种鸭场

图 2-17　养鸡场

图 2-18　奶牛场

图 2-19　水利工程建设

图 2-20　修建水库

图 2-21　水库建造

图 2-22　修　渠

图 2-23 农业节水灌溉

图 2-24 乳品加工产业发展

图 2-25 绿色荣誉企业

图 2-26 果 脯

图 2-27 水泥制品

图 2-28 果脯销售

图 2-29 钢结构

图 2-30 北京市西单燕山百货商场

图 2-31　职工医院

图 2-32　农场基建队兴建职工宿舍

图 2-33　农场职工喜领新居钥匙

图 2-34　2008 年南农家园

图 2-35　工人合影

图 2-36　修建电缆

图 2-37　召开规划方案研讨会

图 2-38　学习交流

图 2-39　构建施工

图 2-40　机修车间

中国农垦农场志

第三篇

经营管理

中国农垦农场志

第五章 经 营

第一节 企业改革改制

南口农场作为全民所有制企业，发端于 1958 年 4 月，同年在"人民公社化"运动中先后并入前进人民公社和南口人民公社。1959 年 3 月，南口农场作为国有企业独立。之后附近农村又并入，实行"以场带村"体制。至 1984 年南口农场地区成立土楼乡政府，农场实行"场乡合一，以场带乡"体制。

一、场乡体制改革

1998 年 7 月 31 日，南口农场、土楼乡政府根据市委、市政府《关于北京市农工商联合总公司场乡体制改革的意见》（京办发〔1998〕26 号）文件精神，联合成立了场乡体制改革工作领导小组及办公室，对场、乡资产、人员、债权债务情况进行核查，按照一场一乡的划分原则，结合农场（乡）实际情况，研究出具体划分方案。昌平县委 1998 年第 19 次常务会研究决定，同意取消土楼乡人民政府，原土楼乡政府人员由农场接收，土楼、葛村及土楼小学划归马池口镇，李庄、响潭、农场中心小学划归南口镇，农场中学整建制划归昌平县教育局。10 月 12 日，农场与南口镇政府、马池口镇政府、昌平县教育局分别签订了划分协议。10 月 20 日，北京市农工商联合总公司、昌平县人民政府签订了《农场土地划分协议》，当日，岳福洪副市长签发了京场乡改字〔1998〕5 号文件，对农场场乡体制改革的划分协议做出批复，至此，场乡体制改革工作宣告结束。

依据场乡体制改革人事机构、土地及资产划分方案，划归昌平区的总资产 1216.5 万元，集体土地面积 11752.3 亩，农村总人口 2806 人；划归农场的总资产 12740.4 万元，国有土地面积 20191.6 亩，所属国有企业 14 个，职工总人数 1420 人，离退休职工 491 人。

场乡体制改革使农场经济格局发生重大变化，由原来两种所有制并存变成单一的国有企业，不再具有政府职能，企业办社会的负担明显减轻，所占有的土地面积、资产数量、人员规模明显减少。如何适应市场经济变化，建立现代企业制度，调整产业结构，促进经济健康发展成为农场迫切需要解决的问题。

二、参与行业重组

1996年起，为优化资源配置，北京市农工商总公司开始实施战略重组，管理方式逐步由地域经济为主向以行业管理为主转变，农场优势企业陆续加入总公司产业化发展的行列。

1997年1月，农场所属年收入6000多万元、利润400多万元的南口乳品厂并入北京三元食品股份有限公司。1998年5月，农场所属年收入700多万元、利润近160万元的种鸭场并入北京三元金星鸭业集团有限责任公司。受市场等因素影响，果树业经营困难，内外交困使农场当年亏损425万元。

2001年3月，为优化管理模式、提升管理效能，农场打破了建场四十年来块块经济的运作模式，将一、二、三分场的果树业与奶牛业拆开，组建了奶牛公司、果林公司；将职工医院、冷库、物业管理委员会3个单位组建为服务公司。通过重组，奶牛业作为农场主要经济支柱的地位更加突出。

2001年7月，农场所属年收入2000万元、利润400多万元的奶牛公司整建制并入北京三元绿荷奶牛养殖中心。2001年12月，农场所属年收益14万元的南农加油站并入北京三元石油有限公司。当年，农场亏损378万元。

农场优势企业相继参与总公司行业重组，保留下来的企业处于微利或亏损状态。面对现有企业如何发展，新兴产业如何培育，农场主业如何定位等一系列问题，在积极调研调整发展思想的同时，农场承诺"六不变"，即农场战略及"十五"规划目标不变，年初下达的各项经济任务指标不变，人均收入增长10%的目标不变，职工住宅小区设施改造计划不变，离退休职工待遇不变。"六不变"措施，对稳定职工情绪，统一思想，振奋精神，推进农场经济发展发挥了重要作用。

三、推进产权制度改革

为适应经济体制的变化和经营思路的调整，农场围绕企业管理方式、单位组织结构及资源配置方式等方面进行了一系列的调整和变革。

（一）转换企业经营机制

农场果树业转变生产管理方式。1998 年，面对果树品种单一、树龄老化、生产成本高、投入产出低，亏损严重的严峻形势，农场积极研究对策，调整经营思路，在经营策略方面，通过高接换头、树种更新、淘汰老龄果树，发展富士等优新品种。在管理方式上推行"两费自理"承包经营。就是农场承包土地的职工在生产费用和生活费用全部实行自理，农场负担职工的工资及福利保险，生产用的肥料、水电、农药、机械等费用由承包职工自行负担。承包范围在公司管辖区域内除原二分场温室及周边优势果树区以外园区。经过不断的摸索、调整和完善，果树业职工面对市场，独立经营的意识和能力明显增强，果树业的亏损状况逐步缓解，承包职工收入稳步提高。

农场果品的销售，在国家实行统购统销的计划经济体制下，1986 年以前农场果品集中运到北京四道口果品销售部销售。1986 年，为了保证果品均匀上市，减轻采摘季节的销售压力，北京市南口农场冷库成立。从此在国家统购统销的基础上，农场将一部分水果贮存冷库自存自销。1990 年以后，随着市场经济的逐步建立，水果市场全面放开，农场的水果面临销售问题，农场改变经营策略成立了专门的销售机构，农场各分场销售员负责推广销售农场水果，使农场水果走向市场。1998 年以后，逐步改进销售人员收入分配奖励机制，制定实施销售额提成奖励办法，农场水果销售完全市场化。

实行"放权让利"的承包经营责任制。农场以北京市金沙物资站为试点，通过上交承包费的形式扩大企业经营自主权，2001 年 3 月 14 日，农场与金沙物资站签订了为期五年的承包经营合同。

2001 年 2 月 28 日，南口农场行业调整，北京市硕春商贸公司与职工医院、物业管理委员会合并组建南口农场服务公司。同年 9 月，为强化第三产业管理，农场撤销了服务公司，恢复了农场物业管理委员会、职工医院、硕春商贸公司 3 个单位建制。

2001 年 7 月，北京三元集团总公司要求南口农场领导体制由党委集体领导下的分工负责制改为场长负责制，明确党、政、工各自职责，切实抓好南口农场两个文明的建设。

（二）关闭经营困难企业

按照十五届四中全会精神，农场坚持"有进有退、有所为有所不为"的国企改革方针，加快产业调整，逐步优化经济结构，先后关闭了南口四方食品厂、农场种鸡场。

2001 年 11 月 6 日，农场召开了改制工作动员会，以此为标志农场改制工作正式开始。

12 月 11 日，食品厂改制进入工作程序，经过半年多的曲折过程，2002 年 6 月 27 日，食品厂撤销关闭的各项工作全部完成。

2003 年 7 月，农场利用种鸡场场地与金山圣地房地产开发公司签订了场地租赁合同，随着开发项目的推进，种鸡场进行关闭退出的各项工作，8 月底，鸡群淘汰完毕，员工有序分流，种鸡场关闭。

（三）推进 "主辅分离、 辅业改制"

按照国资委、集团公司提出的"主辅分离、辅业改制"的工作要求，农场先后通过规范程序收回北京皓天广地科技有限公司的国有股权，关闭了北京金沙物资站、取消了北京硕春商贸公司的法人资格。

北京皓天广地科技有限公司股权转让。2003 年 3 月，北京皓天广地科技有限公司登记注册，由农场与自然人刘峰岳共同出资组建，注册资本 50 万元。其中，南口农场出资 40 万元，所占股份 80%；刘峰岳出资 10 万元，所占股份 20%。主要经营范围：技术开发、技术转让、技术咨询、技术服务；销售建筑材料。2006 年 2 月 27 日，南口农场将持有的北京皓天广地科技有限公司 80% 的股权，以 40 万元的成交价格转让给北京首向投资管理顾问有限责任公司，从而实现国有资本全部从该公司退出，转受双方在完成国有产权交割手续后在昌平工商局顺利完成股东变更。

关闭北京市金沙物资站。随着国家对石油行业管理的进一步规范，农场内部加油站规模小、安全风险大、经营成本高。2004 年 8 月 5 日，南口农场经研究决定关闭北京市金沙物资站加油站。北京市金沙物资站以承接小型建筑工程或承揽农场内部基建工程为主，不具备建筑业经营资质，被列为集团公司首批"主辅分离、辅业改制"的单位，经该单位职工多次讨论决定将该企业关闭，资产、负债、所有者权益并入南口农场，职工由农场内部分流安置。2005 年 5 月 23 日，完成企业注销登记和职工分流安置工作。

硕春商贸公司变更法人主体资格。2006 年 10 月，硕春商贸公司通过法人主体资格变更的方式完成改制工作，正式更名为北京市南口农场硕春冷库。

四、国有股权退出

北京盛斯通生态科技有限责任公司（以下简称盛斯通公司），是由农业部南亚热带作物开发中心、北京市南口农场、深圳市热带园农业新技术有限公司和独立投资人杜海成共同投资设立的股份制企业，2003 年 4 月成立，注册资本 100 万元。2016 年 4 月，根据集团公司改革改制的工作要求，按照国有资产"有进有退，有所为有所不为"的原则，农场将持有的盛斯通公司 30% 的国有股权全部从该公司退出。同年 12 月 14 日，盛斯通公司股东杜海成以 32.5892 万元的成交价格在北京产权交易所摘牌成功，转受双方在完成国有产权交割手续后，2017 年 1 月，南口农场在昌平工商局顺利完成股东变更。

五、公司制改革

2017 年 12 月，南口农场认真贯彻落实北京市国资委及集团公司国有企业深化改革文件精神，严格按照现代企业制度要求，本着逐步完善、分级管理的原则，如期完成全民所有制企业向国有独资有限公司的公司制改革。本次公司制改革，股权结构为国有独资有限公司。改制后，随着企业的发展将逐步形成有效制衡的公司法人治理结构。北京市南口农场，企业名称变更为北京市南口农场有限公司，出资人为首农集团。

伴随母公司南口农场完成公司制改革，三个全民所有制分支机构将完成分公司的转换。北京市南口农场硕春冷库拟变更为北京市南口农场有限公司硕春冷库分公司；北京市南口农场果品经营中心拟变更为北京市南口农场有限公司果品经营分公司；北京市南口农场绿化工程中心拟变更为北京市南口农场有限公司园林绿化分公司。

北京市南农水泥构件厂名称变更为北京南农建筑科技有限公司，出资人为南口农场。

第二节　对外交流与合作

农场的对外交流与合作主要集中在经贸和科技领域，主要采取"走出去"与"请进来"相结合的模式。

一、技术交流

1. 果树专家来场　为论证在南口这块荒地上建设果园的可行性，1957 年 12 月北京市农林水利局组织南口荒地调查组以及当时的农垦部工作组，对南口至阳坊间的 1400 多公顷（21000 多亩）荒地进行了初步勘测，并提出了建立果园的改造措施。1958 年 1 月 28 日苏联果树专家阿·彼·德拉加夫采夫来到农场，就农场果树栽培技术方面进行了广泛交流。

20 世纪 90 年代初，北京市国营农场管理局外经科和北京市昌平区科学技术委员会多次带领意大利、日本果树专家来农场进行技术交流和指导。

2. 赴日果树研修　1993—1998 年，农场先后 6 次派 8 人到日本福岛和新潟进行果树研修，学习果树生产管理技术。主要技术包括：精细化管理、省力化栽培（机械化种植技术、培养高光效树形、实行全园生草、病虫科学防控、尽可能无袋化、小型工具精良化）、产业化发展。

1993 年第 14 次研修团：韩延龙、孙国学　　　日本福岛县

1994 年第 15 次研修团：刘素果、陈信友　　　日本福岛县

1995 年第 16 次研修团：于宝栋　　　　　　　日本福岛县

1997 年第 18 次研修团：屈连贵　　　　　　　日本福岛县

1998 年第 19 次研修团：周岩　　　　　　　　日本福岛县

1994—1995 年：高克信　　　　　　　　　　　日本新泻县

二、对外贸易

1. 水果出口香港　1958—1963 年，累计种植果树 471.5 公顷（7072.5 亩），由于加强了管理，1963 年部分苹果树开始结果，产果 175 吨。蜜桃开始出口香港，为国家换取了外汇。

2. 果脯、罐头出口东南亚　1969 年，农场成立果脯厂，生产出青梅、杏脯、金丝蜜枣、瓜条、脯条、果丹皮等几十个品种。其中杏脯、桃脯、苹果脯出口到日本、新加坡、马来西亚等地区和国家，同时桃脯作为特需产品被请上人民大会堂国宴的餐桌。

1984 年，果脯厂生产的桃、杏和苹果罐头出口东南亚国家。

2005 年，构件厂与北京环印昌盛起重设备有限公司合作，将钢结构车间作为起重设备加工生产基地生产四架起重机设备，向德国德马格公司销售。

3. 构件出口蒙古　2001—2007 年，构件厂利用企业的成熟技术和比较优势，多次成功地完成了对蒙古成套混凝土预制构件技术的出口，总交易额为 220 万元。

4. 苹果出口俄罗斯　1998 年，南口农场与俄罗斯威德贸易股份有限公司签订苹果出口协议。1998 年 11 月，100 余吨苹果运往俄罗斯。

三、校企合作

2012 年 9 月 11 日，南口农场与北京农学院共建人才培养基地揭牌仪式在南农百果园举行。集团公司张立昌董事与北京农学院党委书记郑文堂共同为基地揭牌。

四、协同组织

1. 中国农垦农场联盟　根据京首农发〔2016〕255号《关于转发〈农业部农垦局关于组织申报中国农垦农场联盟成员的通知〉的通知》，南口农场加入中国农垦农场联盟。

2. 中国农垦节水产业技术联盟　2017年9月6日，南口农场作为联盟成员单位参加了中国农垦节水农业产业技术联盟成立大会。

3. 北京市园林绿化行业协会　2017年12月19日，南口农场绿化工程中心成为北京市园林绿化行业协会会员单位。

第六章　管　　理

第一节　战略管理

在南口农场的建设发展中，为适应不同时期的经营环境，管理者不断地在新的起点上对外界环境和农场战略进行连续性探索，制定出农场中长期发展规划，确定农场每个时期的发展目标，并采取措施逐步完善落实。

一、草创时期（1958—1962 年）

1958 年 4 月 10 日，在南口农场《党代表会议报告提纲》中，对农场生产远景规划进行了说明，计划种植土地面积 4666.67～5333.33 公顷（7 万～8 万亩），近两三年计划种植葡萄 666.67 公顷（10000 亩），苹果 333.33 公顷（5000 亩），桃 200 公顷（3000 亩），杂果 133.33 公顷（2000 亩）。果树成年后，预计年产水果 2.4 万吨，按北京 400 万人口计算，仅南口一个农场，每人每年即可吃到约 5 千克水果。一两年后，还计划养牛、羊、猪、鸭、鸡等，几年后计划筹建酿酒厂、罐头果脯加工厂。《党代表会议报告提纲》中指出，生产任务是艰巨的，必须艰苦奋斗，克服种种困难，共战三年，把这片沙石荒地改造成为一个果园，并争取在 5～7 年内自给自足。

1959 年 9 月，随着昌平区前进人民公社的组建，1958 年 10 月，前进人民公社第一届第一次社员代表大会审查批准《关于前进人民公社 1958—1962 年远景规划草案的报告》，对土地利用、农作物生产、林业生产、畜牧生产、工业生产、农田水利基本建设和交通运输、文教卫生和福利事业等进行了详细规划。按照《昌平区前进人民公社章程（草案）》记载，公社划分为五个工作站，南口农场为其中之一。1959 年 3 月，该公社解体。

根据勤俭办企业的原则，执行"边开荒、边生产、边建设、边积累、边扩大"的建设方针，先生产，后生活，经过三年建设发展，到 1961 年底，农场累计开垦荒地 266.67 公顷（4000 多亩），种蔬菜 6.67 公顷（100 多亩），做到两千多人吃菜自给，全场粮食产量达到 350 吨（连同三个农村）。

三年多来，已售商品肥猪 600 多头，肉鸡 64000 多只，鸡蛋 65 吨，牛奶 150 吨。在基本建设方面，自建 4 万多平方米的住房和宿舍、鸡舍等生产用房。同时，抓水利建设，打井 14 眼，抽调较大人力修建响潭水库，从响潭水库引水的干渠约 7 千米，533.33 公顷（8000 多亩）农田果树得到了灌溉。

建场三年来取得很大成绩，但也存在一些问题。主要是集中力量发展果树方面做得不够，果树队伍配备力量不够足，延误了扩坑换土时间，有一个时期着重发展畜牧养殖业导致影响了果树力量的加强等。

二、初步发展时期（1962—1969 年）

在 1961 年 12 月 6 日印发的《南口农场三年来的工作总结和今后的方针任务》中，在总结建场三年来工作的同时，制定了农场 1962—1964 年的三年发展规划。其中，果树方面，提出三年内完成扩坑换土任务，新栽果树 266.67 公顷（4000 亩），建成万亩果园。农业方面，由于农场果树占地较多，大田土地较少，农场职工口粮仍由国家供应。农业上要继续贯彻广种多收和高产多收相结合的方针，农场要在三年内实现由人均生产粮食 150 千克达到 250 千克。

1963 年，农场根据市委对国营农场发展指示的精神，制定生产规划（1963—1969 年），继续贯彻以果树为主，农牧副相结合，服务城市的方针，培育发展优良品种，加强技术管理和田间管理，从而使果树、农业、畜牧等各项生产不断提高。

1963 年，新栽果树 8.37 公顷（125.5 亩），新栽防风林 33.4 公顷（501 亩），通过加强管理，果树生长旺盛，部分果树开始结果。根据农场党委书记宋新波在 1964 年北京市人民代表大会上的发言记载，到 1964 年，农场有果树 513.33 公顷（7700 亩），预计产果 300 吨，除供应首都市场需要外，还远销香港。1965 年，农场果树面积已达 578.13 公顷（8672 亩），防风林 86.67 公顷（1300 亩），苗圃 6.67 公顷（100 多亩），称作"万亩果园"。

三、"六五"时期（1981—1985 年）

1981 年，农场拟定今后五年农业发展规划指出，遵循党的十一届三中全会精神，按照中央书记处对北京市工作方针的四点指示，根据南口农场人力与自然资源条件，南口农场要以现有的生产水平和经济条件为基础，扬长避短，以果树生产为主，走农、林、牧多种经营相结合的道路。要充分、正确利用自然资源，把南口农场逐步建成有益于改善首都自然环境，有益于首都人民生活的副食品基地；要不断地提高生产水平和经济效益，创造更多的物质财富，以加速农场"四化"建设的进程，并且为改善职工与社员的生活准备条件。规划明确，企业仍以果树生产为主，1981—1985 年，企业部分果树面积保持在333.33 公顷（5000 亩）左右，全场果品产量保持在 4000～5000 吨，并力求有所提高。重点发展奶牛业，积极发展鸡、兔养殖，稳定养猪业。广植林木，营造防风林带，绿化环境，改善气候条件。到 1985 年，全场再植林木 6 万株，使人均株数由现在的 30 株增加到45 株。到 1985 年，企业总产值达到 611.64 万元。

在党的十一届三中全会和十二大路线的指引下，在局党委、农场党委的领导下，经过全场职工的共同努力，农场在"六五"计划期间，尤其是 1985 年取得了很大成绩，各方面都有了明显变化。

"六五"期间，企业工农业收入 4989.6 万元，比"五五"期间的 2573 万元增长96.7%。1985 年企业工农业总收入 1465.4 万元，相当于 1980 年 565.5 万元的 2.5 倍。

企业五年创利润 495.5 万元，而"五五"期间亏损总额 82 万元。上交国家税金五年共计 286.4 万元，比"五五"期间的 110.7 万元增长 158.6%。1985 年上缴国家税金 118万元，比 1984 年的 78.6 万元增长 50%。相当于企业 1960—1980 年 20 年上缴税金总和的三分之一强。其中：

工业：总收入达 2278.9 万元，比"五五"期间的 1077 万元增长 110%；五年创利润236.7 万元，比"五五"期间的 63.5 万元增长 273%。

牧业生产：总收入 1034 万元，比"五五"期间的 335.3 万元增长 210%，利润总额达117 万元，而"五五"期间亏损 37.6 万元，扭转了亏损局面。"六五"期间牛奶总产量达到 1.09 万吨，比"五五"期间的 0.44 万吨增长 147%。

果树生产：果品产量在"五五"期间，由 1976 年的 6898 吨下降到 1980 年的 3856吨，这种下降趋势一直持续到 1983 年。"六五"期间，采取增施有机肥料、加强生产责任制等几项重要措施，果品产量开始回升。1984 年达到 5240 吨，1985 年因小年影响，产量3922.5 吨。果树树势明显加强，果树生产开始了新的起点。同时，更新发展果树 66.67公顷（1000 亩），部分幼树将进入初结果期。"六五"期间，果树生产总盈利 418 万元，比"五五"期间的 161 万元增长 153.4%。虽然果树业总收入占企业工农业总收入的比重大幅度下降，而创造的利润是第一位，所以，"六五"期间果树业是农场的经济支柱。

"六五"期间，在党中央、国务院有关"对外开放、对内搞活"和建设有中国特色社会主义方针的指引下，农场进行了一系列改革尝试：建立场长负责制；实行资金集中管理；推行以岗位责任制为中心的多种形式的经济承包责任制；企业经营形式由生产型转为生产经营型；由单一经营向农工商综合经营的农垦企业转化。

农村形势越来越好。"六五"期间，农村进行了重大的经济改革，实行了各种形式的承包责任制。农业生产、工业都有了很大发展。粮食总产量达到 5738 吨，比"五五"期间的 5020 吨增长了 14.2%。土楼乡创建了服装厂、铸造厂、小型榨油厂、综合厂、冷饮厂，葛村的沙石厂以及奶牛养殖业、果树种植业和社员家庭副业都取得了很大成绩。

四、"七五"时期（1986—1990 年）

经过近 30 年的发展，南口农场进入而立之年，不但要"成家立业""家兴业旺"，还要为国家做出更多更大的贡献。到 1990 年，企业工农业收入要突破 2000 万元，争取达到 2500 万元，年递增 8%～10%，年创净利润要稳定在 200 万元以上，争取达到 250 万～300 万元。

成为名副其实的农垦企业。其中，果树业果品产量要稳定在 6000 吨左右，提高"南口苹果"的质量，必须有后备树 133.33 公顷（2000 亩）以上，除做好 1986 年当年的果树更新工作外，还要狠抓优良品种的引进、选育和苗木的繁殖工作，为今后的更新做好充分的准备。畜牧业牛奶总产量要突破 5000 吨。同时，做好猪、鸡、鸭优良品种的引进和推广工作，保持适量的经营规模。工副业的乳品厂、构件厂力争成为年创净利润破百万元的骨干企业。果脯厂和其他工副业生产要巩固、提高和发展，使工业在企业中占有重要的地位，要成为企业的经济支柱。巩固提高燕山售货亭和长城老年病医院的经营水平，发展第三产业，摸索果品贮藏业的经营。

1991 年 1 月，召开南口农场"七五"期间庆功表彰会。"七五"期间，南口农场遵循党的改革开放路线，在全体职工的共同努力下，经济发展取得辉煌成就，五年迈了五大步。"七五"期间，农场共新栽、更新改造果树 49.47 公顷（742 亩），增加成乳牛 153 头。1986 年，新建冷库、种鸭场、纸箱厂、构件厂、沙石厂等企业，投资食品厂罐头生产线，长城老年病医院（对外部分）初开业，新增病床 130 张。1987 年，投资构件厂长向板生产模具等。1988 年，新建种鸡场、六分场鸡场两座鸡场，新建原种猪场，新建玩具厂等企业。1989 年，新建电器厂。1986—1989 年，投资乳品厂奶粉和麦乳精生产线，研制出多维奶粉。1989—1990 年，投资新建新村新宿舍楼 4 栋。1990 年，燕山商店由原来的 210 平方米扩大到 310 平方米，成为商场。357 路公交车南口至农场段开始运行。"七五"期间，农场还陆续投资改善中小学教学条件，新建和改建各分场和企业办公室、办公楼及餐厅，修筑场内道路等。

到"七五"末，1990年，农场实现总收入4892万元，利润251.3万元，上缴税金105.2万元。经过五年的磨炼，南口农场由原来的单一生产型企业转变为综合生产经营型企业，在实践中总结提炼出了"以果树业、畜牧业为基础，工业为经济支柱，第三产业为必要补充"的经济战略发展方针。

五、"八五"时期（1991—1995年）

南口农场"八五"规划，提出"加强农业，巩固发展工业，开拓搞活商业，追求综合经济效益"的发展思路。"八五"期间农场经济指标：工农业总产值3700万元（1980年不变价），年递增10%；总收入6000万元，年递增8.5%；利润335万元，年递增6%。果树生产方面，更新改造66.67公顷（1000亩），新发展66.67公顷（1000亩），保持586.67公顷（8800亩）面积，结果面积保持400公顷（6000亩），水果产量保持6000吨左右。力求每年更新防风林面积5%。畜牧业方面，成乳牛由"七五"末的700头增加到1000头，产奶量保持5500吨，争取6000吨。禽类生产争取建成包括年产30万只商品鸭在内的良种鸭选育中心和一定规模的祖代肉种鸡生产基地，商品肉鸡产量争取达到30万只，鲜蛋年产量500吨。"八五"末商品猪达到6000头。工业生产，争取使乳品厂达到国家二级企业标准。选择和发展包括电子、包装业在内的轻工产品，加强食品系列产品的开发和生产。加强供销工作。第三产业方面，力争建成一座现代化的中型冷库。到"八五"末，争取使商业零售额达到3000万元。

经过五年的努力工作，"八五"期间，农场经济得到全面发展，果树面积增加到666.67公顷（10000亩），从1993年开始，更新优良品种，进行高接换优，到1995年底，富士、王林、秀水等面积达到180公顷（2700亩），1995年果品总产量5802.5吨。工业生产稳步增长，乳品厂日加工鲜奶能力达到50吨，食品厂年产量达到1200吨，成乳牛931头，虽然较"七五"末减少15头，但做到了全部淘汰病牛，更换健康牛群。牛奶产量达到4295吨，鸡鸭存栏16.2万只，产蛋量573吨。在国有企业经营困难，市场竞争激烈的情况下，农场对经济结构进行了适合本场实际，又力求能够适应市场需求的重要调整，把工业生产和畜牧养殖业生产提到比较突出的位置，建立起一支以老职工为骨干，多层次的职工队伍，农场各项经济指标稳步增长，形成了农工商并举，蓬勃发展的局面。1995年，全场总收入实现10582万元，利润总额525万元。

六、"九五"时期（1996—2000 年）

1996 年 5 月，《南口农场"九五"经济发展规划》经农场八届三次职工会员代表大会审议通过。规划指出"九五"期间，农场要在现有产业结构基础上，保持产业总规模扩大的同时，"调整、巩固、发展、提高"，建立更合理和符合农场实际的经济结构比例关系，总方针是"稳定提高一产，发展壮大二产，大力兴办三产"，即稳一、壮二、兴三。果品生产的方针是：巩固、稳定现有生产规模，调整优化品种结构，更新引进稀有名特优树种，稳定果品总产量，在"质"上下功夫，采取"高质高价"的经营策略，增加收益，高接换优 100 公顷（1500 亩），更新换优 100 公顷（1500 亩），到"九五"末，果品优良品种不低于 70%，年产量达到 10 万吨，销售收入争取达到 4000 万元，使果树这个农场传统产业焕发新生，达到稳定农场经济的作用。奶牛生产方面，不断提高牛群的素质和生产性能，牛群总头数 1600 头，年牛奶总产量达到 7230 吨，头日产 19.8 千克。种鸭生产方面，"九五"期间要完成"北京鸭育种中心"的筹建并投入生产，将种鸭场发展成农场骨干企业。种鸡生产继续加强管理，扩大生产能力，提高盈利水平，"九五"末，达到饲养蛋母鸡 15000 只，生产合格种蛋 300 万枚，父母代肉种鸡规模扩大到 20000 只，种蛋增至 300 万枚，蛋种鸡规模压缩到 9000 套，年产种蛋 180 万枚。

发展壮大二产，现有企业增加投入，扩大生产和创利能力，到"九五"末，工业企业要达到销售收入 1.2 亿元，净利润 1200 万元。大力兴办三产，围绕一、二产搞三产，开辟市场窗口，实行产、销连锁，宣传农场产品，扩大销售市场。以商业公司的冷库为重点，以现有设备为依托，拓展延伸开发。结合农场的地理位置、土地资源优势，开发三产新项目，发展以加油站为依托的综合服务设施、仓储运输等项目。在"九五"期间，组建果林、畜牧、食品加工、建筑材料、仓储运输五个企业集团。结合企业发展目标，要及时转变企业经营管理机制，精简各级管理机构，提高办事效率，同时要加强队伍建设，引进培养各类专门人才。到"九五"末，实现总收入 2.8 亿元，其中国营 2 亿元，集体 0.8 亿元。企业净利润 1100 万元。

南口农场经过几代人的奋斗，三大产业得到了长足的发展，初步建立起比较完备的产业体系。许多行业如：乳品加工、种鸭、奶牛、果树等管理水平在全局名列前茅，为农场拟定"九五"期间发展目标奠定了基础。但是，随着市场经济的发展和全局的改革调整，农场内部的产业结构发生了很大的变化，1997 年 1 月，农场所属年收入 4000 多万元，利润 400 多万元的南口乳品厂并入北京三元股份有限公司。1998 年 5 月，农场所属年收入

700 多万元，利润近 160 万元的种鸭场并入北京三元金星鸭业集团有限公司。受市场等因素影响，果树也经营困难，内外交困，使农场 1998 年亏损达 425 万元。

根据总公司的总体战略部署，南口农场面对市场环境、经济体制、产业布局所发生的深刻变化，结合农场实际，及时确立了"九五"中期及今后发展时期的经济发展思路。农场在"处于二次创业的关键时期，经济结构的调整坚定不移；以发展都市农业为目标，大兴第三产业"等方面统一思想，1998 年以后，农场经济结构调整的步伐明显加快，首先是对果树业的生产规模和品种结构进行了大力度的调整，果树种植面积由"九五"初期的 5900 亩，减少到"九五"期末的 3400 亩，调整优新品种，同时，发展设施栽培。充分发挥种养业的经济支柱作用，加大对奶牛业的扶植力度，奶牛业取得长足发展，盈利水平跃居全场各行业之首。"九五"后期，农场土地开发取得突破，加快与华彬集团及法国安德鲁等项目的合作进度，土地开发面积达到 230.33 公顷（3455 亩），使全场"退一进三"的战略性转移迈出可喜的一步。经过努力，2000 年，农场亏损减少到 72 万元，经济运行走出低谷。

七、"十五"时期（2001—2005 年）

基于农场经过"九五"经济"调整期""转折期"，"十五"期间整体进入"提升期""发展期"的形势分析，2001 年，南口农场制定了改革和发展第十个五年计划。"十五"计划的主要奋斗目标是：在经济发展方面，国内生产总值增长速度保持 7% 左右，争取达到 10%，力争到 2001 年底实现扭亏为盈。从 2002 年开始，全场利润总额年递增不低于 12%。深化改革，加大机制转换和制度创新，初步建立现代企业制度。通过 3～5 年的努力，实现经济结构合理，体制改革到位，职工生活富裕，地区环境优美，设施日趋配套，功能日益齐备的总体目标，初步构建现代化农场的基本框架。

经济结构调整的方向是：优化提升第一产业，稳步壮大第二产业，加快发展第三产业，在实现三个产业全面升级基础上，逐步完成"退一进三"的战略性转移。奶牛业作为一产主导产业，要积极运用高技术，推进专业化管理，以培养优良的种群，生产优质的鲜奶为目标，成为农场一产精品示范基地。果树业要加大淘汰力度，突出其环境、品牌、形象优势，不断提高设施农业管理水平，同时要积极发展花卉、苗木、籽种等绿色产业，提高比较效益。总之，在第一产业上，要以发展都市农业为目标，大力发展观光旅游、休闲娱乐、体验型农业，建设环境优美，参与性强的农业休闲度假基地。第三产业要围绕地区城镇化建设，充分发挥农场的综合优势，大力开拓服务领域。要充分发挥农场规划的龙头作用，认真实施并不断完善《南口农场总体规划》《南口农场新村物业小区详细规划》等，着力构建由农场管理中心区、生产经营区、开发区、物业生活区组成的农场布局，不断完善农场现代化城镇体系。大力发展与之适应的食品贮藏、贸易、文化娱乐、医疗保健、体育健身等服务业及相关配套商业，发展开发、装饰、物业等房地产业，努力提高服务水平和技术含量。使服务业作为新的经济增长点，逐步成为农场新的主导产业。规划同时指出，根据专业化协作和规模经济的要求，加快组织结构调整，着力培育和形成几大主业突出，核心能力强的企业集团。

2001年2月，农场出台《关于对一分场等七个单位进行改组建立三大专业公司的决定》，撤销一分场、二分场、三分场、五分场建制，组建奶牛公司、果林公司；合并物管委、硕春商贸公司、职工医院，组建服务公司。三大公司的组建，打破了农场自建场以来几十年"块块"经济的运作模式，是农场体制改革走出的第一步。在改革的过程中创新机制、技术和管理，2001年一季度，农场实现销售收入922万元，同比减亏超过25%，为完成总公司下达的全场扭亏为盈的经济指标奠定了基础。2001年4月，在总公司对系统各单位进行的综合考核中，农场以98.3分位列总公司系统第一名。2001年上半年，全场实现总收入1911万元，亏损39万元，同比减亏达到41%。

2001年7月，经总公司党委研究决定，实施奶业重组，农场奶牛公司归属三元集团奶牛养殖中心。这一决定，改变了农场既定目标，使农场经营困难加剧。在人心浮动的危急时刻，农场半年工作会做出"六不变"承诺，即：农场战略及"十五"规划目标不变；年初下达的各项经济任务指标不变；人均收入增长10%的目标不变；职工住宅小区设施改造计划不变；离退休职工待遇不变。"六不变"承诺，对稳定职工情绪，统一思想，振奋精神，推进农场经济发展发挥了重要作用。2003年，农场重新修订了"十五"规划。提出结合集团公司对农场的"五项职能"定位，加快房地产开发进程，以此形成资金积累，调整现有经济布局，优化资源配置。逐步做精做强有一定优势的企业，通过改制、转型、有序退出等形式实现经营困难企业改革软着陆。

"十五"期间，农场以盘活土地资源为龙头，以结构调整为主线，以寻求新经济增长点为突破口，全场经济布局显著变化，经济运行质量稳步提高。农场初步确立了"举农字旗、建农业园、兴农场业"的方向性目标。为改变果树业生产现状，果林公司开始尝试"南果北种"科技项目。建材加工生产方面，南农水泥构件厂与建筑研究院达成钢结构项目合作协议，到2005年，累计承接钢结构加工业务达到900吨。五年间，农场先后关闭食品厂、物资站、种鸡场三个经营单位，使经济效益较低、资源优势较差、市场竞争力较弱的传统产业基本退出。在资金紧张的情况下，农场适度进行生产性资金投入，改善生产条件，调整生产规模，改建、新增建筑面积1.5万平方米，钢结构车间、硕春冷库高温库改造等工程先后竣工投入使用。土地确权和土地证办理工作全面完成，盘活房地产工作取得明显进展。先后与安德鲁公司、金山圣地公司、金圣博峰教育中心、东方阳光老年颐养中心、北京住总集团等达成或扩大合作。实施"走出去"战略，寻求新的经济增长点，以股份制的方式组建了皓天广地和盛斯通两个有限责任公司。

伴随7~12号住宅楼的建成入住，农场西新村家属区正式更名"南农家园"，农场新组建企业南农家园物业管理公司负责物业管理。经过五年的建设，南农家园整体环境发生了巨大变化，职工居住、出行、休闲、活动等综合状况实现跨越式提升，职工居住楼房的比例已由"九五"末期的30%左右，提高到80%左右。

在奶牛业划归集团总公司后的2001年，农场亏损额达到378万元。2004年，农场实现总收入2362万元，完成利润3.2万元，按照"十五"规划提出的奋斗目标，提前一年实现扭亏为盈。全场经营困难的传统产业有序退出，培育、作强的企业逐步得到提升，土地开发呈现良好趋势，综合发展环境明显改善，基层企业亏损面由"十五"初期的60%，到2005年基本消除亏损企业。"十五"计划提出的工作目标基本完成。

八、"十一五"时期（2006—2010年）

2006年4月，农场十届三次职工代表大会审议通过《农场经济发展第十一个五年规划》。规划指出，未来五年农场发展经济目标是：企业总收入平均每年递增5%，到2010年实现2800万元，争取突破3000万元；利润总额平均每年递增15%以上，到2010年实现50万元，争取突破80万元；在经济构成中，第三产业在全场经济总量中的比重，由"十五"末期的43%，到2010年争取达到60%。"十一五"期间，南口农场主要发展任务是：以经济效益为中心，做强提升现有企业；以地产资源开发工作为主线，加快全场经济发展步伐；以都市农业园项目为突破口，培育农场主导产业，通过调整、改革、培育和提升，实现全场经济科学、和谐、可持续发展。重点工作包括："十一五"初期，积极协助属地相关部门完成规划批复工作；争取中关村科技园区项目政策性平移，围绕生态园项目的设计理念发展都市农业，培育农场发展主导产业；仓储业继续扩大存储规模，构建储存集群，发展现代物流业；实现传统预制构件生产升级换代。果树业要结合生态园项目，"依托一产，发展三产"，发展都市农业，树品牌，谋发展，促效益。

"十一五"是农场夯实基础，蓄势发展的五年。2010年农场实现总收入3985万元，比2005年增长61%，年均增长10%，其中第一产业实现收入450万元，第二产业实现收入 1910 万元，第三产业实现收入 1625 万元；实现利润总额 225 万元，是 2005 年的 8.8 倍，其中第一产业实现利润 1.5 万元，第二产业实现利润 92.5 万元，第三产业实现利润 131 万元。"十一五"期间，农场把夯实发展基础作为首要任务，以地产开发为主线，先后取得了总规与控规的批复；以建设高端住宅项目为目标，合作组建了三元百旺和秋海旭荣两家房地产开发公司；培育新的经济增长点，相继完成了冷库扩建项目、连栋温室项目、钢结构项目等建设；节水灌溉项目、污水处理项目、天然气项目的运作和实施使得区域基础设施更加完善，为农场的未来发展奠定了基础。

"十一五"期间，农场经历了市场经济的考验和历练，构件厂、果林公司和冷库等骨干企业生存下来，并获得了很好的发展。其中，投资 3800 万元对冷库进行了扩建，南口农场冷库库容达万吨，成为京北地区最大的低温仓储平台之一。对钢结构项目从机制和体制上进行了调整，年产量由原来的几百万吨提高到 3000 万吨，为农场建材工业的发展和转型奠定了坚实的基础。农场在稳步发展的同时，通过集资建房，新建了 4 栋职工住宅楼，南农家园职工住宅小区老旧平房、简易楼改造全部完成，同时加大对南农家园基础设施及环境改造方面的投入，农场职工住宅小区被评为"花园式小区"，职工生活质量明显提升，发展环境显著改善。

经过五年的发展，全场主要经济指标超额完成"十一五"规划目标，农场经济呈现出经济扩张、增长速度加快、产业结构优化、质量效益同步提升的良好态势。

九、"十二五"时期（2011—2015 年）

2011 年 1 月，农场十届九次职代会审议通过南口农场"十二五"发展规划。农场"十二五"发展总体思路是，根据集团公司以及昌平区的整体规划，结合南口农场的总体规划，农场整体功能定位是"高效农业集聚中心，产业融合发展基地"，以提高南口农场综合竞争力为目标，围绕以建设都市型现代农业为一条主线，贯穿两大功能，实现三个转变，建立四个机制，打造五个板块，力争在"十二五"期间把南口农场打造成北京西北部高效安全农产品生产、高档农产品交易物流、高端休闲农业重要发展区。

突出一条主线：以建设都市型现代农业为主线。依据首农集团"十二五"规划以及昌平西部地区功能定位，贯彻都市型现代农业和循环农业发展的现代理念，优化农业产业结构，合理配置现有资源，着力发展都市型现代农业。

贯穿两个功能：即经济功能和服务功能。一是经济功能：主要是提高南口农场经济效益，大力发展旅游、观光、休闲的都市型现代农业；二是服务功能：主要是为本地区的发展做好配套服务，即改善南口农场地区人文生态环境，加强驻场企业和周边单位的物业管理服务，配合政府做好本地区的各项综合治理工作。

实现三个转变：由传统产业结构向现代产业结构转变，突出产业的时代性；由产品生产数量型向产品生产质量型转变，突出产品的市场竞争力；由单一产品生产向综合性功能方向转变，突出都市型现代农业、现代物产物流业和现代服务业的综合发展。

建立四个机制：一是建立严谨科学、精干高效的管理机制；二是建立自主开发、引进和消化吸收相结合的技术创新机制；三是建立适应市场、灵活有效的营销机制；四是建立市场配置、竞争择优的人才机制。

打造五个板块：都市型现代农业板块、安全农产品物流交易板块、新型建材业板块、现代服务业板块、生态居住及健康产业板块。

经过五年的发展，最终实现以都市型现代农业为主业，以物产物流业为支柱，以房地产业为支撑，以新型建材业为补充，以现代服务业为辅助，各业协同发展的局面。"十二五"末，全场实现总收入4亿元，利润总额3000万元以上。

2012年底，农场第八次党代会将五个板块布局整合调整为三大板块，即都市型现代农业板块、房地产板块、仓储物流板块。2013年，根据北京市国资委和北京首都农业集团有限公司关于为做好《"十二五"发展规划》中期评估工作的要求，农场对"十二五"期间工作进展情况进行全面回顾，根据目标体系的完成情况及后两年的发展预测，由于房地产市场不确定因素的存在，而且昌平区规委要对三元百旺用地项目规划调整，使得三元百旺项目进度放缓，为确保目标的科学、合理，经认真分析评估，农场决定对"十二五"规划的目标进行合理调整，将"十二五"末收入调整为2亿元。

"十二五"期间，农场抓重点、破难点、拓亮点，着力解决历史遗留问题，为农场产业结构的进一步优化奠定了基础，拓展了空间。2011年南口农场完成了区域内所有国有土地使用证名称更正登记工作；2012年，南口农场认真落实集团"护航"联合行动要求，梳理合同，规范租赁行为，清退租赁企业，并按照昌平区"三项治理"统一部署，完成了区域内煤炭企业的清退工作；2013年，农场抓住北京市百万亩平原造林工程的机遇，对存在权属争议的边界土地、废弃煤坑、沙坑及边角地等共计244.47公顷（3667亩）地块进行平原造林。在集团公司的指导下，农场通过不懈努力，2014年，圆满解决绚丽阳光遗留问题，农场控股的北京坤和建谊置业有限公司也按要求顺利竞得绚丽阳光项目被执行资产。

"十二五"期间，农场以"高效农业集聚中心，产业融合发展基地"为整体功能地位，突出一条主线，贯穿两个功能，全力推进三大板块建设，实现了农场资源优势向经济优势转化的新突破。突出特色，创新模式，投资 800 余万元，打造出种植各类果蔬面积近 33.33 公顷（500 亩）的南农百果园，成为农场现代农业展示的窗口，同时是集团公司有一定规模的水果种植基地，昌平西部地区都市农业发展的亮点。陆续投资完成农场硕春冷库库房和机房改造，建设配套常温库，农场冷库成为集团公司首家全面完成整改的涉氨企业，积极稳妥地开拓新市场、开辟新业务，开展商贸物流业务，效果显著。

"十二五"以来，农场以街区控规批复为契机，按照集团公司提出的分阶段规划部署，分步骤运作实施，突出重点、稳步推进的工作要求，在合理开发方面做了大量工作。NC-01 街区的公租房项目的前期手续不断推进，居住用地土地一级开发项目已完成授权审批工作，取得了土地一级开发授权批复。受城市规划调整影响，NC-02 街区的居住用地指标大部分调整至 NC-01 街区。调整完成后，将使 NC-01 街区成为一个以生活居住为主的大型综合社区，包括居住、养老、仓储及附属配套设施，总建筑面积预计近 200 万平方米。

"十二五"期间，在企业发展的同时，农场努力提高员工收入，改善员工福利待遇。构建形成了"六险二金"的福利保障体系。农场进一步加大对南农家园小区的投入，同时积极与属地政府加强沟通协调，得到属地两级政府的大力支持。在社区市场建设、老旧楼房改造、道路建设、区域基础公共设施建设等方面累计获得政府上千万元的资金支持，有效地改善了地区公共基础设施和商业环境。

"十二五"期间的 2014 年，农场收入突破亿元大关，利润突破千万，是自 1998 年场乡体制改革、集团产业重组后首次实现收入过亿、利润突破千万，经济实现了"双突破"。

2015 年，农场实现收入 1.066 亿元，比"十一五"末的 2010 年增长 167.48%，年均增长率为 22.72%；利润达到 1831 万元，是 2010 年 8.1 倍；资产总额为 4.19 亿元，是 2010 年的 2.46 倍。全员职工年均工资为 6.98 万元，是 2010 的 1.85 倍，年均增长率为 13.1%。这些数据表明，农场的整体规模和经济实力明显提升，为"十三五"规划的发展奠定了坚实的基础。

十、"十三五"时期（2016—2020 年）

"十三五"是南口农场经济转型升级的关键时期，农场明确要紧紧围绕集团公司"千亿梦"这一目标，加大农场重点项目、重点工程的建设，打造经济升级版的南口农场。2016 年南口农场十一届七次职工代表大会审议通过《南口农场"十三五"发展规划》。

根据北京市及昌平区西北部功能定位，按照集团公司的产业布局，并结合南口农场的自身特点，"十三五"期间南口农场重点发展产业为：现代农业、现代物流业、现代服务业。总的思路为：坚持市场化、产业化方向，以创新为动力，提升现代农业，优化现代物流业，创新现代服务业。形成"两园"（农业百果园、生态创意园）、"一院"（坤和建谊养老院）、"两基地"（综合产业基地、京北物流基地）的发展格局。构建生态环境优美，发展要素集聚，产业特色突出的现代企业。

各产业发展目标是，现代农业以发展观光农业、休闲农业、创意农业为核心，增强农业科技创新能力，提升农业的生态价值、休闲价值和文化价值。拓展农业的多功能性和增值增效空间。到2020年，实现收入3000万元。发展现代物流业，加快传统物流业向现代物流业转型，充分发挥农场物流业的区位优势、资源优势，大力发展现代化商贸物流。到2020年，实现收入10000万元。发展现代服务业，"十三五"期间，农场将大力发展以健康养老、生态居住、产业基地以及物业经营为内涵的现代服务业。走"高端化，差异化"道路，初步建立起功能完善、业态丰富、结构优化、布局合理的现代服务业体系，使之成为农场经济的重要支撑。利用五年的时间，将其打造成收入达27000万元的产业集群。到2020年，力争使农场总资产达到18亿元，实现收入4亿元，利润0.5亿元。

为保证"十三五"规划目标实现，农场提出了"依托资源、发挥优势；创新引领，立足高端；产业发展，人才为先；经济发展，党建先行"四项重点，涵盖用政策、重生态、抓项目、优机制、强管理、重科技、抓安全、塑品牌、育人才、严党建等十个方面的保障措施。

2016年12月，农场第九次党代会进一步指出，农场今后三年的奋斗目标是：以产业培育为主线，以资源整合为推动力，以项目建设为突破口，立足高端，追求品质，构建现代农业、现代物流业、现代服务业相辅相成、融合发展的产业体系，实现企业经济效益、社会效益和可持续发展能力的提升，建设美丽南农、法治南农、富强南农、和谐南农。

现代农业板块，以"两园"建设为基础，以建设美丽南农为目标，南口农场充分利用现有的景观生态林及经济林等生态优势，打造兼具生产、生态、旅游、科普及教育等综合功能的现代农业。南农百果园作为农场都市型现代农业展示的窗口，已形成了千亩连片园区，集南北水果、特色蔬菜采摘、农业休闲为一体的示范窗口。抓住北京市实施百万亩平原造林工程和昌平大力发展全域旅游机遇，积极推进生态修复和环境品质提升工程，南农生态园工程建设启动。

现代物流板块，启动硕春冷库危旧库房翻建项目，拓展集常温、低温、保鲜仓储、速冻的多元化经营格局，加大库房出租，积极拓展新市场新业务，经济效益达到较好水平。南口农产品冷链交易配送中心项目已纳入《北京市落实〈京津冀协同发展规划纲要〉2015年重点项目》和北京市商委"十三五"物流发展规划。

现代服务业，按照昌平区政府推动昌平西部发展、打造生态绿心、发展全域旅游的发展要求，同时兼顾南口农产品冷链交易配送中心项目的规划选址需要，经集团公司同意，南口农场于 2015 年 1 月启动对已获批的街区层面控规进行调整优化的相关工作。经过多轮次的优化调整，2017 年 12 月，南口农场取得正式街区控规深化方案成果。依托坤和建谊、秋海旭荣等重点项目落地，健康养老、生态居住、产业基地等现代服务业态，正在孵化、成长。

为完善国有企业法人治理结构，建立现代企业制度，依据国有资产"有进有退，有所为有所不为"的原则，2017 年底农场启动了农场和下属构件厂两家全民所有制企业的公司制改革工作。与公司制改制同步，南农水泥构件厂抢抓装配式构件产品的政策和市场机遇，积极探索转型升级，彻底退出传统预制楼板构件生产业务，积极运作住宅产业化部品项目。结合农场发展规划和功能定位，农场完成参股企业盛斯通公司及具有社会职能的职工医院退出。南农家园物业公司非经营性资产移交工作正在进行。

截至 2017 年 12 月底，公司资产总额 5.08 亿元，全年总收入 1.245 亿元，同比增长 10.1%；利润突破 2000 万元，达到 2016 万元，同比增长 5.5%。全面完成集团公司下达的各项任务指标。

第二节　管理制度

南口农场自 1958 年建场以来，各部室各分场相继制定规范专业管理的制度，2000 年以来进一步完善了各项管理制度。2016 年农场按照建设"法治南农"的要求，以制订和完善南口农场制度汇编为切入点，梳理部室职责，强化制度管理，优化办事流程，建立起对人财物规范高效的运营管理机制，提升依法治企的能力。

一、管理制度的演变

（一）专业化管理制度建设

1958 年 5 月，国营北京市南口农场出台了《北京市南口农场统计工作暂行办法》。

1959 年 4 月，南口农场办公室制定了办公室制度《办公室工作计划、学习制度、考勤制度》等。

1963 年 1 月，南口农场保卫科制定《保卫工作方案草案》；3 月，党委办公室制定《关于党委会议业余时间支配和干部参加劳动几项制度的规定》；5 月，南口农场办公室制定《南口农场生产队护林公约草案》；5月，保卫科制定《保卫科分工及各项安保制度》；8月，党委办公室制定《四清工作计划》；7月，农场财务科制定《关于报销差旅费和购买本场产品的几项规定》和《每月现金收支审批制度的几项补充规定》；12月，保卫科制定《农药保管、运输、使用安全制度》等。

1964年5月，农场农牧科制定《养牛技术操作规程》《饲草饲料的供应调制保管制度》《大牲畜饲养管理使役制度》。1972年2月，四分场出台《南口农场四分场规章制度试行草案》；5月，五分场制定《关于企业管理规章制度草案》；6月，一分场出台《南口农场一分场规章制度试行草案》；各分场也相继出台了适合本单位的管理制度，要求各分场生产、用人、经营等各方面严格按照各分场制度管理。

1972年5月，农场制定《南口农场经营管理规章制度实行草案》，要求严格执行岗位责任制、考勤、定额管理、质量检测、安全生产等制度；11月，出台《关于职工考勤制度的暂行规定》，健全职工考勤制度，明确职工各项休假及相应工作安排。

1975年4月，南口农场革命委员会发《关于重申加强财务管理若干问题的通知》，重申固定资产及更新改造基金、基本建设、流动资金管理与使用办法，强调遵守财政纪律，明确职责、权限与奖惩办法。

1985年9月，农场财务科印发《南口农场关于加强财务工作的若干规定》，明确农场固定资产、流动资金、财务成本管理及利润管理办法，提高财务工作水平，改善企业经营管理。

1988年，农场财务科印发《总场机关管理费开支手续的几点规定》，机关开支需财务双增双节措施，对一般性开支及审核、报账及原始凭证归集做明确要求，努力做到"钱要少花、事也要办"。

1989年3月，通过民主程序《南口农场关于职工医疗及医药费报销制度的规定》实施。

1992年3月，通过民主程序《北京市南口农场关于编余职工的暂行规定》《北京市南口农场关于职工除名的暂行规定》实施。

1993年3月，《北京市南口农场关于解放思想、转换机制，承包重奖，发展经济的若干决定》《北京市南口农场关于对企业做出突出贡献的职工给予重奖的实施办法》和《北京市南口农场关于试行岗位动态工资制的办法》三个政策性文件，通过民主程序实施。

1996年4月，农场制定《关于农场机关建设的若干规定》，要求加强机关的思想建设、制度建设，开展增收节支、艰苦创业；11月，出台《关于南口农场车辆运行的规定》，要求农场车辆不得上高速路行驶。

2003 年，农场出台《北京市南口农场大宗物资采购公开暂行办法》《北京市南口农场工程项目招标投标公开暂行办法》《北京市南口农场大额资金使用实行公开制度的暂行办法》《北京市南口农场关于大额资金使用实行厂务公开制度的实施意见》《北京市南口农场场长办公会议事规则（试行）》《北京市南口农场党委会议事规则（试行）》《北京市南口农场党政联席会议事规则（试行）》《北京市南口农场重大事项请示报告制度》《交通安全管理办法》，对农场大宗物资采购、招投标及大额资金使用、厂务公开、领导议事规则、请示报告制度及交通安全方面进行制度化管理。

2005 年，农场制定《南口农场"三重一大"制度的暂行办法》，对农场"三重一大"事项范围、决策原则与程序等事项做出明确规定，要求凡属"三重一大"的事项，必须坚持集体决策制。

2008 年，农场制定《南口农场建立安全管理基金暂行办法》，要求加大安全生产责任落实力度，强化激励措施、夯实安全基础管理工作；出台《南口农场车辆管理补充规定》，强调非单位聘用驾驶员和未在总场安委会登记备案的驾驶员不得驾驶公用车辆。

2009 年，农场印发《南口农场病假管理办法》，加强农场及所属企业员工因病或非因工负伤休假管理，保障正常工作秩序及员工休病假期间的权益。

2011 年，农场制定《北京市南口农场科学技术奖励办法》，鼓励科技创新，培养科技人才，制定奖励原则、范围及标准，以表彰科技工作做出突出贡献的单位和个人。

（二）民主科学规范系统化管理制度建设

为适应发展形势的需要，全面提升企业管理水平，规范工作运转流程，明确部室职责，实现用制度和程序管人、管事、管资产，系统完善农场管理制度。

2012 年，经农场场长办公会研究决定，对农场现行管理制度进行全面梳理、完善、修改、补充，形成《南口农场管理制度汇编》，共出台 55 项管理办法，进一步明晰权责，规范流程，防范风险，提高效率，确保决策的贯彻落实，为农场的发展和规范化管理打下坚实的基础。

《南口农场管理制度汇编》于 2012 年 7 月 1 日起执行。

2016 年 4 月，根据国资委国企改革、公司治理和风险管控新的形势，按照依法治企，建设"法治南农"新的要求，对 2012 版制度汇编进行重新修订。2016 年 4 月 14 日上午，农场召开"北京市南口农场制度专项修订启动大会"，对农场制度修订工作时间进度安排；4—12 月，农场领导班子和各部室负责人进行 20 余次的研讨和修改，对农场 2012 版的 55 项制度删繁就简、修订完善，最终形成 33 项制度，纳入 2016 版《制度汇编》；12 月，农场利用南农讲堂全员教育平台，举办 4 期农场规章制度宣贯系列培训。新制度进一步明确管理决策权限，为农场经济健康发展保驾护航。《制度汇编》于2017年1月起实施。

2017年，农场印发《北京市南口农场有限公司公务车辆使用管理办法》，强调严禁公车私用，私车公养；公务车辆的使用情况应当建立台账；严格执行公司《公车改革实施方案》等，促进党风廉政建设，提高车辆使用效率，确保公务车辆运转有序和行车安全。

二、现行管理制度

农场各项经营业务按照2016年版《制度汇编》执行。《制度汇编》明确了管理决策权限，规范工作运转流程，明确部室职责，实现用制度和程序管人、管事、管资产，共涉及基本制度、责任制度、工作制度3个板块33项制度。

（一）基本制度

基本制度从制度角度全面对农场经营决策、党政议事规则及企业管理各方面进行规范，为农场各项活动提供制度保障。基本制度共涉及12项管理办法，包括《党委会议事规则》《场长办公会议事规则》《党政联席会议事规则》《规范和执行"三重一大"决策制度实施办法》《发展战略与规划管理办法》《企业领导人员管理办法》《投资管理办法》《会计核算管理办法》《全面预算管理办法》《安全管理办法》《企业党组织工作规则》《党委中心组学习管理办法》。

（二）责任制度

责任制度对领导人薪酬、待遇及考核明确规定，规范了农场用人规则及部室的职能分工。责任制度共涉及5项管理办法，包括《场部部室设置及职能划分方案》《国有及国有控股企业负责人薪酬管理规定》《企业领导人履职待遇、业务支出管理实施细则》《党风廉政建设责任制检查考核实施办法》《人力资源管理办法》。

（三）工作制度

工作制度对农场各部门、各项经营活动事项进行了细化的规定，要求各部门、个人严格按照制度办事，为农场日常工作的规范化提供了制度保障。工作制度共涉及17项管理办法，包括《国有产权转让管理办法》《企业重组管理办法》《合同管理办法》《招标及采购管理办法》《内部审计管理暂行办法》《场部资金管理办法》《分支机构资金管理办法》《宣传工作管理办法》《法律事务审核管理办法》《科技工作管理办法》《公文处理管理办法》《公章管理办法》《企业负责人经营业绩考核办法》《企业领导人员出差出访请假报告管理办法》《信访工作管理办法》《值班工作管理办法》。

第三节　财务与统计管理

一、财务机构设置沿革

财务部是农场经营管理的重要部门，从农场成立至今一直发挥重要作用，负责农场国有企业的财务管理工作（1998年场乡体制改革前，农村财务工作由财务科负责）；2003年农场场部机构改革，财务科更名为资产财务部；2006年，农场场部新一轮机构改革，资产财务部更名为财务管理部。

二、财务制度及电算化核算

2006年以前，农场执行《农业企业会计制度》，2006年开始执行《企业会计制度》，2008年执行《企业会计准则》。通过企业会计制度的转化，进一步加强了企业财务管理，规范了农场的财务核算工作，提高财务核算水平，实现财务核算口径的统一性，使农场进一步融合了市场经济的大环境，为农场更好地生产经营管理奠定良好基础。

农场的财务核算曾经全部是手工核算，效率低下。为了提高会计工作效率，使会计人员腾出精力，更好地参与企业管理，2001年，农场场部率先使用用友财务核算软件，并于同年在场部电算化核算的基础上，统一为基层企业购置了用友软件，全部实现了电算化。

2008年，对全场用友软件进行升级，启动了总账模块、UFO（User Find Office）报表模块，极大地减轻了财务人员的工作量，提高了工作效率及工作质量，使财务工作更加符合会计制度及时性、准确性的要求。

三、财务包干演变情况

1978年，农场实行了以责任制为中心的管理，认真贯彻按劳分配的原则，克服平均主义，根据所属二级单位的具体情况，实行利润"定额上缴，结余留用，亏损不补"的财务包干办法。各农场实行层层包干，把各项指标落实到班组、个人，以完成利润与职工收入分配水平挂钩为主要内容，形式多样的承包制，引导企业自我发展，自我约束。

1983 年，根据中央有关文件精神，在农场内部实行利润大包干，实行经济责任制的同时，把职工的奖金同企业的生产经营成果和职工的劳动贡献密切挂钩起来，全奖全罚。各分场、直属单位在完成农场下达的各项经济指标的前提下，有权按经营成果给职工相应的劳动报酬，做到按劳付酬，多劳多得。

农场下属各二级单位的包干利润指标，分别以各单位 1983 年实现的净利润稍加调整为基数，逐年增长 10％左右，确定后三年不变。包干指标确定后，如超额完成任务，超额部分全部留给分场，作为企业生产、福利和奖励基金，这三项基金的提留比例，由农场根据各基层单位的经营情况分别确定，个人奖励部分不再受一定数额的限制。如没完成包干任务应减发工资，但最多不超过职工年工资的 10％，不足部分由下年超额利润补齐。如果只完成利润指标，没有完成其他几项经济指标或任务指标，扣罚超额利润。各单位在农场承包任务确定后，根据各自的特点和企业的不同类型，再确定奖励的具体方法和奖金的分配。

四、内部银行管理制度

为完善企业管理，严格控制支出，合理调配企业资金，提高资金使用效率，做到支出有计划，经营有底数，农场创新使用内部银行管理方法，对各单位资金使用情况进行监控，要求各非法人单位的资金使用实行划账、报账制，法人单位资金使用实行按月结算往来款项，统一对农场各单位资金使用进行管理，规范银行资金使用。

1984 年，农场各单位间内部往来资金结算，采用内部应付科目核算；1986 年开始，农场统一使用内部银行科目核算各单位间资金往来；1998 年场乡体制改革后，部分优良企业剥离，农场经营规模及范围缩小，为规范各单位管理，对分支企业依旧使用内部银行管理方法；2012 年，进一步规范内部银行管理办法，要求各单位在确定资金使用额度的基础上，实行收支两条线按月结算往来款项、企业经营性借款按照金融机构一年期同期贷款利率加收利息、使用资金金额 3 万元（含）以上的需由财务部部长审核、场长审批后方可支付；2016 年，原使用内部银行各单位基本开设本单位银行账户，12 月，农场取消内部银行，各单位与总部之间经济业务通过往来账形式进行核算。

五、全面预算制度的建立与完善

全面预算是在预测与决策的基础上，将企业未来的销售、成本、现金流入与流出等以计划的形式具体系统地反映出来，以便有效地组织与协调企业全部的经营活动，完成企业既定的目标。要求各单位全员、全过程、全方位预算，要做到凡涉及资金活动的企业行为都要有预算，应将预算指标分解到最低一级的责任单位、岗位、个人，每一个环节、每一个层面都实行预算控制，横向到边，纵向到底，使预算无死角、无遗漏。

2008年，根据集团开展全面预算管理工作的要求，南口农场结合本单位发展规划和实际经营情况，首次开展全面预算工作。全面预算采取"自下而上，自上而下"相结合的办法，要求各单位认真组织做好全面预算的收集、审核、汇总工作，预算责任部门及时检查、追踪预算的执行情况，作为预算动态控制及考核依据，高质量完成下一年度全面预算的编制工作。

2012年，为推动全面预算管理工作，全面提升企业的经营管理水平，控制成本费用的开支，提高企业的经营效益，根据相关法律法规及北京首都农业集团有限公司颁布的全面预算管理规定，结合北京市南口农场的实际情况，制定《全面预算管理办法》。

2016年，为提高全面预算工作的管理水平，完善预算制度，重新制定《北京市南口农场全面预算管理办法》。就全面预算管理明确了组织机构，设立全面预算管理领导小组，管理领导小组受领导办公会直接领导。建立预算管理体系，包括全面预算的基本原则，全面预算编制依据，全面预算管理的工作内容等。

2017年，预算编制按照"分级编制、逐级汇总、由下而上、自上而下、上下结合"的程序进行。预算指标层层分解，从横向和纵向落实到内部各部门、各环节和各岗位，全面预算的执行具有强制性和规范性。全面预算控制方法原则上依金额进行管理，同时运用项目管理、事项管理等方法，在预算管理过程中，必须本着"先算后花，先算后干"的原则，以预算为依据控制经营活动。每季度定期编制全面预算完成情况与差异分析报告，执行情况年度分析报告。为保证预算的严肃性，强化预算的约束力，原则上预算年度期间不调整已审批的预算。预算执行效果遵循目标性、准确性、激励性、例外性原则对执行者考核。

六、统计机构沿革

1958年南口农场建场以来，总场及各所属企业均有专职、兼职统计人负责企业与农村统计工作，形成了场内自下而上的统计报送制度；1998年场乡体制改革后，企业统计工作仍由劳资科负责；1999年设置生产经营办公室，统计工作由劳资科划归生产经营办公室负责；2001 年以后设置企业管理部，统计工作归企业管理部负责；2016 年 4 月，统计工作划归财务管理部，由财务管理部负责全场的统计工作。

七、统计计算手段的演变

随着科学技术和现代办公水平的不断提高，统计计算手段不断发生变革。20 世纪 90 年代后期，根据统计局下发统计程序软件，农场将所属企业报表数据录入统计软件中，实行自动汇总，将电脑做好的统计表拷贝到软盘中，上报上一级统计管理机构。

2007 年，北京统计局建立统计数据网报系统，设立北京统计信息直报网，所有规模以上企业都要登陆统计数据网报系统，规模以上企业全部实行网上报表，提高了统计数据质量，同时提高了工作效率。

八、统计范围及职能的变化

场乡体制改革后，农场统计范围发生了巨大变化。由政府统计职能为主，逐步过渡到企业统计职能为主。基本工作如下：

① 做好统计日常工作，按时保质上报统计资料。认真完成统计报表网上申报工作。果品经营分公司为北京市联网直报单位，按要求登录北京统计联网直报平台填报。

② 按时保质上报统计年报、季报、月报。及时布置收集基层企业报表，进行审核、加工、汇总，做好统计报表上报工作。做到及时准确，对统计数据进一步细化和规范，提高统计数据质量。根据集团公司和昌平区统计局的要求，及时布置统计工作。

③ 认真撰写、上报统计分析报告。

④ 分类整理统计资料并进行归档。

⑤ 完成国家各项统计普查工作。

第四节　审　　计

一、审计机构设置沿革

农场内部审计机构设在财务管理部，由财务管理部组织依据国家有关法律法规、内部审计规章制度、财务会计制度和农场规章制度，对农场及所属企业财务收支、财务预算、财务决算、资产质量、经营绩效以及建设项目等有关经济活动的真实性、合法性和效益性开展独立客观地监督、评价工作。每年度对所属企业开展一次绩效审计，根据经营需要开展专项审计。

二、内部审计工作流程

1. 制订内部审计工作计划　根据企业审计工作情况和领导要求草拟年度审计计划，一般每年进行一次对所属企业的绩效审计。

2. 编制内部审计工作方案　在调查了解审计对象基本情况的基础上，制定项目审计工作方案初稿，明确审计范围、内容、方式、时间和项目负责人，报分管领导审核；根据工作需要可以选择中介机构参与审计工作。

3. 实施内部审计工作　审计项目小组采取审核、询问、计算和分析性复核等方法实施审计，获取审计证据，并出具内部审计报告。

4. 审计整改落实与资料归档　被审计对象根据审计结果制定整改方案并上报主管领导审核，在规定时间内按照整改方案完成整改，财务部实施后续检查，监督整改方案的执行与落实。

三、绩效审计

（一）集团公司审计

集团公司每年年终都要对下属二级单位进行审计；审计的主要内容是对下属公司的收入、利润经济指标完成情况的经济效益审计；并审核企业的账务处理情况，是否按照法律、法规的规定去执行。

（二）聘请会计师事务所审计

1998—2002 年，根据农场的实际情况，聘请会计师事务所进行对农场的经济效益或对某项业务进行专项审计逾 10 次。

2003—2017 年，集团公司统一聘请会计师事务所进行经济效益审计，每年年度终了都要进行审计，已连续审计 15 年。

2004—2017 年，农场聘请会计师事务所进行审计（税审）；年终企业所得税汇算清缴的审计；审计内容是核实企业的收入、利润数据的真实性，是否按照税法规定，按时足额缴纳企业所得税的审计，已连续审计 14 年。

第五节 土地房屋管理

一、土地房屋管理

（一）土地房屋管理机构沿革

自 1958 年建场，农场土地房屋管理机构从规划组、基建科、经管办到如今的规划开发部。其中，1966 年以前，为规划组；1966—2002 年，土地管理的部分职能先后由基建科及经管办（1998 年开始）承担；自 2002 年起，土地管理职能从经管办中剥离，成立规划开发部。

（二）土地房屋面积、数量变化及确权登记发证情况

1. 土地面积变化 农场建场至 1998 年 10 月（场乡体制改革之前）土地面积约为 2133 公顷（约合 3.2 万亩）；根据场乡体制改革《土地划分协议》，2004 年 9 月，农场完成所有土地的确权登记后，土地面积约为 1226 公顷（约合 1.84 万亩）；2011 年，农场完成土地的更正（变更）登记后，土地面积约为 980 公顷（约合 1.47 万亩），其中包括农场名下土地面积约 953.33 公顷（1.43 万亩），集团名下农场管理的土地面积约 26.67 公顷（0.04 万亩）。

2. 土地数量变化及确权登记发证情况 自 1998 年 11 月起，农场启动了土地确权登记工作，2004 年 9 月结束。其间，农场共确权登记了 33 宗土地（其中包括集团公司用地 11 宗），面积共计 1226.12 公顷（合 18391.81 亩）。土地取得类型为国有划拨。自 2011 年起，农场进行了土地证的更正（变更）登记工作（主要对国有土地使用证中证载使用权人名称进行了更正，部分宗地面积进行了变更）。农场现有土地宗数为 29 宗，土地面积共计 981.48 公顷（14722.14 亩），其中南口农场名下 26 宗，面积 952.8 公顷（14291.99 亩），2016 年 12 月由三元种业划转到南口农场管理土地 3 宗，土地面积为 28.68 公顷（430.15 亩）。

3. 房屋情况 农场现有房屋建筑面积约为 26.5 万平方米（不含南农家园小区内楼房）。

（三）管理制度和办法

2004 年 5 月，"国有土地管理办法"编入《北京市南口农场管理制度汇编》（2004 年 5 月版）中。2012 年 7 月，"土地房屋租赁及项目开发合同管理办法""房屋出租事项暂行管理办法"及"房屋管理办法"编入《北京市南口农场管理制度汇编》（2012 年 7 月版）中。

（四）土地权属管理及纠纷

2004年9月，农场与马池口镇土楼村村委会因场乡体制改革过程中调整和确认土地权属关系的相关事宜产生争议，经过北京市昌平区人民法院一审和北京市第一中级人民法院二审，争议得到解决，双方签订的《土地补偿协议》有效，有争议的土地权属归农场所有。

（五）土地规划

（1）1957年12月，在国营南口农场成立前，北京市农林局派驻农垦工作组对其土地进行了技术勘探，并形成了《南口镇荒地土壤概查报告》，摸清了彼时还是一片荒沙滩的自然条件和土壤条件等基础性的技术资料。

（2）1958年3月，基于以上技术资料，农垦工作组编制完成第一版土地规划《国营北京市南口果树农场场内土地规划说明书》。彼时规划土地总面积1479.02公顷（合22185.30亩），土地范围包括原属于昌平区南口镇、前桃洼乡、亭子庄乡、龙虎台乡等七个农业社和坦克教练场的荒地。

规划中主要包括了场间规划和场内土地规划。其中，场间规划主要阐述了本次土地规划范围的圈定依据；场内土地规划中主要就分场的划分（分为一、二、三、四4个分场）、场部的规划、道路网的布置、农用地的布置、果园规划、护园林规划、灌溉渠系的布置与河道治理等内容进行了梳理和阐述。

（3）基于1958年南口农场建场后形成万亩果园等的巨大发展成就，根据北京市委市政府的指示，从1966年开始拟定五年扩大农场规划。

在此背景下，农场于1966年春编制了《南口农场扩大范围规划说明（1966—1970）》。

规划总范围包括阳坊、北小营、流村、桃洼和南口公社，面积共计约37万亩，以"在规划大面积发展果树的同时，尽量保留足够面积的粮食生产地，逐年增加粮食储备，备战备荒为人民"和增加水利设施为主要规划原则，规划内容中包含以下内容：地形概况及自然分区、气候特征、土壤分区、水文概况；场部、居民点、道路规划布局，土地利用规划布局；土地利用及改良分区；水利现状分析及规划；粮食生产现状及规划；果树现状分析及规划；副业生产规划。

从1966—1998年，农场土地范围及产业发展重心相对稳定，故未实施该土地规划的相关工作。自农场于1998年启动了土地确权登记后，农场的土地规划进入了一个新的阶段。

（1）2004年7月，农场土地利用总体规划获批。

（2）2007年12月北京市规划委员会（以下简称"市规委"）正式批复《南口镇总体规划（2005—2020年）》，依据总体规划，南口农场总建设用地规模规划控制为408公顷，其中不包括镇外单位用地与防护绿地。

（3）为了贯彻实施总体规划，经集团公司同意后，南口农场委托北京市城市规划设计研究院（以下简称"设计院"）进行街区控规编制工作，于2010年11月25日获得市规委关于《南口农场控制性详细规划（街区层面）》正式批复。经规划重新校核，南口农场的场内建设用地规模规划控制在408.4公顷，规划总建筑面积控制在204.3万平方米。

（4）为了使得南口农场用地规划更加优化合理、产业发展更加符合北京市城市总体功能定位，按照昌平区政府推动昌平西部发展、打造生态绿心、发展全域旅游的发展要求，同时兼顾首农食品经营中心拟选址农场NC-03街区（原二分场）建设农产品物流基地项目的规划需要，经集团公司同意，南口农场于2015年1月启动对已获批的街区层面控规进行调整优化的相关工作。

在街区控规调整方案编制过程中，经过多次专题研究讨论及充分科学论证，并先后按照昌平区领导指示精神、北京市规土委昌平分局召开的规划联审会审查要求，以及设计院技术委员会审议要求，进行了多次的优化调整，南口农场于2017年12月取得了正式街区控规深化方案成果，其中，南口农场的场内纯建设用地规模规划（不包含道路交通用地及防护绿地）指标减量了37公顷，为244.1公顷，规划总建筑面积减量了0.32万平方米，为203.98万平方米。

二、疏解非首都功能的工作情况

为贯彻习近平总书记系列重要讲话精神和治国理政新理念新思想新战略，以及习近平总书记两次视察北京重要讲话精神，落实北京市第十二次党代会精神，同时也为更加符合北京市城市总体规划和昌平区西部未来发展的要求，积极落实北京市国资委及集团公司《关于落实市属国企疏解整治促提升的相关工作的通知》要求，南口农场主要从传统产业退出和转型升级、沙石坑整治和平原造林、控违拆违3个方面落实了疏解非首都功能的相关工作。

（一）南口农场传统产业退出和转型升级

从南口农场自身产业发展的角度，积极探索传统产业的转型升级，主要工作如下。

（1）2015年1月北京南农建筑科技有限公司（原为北京南农水泥构件厂，以下简称"南农建科公司"）关停了钢结构制作加工产业。

（2）2016年3月南农建科公司关停了脚手架制作加工产业。

（3）2017年5月南农建科公司关停了传统预制水泥制品产业。

以上产业关停之后，南农建科公司利用现有的人员、厂房、设备寻找新的合作项目和合作伙伴，聚焦产业的转型升级。

（二）南口农场沙石坑整治和平原造林

（1）自2013年3月起，南口农场响应北京市百万亩平原造林的号召，聚焦北京生态文明建设，利用腾退的煤场、容易引发权属纠纷的边角地，以及历史形成的沙石坑，实施了3667亩的平原造林工程，并于2015年1月正式全部移交给北京市南口农场绿化工程中心（以下简称南农绿化）。

（2）2016年5月，由南农绿化为主体实施的林下种植花卉药材项目启动，整片花海达13.33公顷（200亩），每年从4月起20种花卉竞相开放，同时配套了花语亭、科普长廊等设施，生态园已初具形态。

（3）2016年7月，南口农场利用原六分场场部的部分土地配合进行了昌平区西部环境整治工作，对周边绿化进行了升级改造，使周边环境得到极大改善。

（4）2017年6月，南口农场积极与属地政府沟通，对南口农场百果园、生态园所在的昌流路两侧进行了环境整治，拆除了私搭乱建的销售果棚，并在道路两侧安装了艺术围栏，周边环境得到整体提升。

（三）南口农场控违拆违工作情况

截至2016年11月底，按照北京市国资委及首农集团控违拆违专项行动的要求，南口农场分别对南辛路两侧农场权属范围内、三分场原场部、南口二牛场内的全部违建进行了拆除，拆除面积共计6614平方米。

表6-1 北京市南口农场土地基本情况

宗地号	证载土地面积（亩）	证载用途	宗地号	证载土地面积（亩）	证载用途
0642012001	3967.495	果园	0642012006	180.806	办公
0642012002	303.715	办公	0642012007	467.640	设施农用地
0642012003	7.209	设施农用地	0642012008	588.527	办公
0642012004	6.359	城镇住宅用地	0642012009	115.296	住宅用地
0642012005	4.608	办公	0642012010	350.069	办公

（续）

宗地号	证载土地面积（亩）	证载用途	宗地号	证载土地面积（亩）	证载用途
0642012011	1004.109	果园	0642012021	120.003	办公
0642012012	3967.216	果园	0642012023	57.770	工业
0642012013	135.046	办公	0642012024	13.660	果园
0642012014	209.544	其他草地	0642012025	5.555	果园
0642012015	467.866	其他草地	0642012026	3.926	果园
0642012016	27.672	城镇住宅用地	0642012027	11.444	住宅用地
0642012017	1837.329	果园	0641001042	176.625	设施农用地
0642012018	72.984	设施农用地	0641001043	9.228	办公
0642012019	61.392	办公	0641001044	244.295	设施农用地
0642012020	304.751	办公	总面积		14722.14

第六节　法务管理

一、总法律顾问制度建设

2006 年 4 月，农场依据《北京三元集团有限责任公司企业总法律顾问制度试点方案》（2006 年 2 月 21 日下发）制定法律顾问岗位职责，设置法律工作专职人员一人编制在规划开发部，负责农场土地开发工作相关法律事务、合同审核、项目谈判及其他法律事务。

2006 年 11 月，农场开始聘用法律顾问。2008 年至今，农场聘请外部律师事务所作为法律顾问单位，形成内部法务人员负责日常法律事务，法律顾问审查重大事项的工作制度，有效防范了企业法律风险。

2012 年 7 月，《法律事务审核管理办法》编入《北京市南口农场管理制度汇编》（2012 版）中。

二、普法教育情况

农场按照首农集团《关于在集团公司工会干部和职工中开展法制宣传教育的第五个五年规划》要求，充分利用各种会议、《南农青年报》、标语、厂务公开栏和宣传栏等平台，采取会议集中学习、报刊橱窗刊登、标语强化宣传、组织竞赛答题等多种形式，加大了对各种法规的宣传力度，农场干部、职工的法律意识明显增强。

2013 年 11 月 23 日，农场邀请昌平区国土分局局长汪少群到农场开展《土地管理法》

讲座。2014年11月，昌平区人民法院副院长何马根来到农场进行普法讲座，何院长围绕"依法治企：增强法律意识，防范经营风险"主题，通过列举大量的现实案例来阐述企业在生产经营过程中大量存在并有可能被忽略的法律风险，提示企业负责人一定要谨慎对待。

2016年12月9—30日，农场持续组织2016版农场企业管理制度宣贯活动。

2017年6月2日，农场参加首农集团与君合律师事务所举办的《民法总则》讲座。

2017年12月5日，农场邀请原昌平区人民法院副院长孙辉到农场开展"加强企业合同管理，促进企业经济发展"讲座。

三、合同管理

2016年12月，《合同管理办法》编入《北京市南口农场管理制度汇编》（2016版）中，办法包含合同管理、合同订立、合同审批、合同签署、合同履行、合同争议处理、责任与处罚等主要内容，同时形成了合同管理的工作流程。

四、重大诉讼案件情况

（一）农场与北京育青食品开发有限公司租赁合同法律纠纷

2000年7月，农场将育青公司诉至西城区人民法院，要求育青公司支付1997年4月至1998年10月间拖欠的租金143.36万元；2003年11月西城区法院做出一审判决；2004年10月农场上诉至北京市第一中级人民法院，二审法院做出终审判决，判决育青公司向农场支付房屋租金143.36万元；2004年12月，农场向法院申请强制执行；2005年1月20日，北京市高级人民法院做出《暂缓执行决定书》；2005年6月21日，农场提出申请恢复执行申请；2006年11月，育青公司提请再审；2006年12月，北京市第一中级人民法院判决撤销一审、二审判决，驳回农场诉讼请求；2007年3月农场向北京市人民检察院第一分院提出抗诉申请，2008年8月，北京市人民检察院第一分院决定受理，并指令西城区人民检察院协助调查；2009年10月，北京市人民检察院第一分院将案件情况报送至北京市人民检察院；2010年4月，北京市高级人民法院对案件进行开庭审理；2010年8月，北京市高院终审民事判决，农场以败诉结案。

（二）农场与北京智光特殊教育培训学校侵权法律纠纷

2004年10月，农场将北京合众兴业科技投资有限公司诉至昌平区人民法院，要求其支付拖欠的租金并解除双方间的《租赁协议》；2004 年 11 月，昌平区法院做出民事调解书，解除双方租赁关系，由合众公司向农场支付拖欠的租金，但场地实际使用人北京智光特殊教育培训学校以其与合众公司合同未到期为由拒不搬出场地；2005 年 5 月，农场向昌平区人民法院提起诉讼，要求智光学校停止非法侵占行为，返还农场场地及地上物，同时支付侵占期间场地使用费；2005 年 5 月，昌平法院判决智光学校返还场地及地上物，并支付相应场地及地上物使用费；2005 年 6 月，智光学校向北京市第一中级人民法院提起上诉；2005 年 9 月，北京市第一中级人民法院做出民事裁定书，准许智光学校撤诉，按原判决执行；2005 年 12 月，农场向昌平法院提起强制执行申请；2006 年 10 月，昌平法院查封智光学校法人工资卡账户；2006 年 2 月，智光学校法人向昌平检察院提起抗诉；2006 年 5 月，昌平检察院做出不予提请抗诉通知书；2007 年 4 月，智光学校法人向昌平法院提请再审申请；2007 年 6 月，昌平法院做出驳回申请再审通知书。

（三）农场与昌平区马池口镇土楼村、葛村土地权属争议纠纷

2007 年 7—8 月，土楼村、葛村两村分别向北京市人民政府申请行政复议，要求撤销昌平区人民政府向农场核发的京昌国用（2003 划）字第 11-1-1700 号等 21 宗地的《国有土地使用证》；2007 年 10 月，经市政府行政复议，驳回了两村要求；2007 年 12 月，土楼村、葛村以昌平区政府向农场核发土地证的具体行政行为程序违法为由，将昌平区政府诉至昌平区法院，要求撤销集团公司及农场 22 宗地的《国有土地使用证》，并要求返还土地及给予补偿，集团公司和农场作为第三人参加诉讼；2008 年 11 月，昌平法院做出行政裁定，驳回土楼村、葛村的诉讼请求；2008 年 12 月，土楼村、葛村向北京市第一中级人民法院提起上诉；2009 年 12 月，一中院做出终审裁定，维持原判。

（四）北京绚丽阳光老年服务有限公司债务纠纷案

2003 年初，农场与北京绚丽阳光老年服务有限公司（以下简称阳光公司）就双方合作开发具有社会福利事业性质的老年服务项目达成共识，2004 年以分割登记的方式将 120 亩地登记至阳光公司名下，阳光公司在该宗土地上启动工程建设，但自 2007 年起，因其自身债务纠纷，所涉土地及地上建筑物被昌平法院查封，并拟以拍卖方式进行处置。鉴于被查封的土地及部分地上建筑物的真实权属归农场所有，农场于 2008 年 3 月 27 日向法院提出执行异议，希望法院解除被查封的农场资产；同时向昌平国土局提出了撤销涉案土地证的申请。案件后续一直处于协调解决过程中，直至 2013 年，经昌平区政法委协调形成了系统解决案件的方案，涉案土地更正登记至农场名下，农场与北京建谊投资发展（集团）有限公司合资成立的北京坤和建谊置业有限公司以 1.12 亿元的价格竞得阳光公司被执行标的，昌平区法院利用上述拍卖资金解决阳光公司的债务纠纷，案件得到最终解决。

第七节　安全管理

一、安全管理机构沿革

1958—1987年，南口农场保卫科负责农场安全工作。1988年，南口农场成立安保科，将交通安全、消防安全、综合内保等全部划入安保科管理。1998年11月3日，成立综合治理办公室，主管交通安全、内外保等项业务。2002年9月28日，南口农场地区成立"农场地区社会治安综合治理办公室"。

二、安全管理措施

安全工作重于泰山，南口农场以安全管理责任制为抓手，开展"五项安全"（生产安全、交通安全、消防安全、综合内保安全、国家安全）管理工作，建立各项规章制度，健全组织机构，认真开展"安全生产月""安康杯"竞赛活动，深入开展"安全生产大检查"和"打非治违"等活动，逐步消除各种安全隐患，加大培训力度，始终把安全宣传教育工作，作为安全生产的根本工作来抓，以南农青年报为载体，利用横幅、展板、宣传栏、电子显示屏等大力宣传。坚持特种作业持证上岗，杜绝违章指挥、违规操作行为。各单位一把手亲自抓安全，各尽其职，各负其责，形成群防群治、齐抓共管的局面，保障南口农场安全工作平稳有序，长治久安。

（一）生产安全

南口农场安全工作以贯彻落实《安全生产法》为主线，坚持"安全第一、预防为主、综合治理"的方针。每年制定年度安全工作指导意见，与基层单位、承租单位负责人进行签订各年度安全稳定工作责任书。把安全生产等各项安全责任层层落实到位。

为切实开展好"安全生产月"活动，促进企业安全生产持续稳定发展，南口农场根据《集团公司"安全生产月"活动方案》的通知和会议精神，结合南口农场自身实际情况，展开一系列活动。南口农场历届安全生产月按照系统性活动和区域性活动进行。其中系统性活动包括"安全生产月"启动仪式；"安全生产月"宣传咨询日活动；安全应急处置观摩演练；安全专题培训等；区域性活动包括各企业结合自身实际情况，根据每年"安全生产月"的活动主题，有针对性地组织开展具有行业特色、主题鲜明、效果显著的活动，如宣传教育、全员培训、应急演练、检查整改等。

（二）交通安全

由于南口农场所属企业分布区域道路状况复杂，经营产品各异、运输需求不同等特点，秉承"生命至上，安全第一"的理念，南口农场以全面贯彻实施《道路交通安全法》为主线，严格车辆管理，完善交通领导小组，明确职责任务；加大交通安全工作人、财、物等方面的投入，解决交通安全突出问题；加强各级交通安全管理人员的培训，提高交通安全管理水平；逐级签订交通安全责任书，落实南口农场交通安全防范责任；指导、监督、检查南口农场所属企业交通安全防范责任制的执行情况，确保各项工作落实到位；在重大活动期间，提前组织开展交通安全检查工作，及时发现、及时解决存在的问题，消除安全隐患；结合实际情况，加强宣传教育，围绕重点工作，面向不同群体、不同阶段分别策划并大力宣传，使交通安全家喻户晓、人人皆知。

（三）消防安全

南口农场消防工作始终以消防法为主线，坚持"预防为主、防消结合"的方针，定期组织消防培训及演练，提高员工消防安全意识，督促检查各所属企业、承租单位贯彻落实防火工作情况。在重大节假日，组织人员进行安全大检查，发现火险隐患及时与隐患单位负责人一起进行研究，能及时整改的立即整改，需要一定时间解决的，要求隐患单位制定出防范措施限期整改，并对重点单位下发隐患整改通知书。

由于南口农场地域大、开放性、林地多、荒地多，防火压力大。按照市、区森林防火指挥部的会议和文件精神，结合南口农场这一时期的工作特点制定了防火工作方案，将森林防火工作逐级落到实处。利用横幅、固定宣传牌、设立宣传站点等多种形式进行森林防火知识、法律法规等宣传。每年森林防火期间，出动巡逻车进行巡查，防控野外用火情况发生。通过上下共同努力，防火工作做到了人员到位、宣传到位、检查整改到位，顺利完成森林防火任务。

（四）综合内保

由于南口农场地域开阔、面积分散，因此，在现有条件下，在重点时间、重点地段，增派巡逻人员加强巡视，及时上报，时刻处于 24 小时待命，接到上报，立刻到现场处理。

1982 年，南口农场派出所成立。2001 年 11 月 25 日，南口农场成立 18 人的应急小分队，要求在紧急情况下，敢于同不良倾向作斗争，确保国有资产不受侵害。2002 年 5 月 20 日，应急小分队开展"取缔私采滥挖沙石"活动。2002 年 6 月 26 日，应急小分队取得阶段性成果。2002 年 9 月 28 日，南口农场地区成立"农场地区社会治安综合治理办公

（续）

评奖时间	受奖称号	评奖单位	评奖时间	受奖称号	评奖单位
2011 年	交通安全先进单位	昌平区交通安全委员会	2017 年	北京市安全生产先进单位	北京市人民政府
2013 年	交通安全先进单位	昌平区交通安全委员会			

四、安全标准化达标验收工作

北京南农建筑科技有限公司（即原北京市南农水泥构件厂）于 2011 年初开始着手筹备，并于 2011 年 5 月正式通过安全标准化验收定级为三级，北京南口南农家园物业管理有限责任公司于 2013 年 5 月开始着手筹备，并于 2013 年 8 月通过安全标准化验收定级为小微企业；同年，北京市南口农场有限公司硕春冷库分公司（即原北京市南口农场硕春冷库）开始着手准备，并于 2014 年 10 月正式通过安全标准化验收定级为三级；2014 年，北京市南口农场开始准备，并于 2014 年 4 月正式通过验收定级为三级；2015 年，北京市南口农场有限公司园林绿化分公司（即原北京市南口农场绿化工程中心）开始着手准备工作，并于 2015 年 7 月正式通过验收定级为小微企业。

南口农场安全标准化建设工作，始终坚持计划、实施、检查、总结提高的原则，认真开展安全标准化工作，使安全生产管理不断深入、不断提高。经过企业自评考核，及时发现运行中存在的问题和不足，制定改进方案，进一步完善标准化组织体系，落实安全生产责任制，切实加强规范管理，有力地保证了安全标准化建设有效运行。

五、信访与危机管理

南口农场为切实把信访工作落到实处，成立以党委书记为组长，分管信访工作的领导为副组长，相关部室负责人和所属企业负责人为成员的信访维稳领导小组。将信访工作纳入领导班子议事日程，研判形势，建立"党委统一领导、党政齐抓共管、部门各负其责、主管部门协调督查"的信访工作体制。及时解决各种矛盾纠纷，在重大节日、重要时期，都进行重点部署、重点排查，及时掌握各种信息。

危机管理方面，南口农场根据国家应急管理工作的要求，按照《生产经营单位生产安全事故应急预案编制导则》GB/T 29639—2013 的要求和规定，并结合本单位实际情况，编制完成了《北京市南口农场生产安全事故应急预案》，于 2016 年 12 月 6 日正式发布，2017 年 2 月 24 日《北京市南口农场生产安全事故应急预案》材料符合规范要求，在北京市昌平区安全生产监督管理局备案。

第八节　品牌管理

一、品牌商标种类

农场从 1958 年建场至今共拥有 4 个注册商标：果脯商标"京南春牌"，乳品类商标"燕山牌"，水果类商标"燕光""果乡"。

二、品牌发展历程果品

（一）果品

1988 年 3 月 18 日，南口农场第五次党代会确定果树生产走"品牌化"道路，规范果树的栽培与植保工作，培育和引进新品种，从追求水果产量逐渐改变到提高质量上来。

1990 年 11 月，农业部批准国光、金冠、红星苹果为"绿色食品"。1991 年，南口农场被评为全国第一批绿色食品示范生产基地。1992 年 9 月 23 日，南口农场"绿色食品"中熟苹果的采收照片刊登在人民日报头版二条。1995 年，富士苹果被评为"绿色食品"。

1995 年 5 月 25 日，北京市南口农场商业公司（后更名为北京市硕春商贸公司）提出"燕光"牌商标注册申请，1997 年 1 月 21 日鲜果品类"燕光"商标正式注册。2008 年 1 月 18 日，北京市南口农场重新对"燕光"商标进行注册申请，并于 2009 年 12 月 7 日正式注册。

2010 年 11 月 17 日，南口农场"燕光"牌苹果获中国绿色食品上海博览会畅销产品奖。

2011 年 4 月 12 日，南口农场被确定为 2011 年度农垦农产品质量追溯创建单位，追溯的农产品为"燕光"牌富士苹果，标准为"绿色食品"A 级。

2012 年 8 月 9 日，为充分发挥绿色资源优势，促进农场可持续发展，根据《北京首都农业集团有限公司品牌管理办法》（京首农发〔2011〕219 号文件），农场向集团公司递交《北京市南口农场关于农副产品使用"首农"商标的请示》。同年，9 月 19 日，经集团公司经理办公会研究，同意南口农场使用"首农"商标（品牌标识）用于产品包装及宣传品的背书宣传，并下发了"京首农集团发〔2012〕255 号文件"《关于南口农场申请农副产品使用首农商标的批复》。

2015 年 9 月 29 日，中国绿色食品发展中心与中国绿色食品协会召开"生态文明与绿色发展——中国绿色食品事业开创 25 周年座谈会"。本次座谈会上，特别为北京市南口农场等绿色食品认证年限超过 20 年的企业颁发"中国绿色食品荣誉企业"奖牌。作为北京市唯——家获此殊荣的绿色食品企业，中国绿色食品发展中心宣布今后免除北京市南口农场绿色食品认证的所有费用。

2017 年 1 月 20 日北京市南口农场从林泽龙手中受让"果乡"商标。

（二）果脯

1985 年 4 月 24 日，北京市南口农场食品厂（即后更名为北京市南口四方食品厂），为生产的果脯提出"京南春"牌商标注册申请，1986 年 2 月 15 日注册成功。1990 年 11 月京南春牌苹果脯、桃脯、杏脯、海棠脯，获得了农业部颁发的《绿色食品证书》。1990 年和 1991 年连续两年，"京南春"牌杏脯、桃脯、苹果脯、海棠脯被评为"北京市优质产品"。1992 年杏脯在全国农垦产品博览会上被评为银牌奖。

（三）奶粉

南口乳品厂于 1987 年 4 月 10 日注册"燕山牌"奶粉商标。同年，"燕山牌"全脂甜炼乳被评为"北京市优质产品"。1990 年 11 月，"燕山牌"甜炼乳、速溶全脂奶粉、速溶多维奶粉获得农业部颁发的《绿色食品证书》。同年，"燕山牌"全脂奶粉被评为"农业部优质产品"。1995 年，"燕山牌"全脂奶粉被中国消费者协会评为"全国消费者信得过产品"。1996 年 3 月 15 日在"3·15"国际消费者权益日，《人民日报》公布国家名优产品光荣榜，"燕山牌"全脂奶粉被评为"信得过产品"。

南口四方食品厂于 2002 年撤销，果脯商标"京南春"牌随之转出。1997 年 1 月，南口乳品厂随着总公司的重组划归北京三元食品股份有限公司，"燕山牌"商标随即转出。"燕光牌"商标一直沿用。"果乡"商标已转入农场名下，但未启用。

第九节　信息化管理

一、管理机构

2015 年 7 月 1 日，农场〔2015〕14 号文决定成立农场信息化办公室和信息化工作领导小组，明确了农场信息化办公室的职能。

2016 年 11 月 29 日，南口农场组发〔2016〕6 号文件决定整合企业管理部科技管理职能与信息化办公室职能，成立农场科技与信息化办公室。

二、信息化发展历程

1988 年，原北京市南口农场第二分场购置了南口农场第一台计算机，用于果树生产管理的日常统计和数据分析，1994 年起，农场机关各部门逐步配备计算机。

2000 年，计算机应用在企业正处于普及阶段，农场组织开展计算机理论和实操培训，基层各单位、总场各科室选派骨干人员参加学习及计算机等级考试。

2000 年开始创建农场网站，并经过多次设计改版，2001 年 6 月 28 日正式与北京东方网景信息科技有限公司签订网站设计制作合同，最终建立的南口农场网站。并由其定期进行网络安全维护工作。

2015 年 7 月 1 日，农场〔2015〕14 号文正式确立农场信息化办公室的成立，并结合农场实际情况，南口农场信息化工作依照集团公司制度执行《计算机网络安全管理办法》《信息化项目管理办法》《办公自动化（OA）系统管理办法》等，定期进行信息化网络安全检查及维护工作。

2016 年 3 月，农场按照首农集团《关于做好北京市 2016 年推进市属国有企业使用正版软件工作有关事项的通知》，开展软件正版化工作，共投资 10 万余元新购电脑、Office 办公软件及 Windows 7 专业版操作系统。同年，10 月份完成了正版化各项工作任务。2017 年 1 月 18 日，通过了北京市版权局及国资委等有关专家的验收。同年，在软件正版化工作期间，先后制定《软件资产管理规定》，建立《正版化软件管理台账》。

2016 年 7 月 12 日，北京首都农业集团有限公司印发了《管理制度汇编》，其中的《信息化项目管理办法》《计算机网络安全管理办法》《办公自动化（OA）系统管理办法》三项制度成为农场信息化工作的基本遵循。

2017 年，农场在用的管理软件主要有：用友财务软件、久其财务报表软件、硕春冷库仓储管理系统等。同年，农场信息化投入资金 554666 元。2015—2017 年共投入 578246 元。同年 4 月 28 日，北京市使用正版软件工作联席会议对市属国有企业软件正版化工作完成的企（事）业单位进行表彰，南口农场荣获"先进单位"的荣誉称号。

第十节　档案管理

一、档案管理沿革

分级管理（1958—1987年）：农场自建场开始，十分重视档案的收集与保管。档案采取分级管理的模式：总场形成的档案由总场档案室管理，农场所属企业形成的档案由各企业自行管理。

规范管理（1988—2002年）：《中华人民共和国档案法》于1988年1月1日实施，同年4月农场参加总公司组织的档案法培训班，5月农场召开了档案培训会，培训了档案工作人员，健全了档案管理机构，购置了铁皮档案柜，出台了《南口农场科学技术档案工作暂行规定》和《科技档案分类表组卷方法及目录簿等填写说明》。

1989年，农场开始对档案室的所有档案整理成册。

1997年1月，农场制定了《档案工作管理暂行办法》。

2000年8月，农场制定了《档案工作管理办法》。

集中管理（2003年至今）：2003年农场全部档案按照档案管理制度，继续整理成册。截至2003年，共整理、立卷档案4800卷，分装在档案柜里。档案柜按顺序号排列，分装在卷盒内，卷盒按竖排方式排列。

2004年6月，农场制定了《档案管理工作实施办法》。

2012年7月，农场制定了《档案管理办法》。

2016年7月，集团出台了管理制度汇编，农场档案管理按照集团公司档案工作管理办法进一步规范，健全了立卷归档、保管、借阅、保密等各项制度。

管理机构：农场档案工作由1名副职领导分管，办公室主任主管，设兼职档案工作人员；总场各部室和农场各所属企业均设置兼职档案工作人员。

农场档案有固定的管理用房，2017年11月，档案室面积达到45平方米，并配备了空调、专用电脑等设施。

二、档案工作

（一）档案构成及数量

农场档案由文书、科技、会计、人事、基建、设备、电子、声像、实物档案构成。文书档案使用"保管期限-年度-机构"分类方法，按保管期限单独排列。2010年农场向昌平区档案馆移交婚姻档案总共70卷。截至2017年室存档案7779卷。

（二）档案收集与归档

每年6月底前，将上一年形成的属于归档范围的文件材料按要求收集，根据归档范围分类、立卷、拟制案卷标题、填写案卷目录和卷皮、卷底，移交农场档案室整理归档。

（三）检索目录的编制

农场现有文书档案全引6册。其中永久、长期、短期档案各1册，工程图纸档案1册，历年获奖证书档案1册，档案室库存档案目录1册。

第七章　科　　技

第一节　科技管理

一、管理机构

（一）果树科学实验站

随着农场果树生产的发展，果品产量逐年增加，生产实际中还存在一些问题需要解决，如品种不够理想、产量低、品质差、病虫危害等。1973年5月，由宋新波挂帅，北京市南口农场果树科学实验站诞生。作为当时市农林局系统唯一的果树实验站，建站的宗旨是为农场的万亩果园提供科学技术服务，引进、选育、推广优质品种。科技站人员发扬了自力更生、艰苦奋斗的精神，没有机器就借牲口拉犁，没有办公和休息的地方，就借三分场两间工具棚，克服了种种困难，自己动手建起了化验室、宿舍和食堂，科技站不断健全的同时，果树科研工作也取得了很大的进展。

（二）"七·二一"大学

为了贯彻毛主席的"七·二一"指示精神，同时也是为各分场培养政治思想过硬、技术水平高的果树技术骨干力量，1976年3月15日农场党委决定在科技站成立"七·二一"大学，由农场党委常委李士元任大学党支部书记兼校长，学员是各分场选送的政治思想和工作表现好，具有一年以上实践经验的职工。在科技站60多亩的果园进行实践学习，学员分别参加了桃小食心虫、霉心病、芽变选种等果树科研课题，为科研和果树生产解决了许多实际问题。

（三）农场科学技术协会

2012年10月15日，南口农场向北京市科学技术委员会发送关于成立北京市南口农场科学技术协会的申请，同时制定了北京市南口农场科学技术协会章程。2013年1月14日北京市科学技术委员会下发关于同意成立北京市南口农场科学技术协会的批复。北京市南口农场科学技术协会旨在紧紧围绕企业发展中心，发挥桥梁纽带作用，积极促进农业科技创新，大力推动生态农业建设，为首都经济社会创新发展服务，为提高公众科学素质服务，为科技工作者服务。

2012 年，南口农场职工创新工作室被北京市总工会、北京市科学技术委员会授予"市级职工创新工作室"荣誉称号。

2013 年，北京市南口农场"京北都市型现代周年观光果园经营模式的构建"获"北京市第二十八届企业管理现代化创新成果"一等奖；北京市南口农场科协被北京市科学技术协会授予"先进科技工作者之家"荣誉称号。

2014 年，南口农场"北方设施南果优质高效技术研究与示范推广"获北京市人民政府"北京市农业技术推广奖"一等奖；南口农场获全国"讲理想、比贡献，奋力实现中国梦"活动先进集体一等奖；刘素果被北京市科协、北京市发改会、北京市科委、北京市国资委联合授予 2013—2014 年度北京市"讲理想、比贡献，奋力实现中国梦"活动优秀组织者称号。

2017 年 8 月，王鹏飞被北京市科学技术协会和北京市人力资源和社会保障局授予第 23 届"北京优秀青年工程师"称号。

（四） 农场科技与信息化办公室

2016 年 11 月 29 日，农场整合企业管理部科技管理职能与信息化办公室相关职能，成立农场科技与信息化办公室。

二、管理制度

（一） 科技奖励办法

2011 年 7 月 27 日，农场印发《北京市南口农场科学技术奖励办法》的通知，旨在充分调动农场广大科技工作者的积极性和创造性，促进科技成果转化，推动科技进步，鼓励和表彰为农场科技工作做出突出贡献的单位和个人。

（二） 科技工作管理办法

为加强公司科技工作管理的科学化和规范化，依据集团公司《科技工作管理办法》，结合公司实际，2016 年《北京市南口农场有限公司管理制度汇编》中制定了《北京市南口农场科技工作管理办法》。此管理办法适用于农场及其所属企业科技工作的管理，包括科研项目承担、参与、立项、实施、经费管理、成果转化、科技成果的奖励等事宜。

三、技术革新

建场初期，为了搞好果树生产，在金洪乐的带领下，组成果树技术组。同时，20 世纪 60 年代初从大专院校招收大学毕业生，定期讲授果树生产技术知识，使生产一线的职工逐步掌握了有关技术。为了使职工尽快掌握桃树的管理技术，农场生产科还编写了《桃树修剪要领歌》和《桃树疏果要领歌》。

1959 年，金洪乐发明利用接根扦插快速培育苹果苗的新方法，育苗时间由三年缩短到一年。开始时每人每天只能接 100 多株，五分场试制成功根接切穗机，创造了苹果根接快速育苗的先进经验，比手工工作效率平均提高 4 倍，不少职工超过 1000 株，有些职工创造 2600 株的纪录。仅 1960 年就完成 120 万株的苹果根接任务，这种快速育苗法开始在各处推广，成为农场在果树育苗方面的创举。

1961—1964 年，农场对金帅、祝光、国光、元帅四个品种进行大面积的扭梢试验，达到了节省养分、调节树势、提早结果、增加产量的目的。并以《采用扭梢措施使苹果幼树提早结果早期丰产的研究》为题，对试验进行总结，刊登在 1964 年第 5 期的《中国农业科学》上，引起较大的反响。

1990 年，应用北京农业大学研制的放线菌 K84，防治桃树根瘤病取得成效，种子和苗木经处理后根瘤病发病率可控制在 2% 以下。

与北京农业大学一起研制的"果树发枝素"广泛用于果树生产，解决了苹果树体光秃现象。

自 1988 年开始，科技站连续 4 年对农场的几十个果区进行土壤理化测定，为果园的合理施肥提供了依据。

针对农场大部分果树种埴区土壤速效钾肥含量低的问题，积极推广使用"生物钾肥"，使果实色泽、品质均有所提高。"多效唑在果树上的应用""除草剂应用""叶面肥料的应用"率先为农场果树生产提供实验依据。

从 2004 年起，果林公司开始运作"南果北移"项目，先后引进栽植了台湾青枣、芭乐、木瓜、阳桃、柚子、金橘、砂糖橘、香蕉、枇杷、莲雾等南方水果。2011 年农场与北京市农业技术推广站共同承担北京市科委课题"南果北种优质高产栽培技术研究与示范"，以提高南果北种的产量、提升果实品质、延长采摘期限、丰富采摘品种为主要目标，开展针对不同树种温室环境控制、养分调节、树体管理以及采摘期调节等技术研究。

四、品种选育

（一）苹果芽变选种

芽变选种是培育优良品种的捷径，科技站自 1973 年建站，选育、引进优良单系 125

个，并将这些优良单系陆续高接在苹果大树上进行鉴定，至 1977 年有 30 余个单系已结果，为了加速繁殖这些优良单系，采取芽接、腹接等方法，共繁殖优良苗木 3.2 万余株。

（二） 引进苹果新品种

科技站 1980—1990 年经中试后，推出红星芽变"101""102"短枝红星，特别是优良品种富士、秀水、王林、乔纳金等，推广苗木 3 万余株，接穗近万根，种植面积 333.33 公顷（5000 余亩）。此后又引进了阳光、4-23、桑莎、北斗、千秋、北海道 9 号、新乔纳金等。

截至 1991 年底，科技站引进国内外苹果品系 108 个，普通桃 56 个，油桃 58 个，蟠桃 6 个，葡萄 20 个，樱桃 26 个，李子 30 个，总计 300 余个品系。

（三） 选育桃新品种

1984 年，科技站培育成功的早熟桃新品"早魁"，以个大、早熟而深受果农欢迎。

从 1987 年开始，农场科技站和北京市农科院合作开展油桃新品种的选育，"优质早熟油桃新品种的选育"项目于 1994 年通过市级鉴定，有 3 个早熟油桃新品种，被分别命名为"早红珠""早红霞""丹墨"，填补了首都极早熟优质油桃品种的空白。1995 年推广示范面积 100 公顷（1500 亩），出售苗木 8 万株，接穗 1 万根，陆续推广至山西、河北、山东、陕西、辽宁等地。2001 年"早熟油桃的选育与推广"荣获北京市科技进步二等奖；2003 年"桃、油桃系列品种育种与推广"荣获国家科技进步二等奖；2004 年"中晚熟甜油桃示范与推广"荣获三元集团成果推广二等奖。

2014 年，引进草莓育苗新技术——槽式避雨基质育苗技术，连续三年先后利用百果园钢架大棚和连栋温室栽植母苗，繁育高质量健康子苗，除自用外，年供应周边草莓种植户 20 万株。

五、果树病虫害防治试验

综合防治是搞好果树植保工作的总方针。1976 年科技站开展了性诱剂诱杀梨小食心虫的试验，初步摸清梨小食心虫的发生规律和防治措施，为彻底消灭这一害虫提供了依据。

通过对红星苹果霉心病的观察实验，摸清了霉心病的病原、浸染时期，为防治提供了依据。

1977 年春为防治红蜘蛛开展了生物防治，饲养草蛉，并进行少量释放试验，降低虫口密度 4%。

六、密植栽培研究

（一）　苹果矮化砧木的繁育及利用

利用海棠或山丁子等乔化砧木做苹果的砧木，由于其树体高大、结果晚、产量低、管理不便，不适合密植。要达到苹果早期丰产，必须实行矮化密植，增加单位面积株数，因此培育矮化砧木就成为当时生产中的关键问题，限于当时矮化砧的资源大多来源于国外（主要是英国东茂林试验场 M 系、MM 系），因此材料很少。科技站人员珍惜引进的每一根接穗或芽子，吸收了国内加速繁殖矮化砧的好办法，节省用材，繁育了矮化中间砧苹果苗木 14000 余株，矮化自根苗 12000 余株，自根砧苹果苗 3500 株，经过几年努力，搜集并繁育矮化砧木 10 个型号。分别在 1975 年和 1977 年春定植矮化自根砧、矮化中间砧苹果 7 亩。

（二）　桃、李密植丰产试验

为了提高桃、李单位面积产量，实现早期丰产，采用了密植的方式，株距 2.5 米，行距 3.5 米，每亩 76 株，较一般密度每亩增加 60 株。同时将原来三股六权十二头的整形方式改为两股四权整形方式，两年成型，四年生桃亩产 1900 千克，达到了密植早期丰产的目的。

李子树也做了同样的试验，株距 2.5 米，行距 5 米，每亩 54 株，采用了多主枝自然开心形，定植第二年结果，五年生晚红李亩产达 1800 千克，较一般栽植密度平均亩产提高一倍以上。

（三）　苹果高密高效栽培

2014 年开始，农场科技人员开展新一代短枝红星高密高效栽培技术研究，第二年形成经济产量，实现了早产、丰产、优质、高效的目标。

2015 年，农场承担北京市科委课题"果树高密高效栽培技术集成及安全生产示范基地建设"，集成运用矮化砧木、宽行密植、立架栽培、高纺锤树形、果园生草、节水灌溉、病虫鸟害综合防控等现代栽培技术。

上述情况充分体现农场在农业科技管理方面创新及推广，多年来农场同时注重工业、仓储业在产品生产、安全管理的提升。

1995 年，构件厂与中国建筑科学研究院合作试验。其中"高强度钢丝应用"于 2001 年获得国家实用新型专利。2000 年，预应力长向圆孔板主筋试验得到北京市建委专家组的认可；2002 年，与建研科技股份有限公司合作，对轻质、保温、装配式预应力夹层板成功试制，成为北京市混凝土协会会员单位，并具有国家三级计量资质。2011年4月构件厂与清华建筑设计研究院合作的"双向圆孔墙板"项目试验在构件厂试制成功。硕春冷库安全科学管理体系逐年完善。更新库体及管道、淘汰老旧机组、冷库扩建项目充分调研论证提上日程，完成液氨企业专项治理、HACCP食品质量安全管理体系建设、ISO 9001质量管理体系建设、"一企一标准，一岗一清单"隐患排查治理体系建设。

第二节　科研成果及推广成果

改革开放以来，南口农场以科技进步为动力，推进农工商综合发展，承担的多个项目获得农业部、北京市、集团公司一系列奖项。

1978年"苹果霉心的防治研究"获北京市农业科研成果四等奖；

1980年"苹果炭疽病适期防治"获北京市农场局科技进步二等奖；

1981年"苹果芽变选种及良种推广"获北京市农场局科技成果二等奖；

1981年"利用性诱激素防治果树害虫"获北京市农场局科技成果二等奖；

1982年"桃树丰产树形试验"获北京市农场局科技成果二等奖；

1984年"气调苹果保鲜试验"获总公司科技成果二等奖；

1987年"燕山牌"全脂甜炼乳获北京市优质奖；

1989年种鸭场获总公司"菜篮子工程系列竞赛"一等奖；

1990年种鸭场获"七五"期间北京市科技攻关一等奖；

1990年"早熟桃早魁的选育与推广工作"获北京市科技成果三等奖；

1990年"葡萄新品种'红宝石'的引进推广"获总公司科技进步三等奖；

1991年"油桃新品种的开发"获总公司科技进步二等奖；

1991年"富士苹果幼树早密、丰产技术推广"获总公司科技成果推广特等奖；

1991年"果树生产综合管理"获总公司优胜奖；

1992年"割草机在果园中的试验推广"获总公司燎原科技成果推广二等奖；

1992年"油桃引种筛选及部分优良品种的示范推广"获北京市国营农场管理局科技进步二等奖；

1992年"发枝素的生产和推广"获总公司推广一等奖；

1993年"生物钾肥的应用和推广"获总公司推广二等奖；

1993年种鸭场获全国优秀家禽企业；

1994年种鸭场获全国农垦系统百家良种企业；

1995 年种鸭场获国家级重点禽场；

1995 年"极早熟油桃的选育和示范"获总公司科技进步一等奖；

1997 年"0.5％藜芦碱醇溶液（护卫鸟）的开发项目"获总公司科技进步一等奖；

2000 年"苹果大面积高接换优"获总公司科技成果推广一等奖；

2000 年"大棚油桃的快速更新实用技术"获总公司科技进步二等奖；

2000 年"优质油桃'红珊瑚、香珊瑚'的选育"获总公司科技进步一等奖；

2000 年"果品套袋技术的推广与应用"获总公司成果推广二等奖；

2001 年"早熟油桃的选育与推广"获北京市科技进步二等奖；

2002 年藏鸡获现代农业与产品展组委会产品银质奖；

2003 年"桃、油桃系列品种育种与推广"获国家科学技术进步二等奖；

2003 年"郁金香水培生产技术研究"获三元集团科技进步三等奖；

2003 年"'美秋''迎秋''红芙蓉'油桃品种育种与推广"获三元集团科技推广二等奖；

2004 年"中晚熟甜油桃示范与推广"获三元集团成果推广二等奖；

2004 年"温室碧桃花盆栽技术推广"获北京市金桥工程项目奖三等奖；

2004 年"大开间预应力楼板研究"获中联重科杯华夏建设科学技术二等奖；

2011 年"枇杷南果北移及温室优质高效栽培"获首农集团科技进步三等奖；

2011 年"早熟大果型鲜食枣品种——金铃大枣的中试示范"获首农集团科技成果推广三等奖；

2012 年"南果北种优质丰产高效栽培综合配套技术研究"获首农集团科技进步一等奖；

2013 年"京北都市型现代周年观光果园经营模式的构建"获北京市企业管理现代化创新成果奖；

2013 年"北方设施南果优质高效技术研究示范推广"获北京市农业技术推广一等奖；

2014 年"莲雾南果北种及产期调节技术"获首农集团科技技术进步三等奖；

2016 年"草莓设施避雨基质育苗技术"获首农集团科技进步三等奖；

2016 年"新一代短枝红星高密高效栽培技术"获首农集团科技进步三等奖；

2017 年"'南口小国光'苹果品质提升关键技术研究与应用"获首农集团科技进步三等奖。

图 3-1　前进人民公社

图 3-2　场乡合一时期场部

图 3-3　一分场

图 3-4　二分场

图 3-5　三分场

图 3-6　五分场

图 3-7　学　校

图 3-8　采收桃

图 3-9　苹果丰收

图 3-10　采　摘

图 3-11　研讨会

图 3-12　安全教育

图 3-13　金秋赏果联谊会

图 3-14　金秋收获启动仪式

图 3-15　采摘梨

图 3-16　浇　灌

图 3-17 培育观察

图 3-18 联合活动

图 3-19 采 摘

图 3-20 果实成熟

图 3-21 水果运输

图 3-22 家园大门

图 3-23 构件出口

图 3-24 人工湖

图 3-25　生态园

图 3-26　绿化走道

图 3-27　职工游览

图 3-28　花卉盛开

图 3-29　开展活动

图 3-30　参与活动

中国农垦农场志丛

第四篇

职工队伍

中国农垦农场志

第八章　职工队伍及劳动力管理

第一节　数量及结构

1958年春，根据中共北京市委和市人民委员会决定，2100名下放的机关干部和商业职工在南口垦荒，建立南口农场。他们分别来自百货、石油、交电、储运、粮食公司和市人委办公厅、公安局、粮食局和人民银行北京分行等10多个单位，其中有干部742人。自此开启了开发荒地、种植果树、造林绿化、饲养家畜家禽，建设供应首都水果、肉食、鲜蛋的重要基地的历程。

一、职工来源

建场初期，农场劳动者主要是下放干部和商业职工，工资福利自带，办公用具、生活用品也都是原单位送来的。第一批下放干部、职工和插场学生，住在荒滩四周农户家和南口镇居民家中，有的住在部队的竹板房里，还有的食宿在距工作地点六七公里远的南口镇南侧临时搭起的竹板房里。他们先挖坑栽树，再进行生活用房的建设，将挖出来的沙石变石为宝，以石代砖将沙石用作基本建设的原材料，盖起了一栋栋宿舍、场部、礼堂、仓库、厂房等。

根据1958年7月农场场长宋新波在北京市人民代表大会的发言稿和欢迎西哈努克首相来农场参观致辞等资料记载，第一批农场建设者没有住处，生产工具缺乏，全场没有一台牵引机器，在这起伏不平、到处乱石土岗的地方，完全只能人力操作。全场只有几头牲口，畜力不足，他们用人拉犁，完成了266.67公顷（4000亩）大田的春播任务。栽种果树和防风林，付出了极为艰苦的劳动。在这多石的荒地上种树，用镐和铁锹刨出直径1.5米、深0.8米的大坑，挖出大约1立方米的沙石，换成好土。他们就这样刨一个坑，换一点土，种一棵树。1958年春天种下了58000棵果树和73000米的防风林，挖了15万立方米沙土和石头。对下放干部来说，南口农场是最好的劳动大学。他们来到农场后，经过了生活、劳动、思想三个大关，虽然参加垦荒建场的时间不长，但收获是巨大的，许多人在生产上和思想上有了显著进步。他们冒着南口恶劣天气在荒地上开冻土，刨石头，修水库，打水井，种活了果树，盖上了房子，习惯了这里的劳动和生活，身体结实了，思想也发生了深刻的变化。

为了支持农场建设，1958年先后有三批部队转业干部到农场工作。1959年又有40多名初、高中及中专毕业生分配到农场。1960年下放干部开始调换，为解决劳动力不足的问题，经市委、市人委批准，组织初、高中毕业生自愿报名来农场参加工作，1961—1965年共接收1500余人。1962年从四个管辖村抽调一部分劳动力。农场人员结构逐渐从以下放干部为主转变为以青年职工为主。为了适应这种变化，农场采取各种措施，加强了对人员的管理，调动了人员的积极性。

20世纪70年代初，随着果树树龄逐年增大，陆续进入盛果期，人员已不敷分配，特别在农忙季节，活茬安排不开，除草、打药跟不上需要，经常出现草荒和虫果率过高等现象。为了果树管理和发展的需要，1971年9月由十三陵林场集体调入546人，其中行政干部7人，技术干部8人。之后有249人陆续调出，有297人于1976年3月起由北京市农林局决定列入农场编制。1973—1977年，经北京市劳动局批准，全市各区县共有初、高中毕业生2300余人来农场插场。

为解决下放干部家庭的住房问题，农场从1959年起，在南阳公路西侧，盖房建职工新村。随着插场知青年龄的增长，结婚成家的人逐渐增多，新村的宿舍区不断扩大，经过努力全场建成了六个居住点，逐步有了电灯、电话、电影、电视、自来水。

为解决部分下放干部子女的上学问题，1962年在西新村建起小学。从建场到20世纪60年代中期，土楼和葛村的小学毕业生，仍然只能到北小营中学上学。为了解决职工子女不断增多带来上学难的问题，农场所属分场和农村纷纷建起了学校，20世纪70年代初农场发展小学八所，新村中心小学的规模逐步扩大。1970年，农场还建立起了中学。

1973年前后，农场曾先后安置2000多名知青插场，当时绝大多数已转为农场正式职工。1976年按北京市有关政策规定，在农场工作的知青可享受重新招工待遇，这些已转正的知青相继调回市内，20世纪60年代来农场工作的职工中，不少因赡养父母和子女入学方面有实际困难等原因相继调离农场，仅此两项调离农场约3000人。

为了解决农场劳动力来源问题，1978年以后，北京市人民政府对北京国营农场给予了特殊的优惠政策：允许国营农场职工子女到农场工作；允许北京国营农场在所辖区内从农村招收以初、高中毕业生为主的农民工，充实第一线。根据此项政策，农场决定在昌平县内进行招工。1983年，经过专业培训的果树班毕业学员250余人陆续来农场，从事果树生产一线工作。1987—1996 年，农场农转非 300 余人，对缓解农场后继无人和稳定农民工在农场安心工作起到重要作用。

1998 年，依据场乡体制改革人事机构、土地及资产划分方案，划归昌平区的农村总人口 2806 人；划归农场的职工总人数 1420 人，离退休职工 491 人。

二、数量和结构

截至 2017 年底，农场从业人员共有 248 人。在岗职工 229 人，其中女职工 50 人；35 岁及以下 45 人，36～50 岁 106 人，50 岁以上 78 人；研究生 9 人，本科 37 人，大专 53 人，中专及以下 130 人；初级职称 31 人，中级职称 21 人，高级职称 3 人；具有初级职业技能 14 人，中级技能 29 人，高级技能 16 人，技师 8 人，高级技师 7 人；专业技术人员 17 人，一线员工 153 人。

表 8-1　中高级专业技术人员基本情况

年度	高级职称	中级职称	初级职称	合计	年度	高级职称	中级职称	初级职称	合计
2001	1	18	83	102	2010	4	20	36	60
2002	2	24	52	78	2011	3	19	36	58
2003	2	26	52	80	2012	2	17	27	46
2004	3	25	52	80	2013	3	18	27	48
2005	3	23	52	78	2014	4	17	27	48
2006	3	24	46	73	2015	4	23	35	62
2007	2	22	42	66	2016	4	21	32	57
2008	2	24	41	67	2017	3	21	31	57
2009	3	21	37	61					

表 8-2　历年全场职工人数变化情况

年度	职工人数	年度	职工人数	年度	职工人数
1958	173	1967	2593	1976	3816
1959	376	1968	2179	1977	3686
1960	1337	1969	2219	1978	3644
1961	1261	1970	2195	1979	1738
1962	1397	1971	3818	1980	2490
1963	2809	1972	3052	1981	2191
1964	3008	1973	3931	1982	1857
1965	3430	1974	5641	1983	1757
1966	2566	1975	3938	1984	1780

（续）

年度	职工人数	年度	职工人数	年度	职工人数
1985	2479	1996	2063	2007	356
1986	1994	1997	1692	2008	347
1987	1993	1998	1444	2009	323
1988	1940	1999	1132	2010	336
1989	1936	2000	1024	2011	312
1990	2046	2001	650	2012	302
1991	2232	2002	582	2013	289
1992	2309	2003	452	2014	302
1993	2145	2004	409	2015	272
1994	2102	2005	366	2016	269
1995	2121	2006	352	2017	248

第二节　职工薪酬管理

一、用工制度及职工工资

农场工资管理工作一直参照执行国家和上级主管部门的统一规定。建场初期，场里的经济十分困难，根本无力给干部、职工发放劳保、福利等，工资待遇也很低，下放干部从原工作单位转来的月工资标准在60～70元就算是很高的。1965年前来场的知青定级工资高中生36.5元，初中生32元，1965年后来场的职工定级工资一律26元。

1978年，农场实行以责任制为中心的管理模式，认真贯彻按劳分配的原则，克服平均主义，根据所属下级单位的具体情况，实行利润"定额上缴，节余留用，亏损不补"的财务包干办法。各分场（厂）实行层层包干，把各项指标落实到班组、个人，以完成利润与职工收入分配水平挂钩为主要内容，形式多样的承包制，引导企业自我发展、自我约束。

1983年，根据中央有关文件精神，在农场内部实行利润大包干，实行经济责任制的同时，把职工的奖金同企业的生产经营成果和职工的劳动贡献密切挂起钩来，全奖全罚。各分场、直属单位在完成农场下达的各项经济指标的前提下，有权按经营成果给职工相应的劳动报酬，做到按劳付酬，多劳多得。农场下属各二级单位的包干利润指标，分别以各单位1983年实现的净利润稍加调整为基数，逐年递增10％左右，三年不变。

包干指标确定后，如超额完成任务，超额部分全部留给分场，作为企业生产、福利和奖励基金，这三项基金的提留比例，由农场根据各基层单位的经营情况分别确定，个人奖励部分，不再受一定数额的限制。如完不成包干任务应减发工资，但最多不超过职工年工资的 10%，不足部分由下年超额利润补齐。如果只完成利润指标，没有完成其他几项经济指标或任务指标，扣罚超额利润。各单位在农场承包任务确定后，根据各自的特点和企业的不同类型，再确定奖励的具体方法和奖金的分配。分配的搞活，打破过去不论工作好坏、贡献大小，工资只能上不能下的平均主义做法，起到鼓励先进、鞭策后进的作用。

随着改革开放政策力度不断加大，社会人员的流动也日益频繁，给农场补充劳动力带来机遇，外地临时工虽然文化水平不高，但他们年轻、有体力、干活儿不怕脏累，再加上农场给予的特殊优惠政策，这部分人逐渐成为农场一支不可缺少的劳动力队伍。实行灵活多样的用工制度。以果树、畜牧为主的各分场，技术性较强，需要在相对稳定的岗位上用正式工；季节性、简单劳动的岗位用临时工，这种用工制度形成了区别于其他行业的一大特点，为农场这一时期的巩固和发展奠定了坚实的基础。

1995 年 9 月，为贯彻执行北京市人民政府 1995 年第 1 号令《北京市实施劳动合同制度的若干规定》和北京市劳动局京劳协发〔1995〕（调整）118 号《北京市实行劳动合同制度的实施细则》，按照北京市农工商联合总公司的统一部署，结合南口农场管理的实际，农场劳动合同制工作领导小组研究制定了《北京市南口农场贯彻〈劳动法〉实施劳动合同制方案》，经农场职代会审议通过后，报请农场党委批准，自 1995 年 9 月 1 日起全场各单位全面实施签订劳动合同。实行劳动合同制，要求各单位做好企业内部的各项管理工作，包括完善劳动纪律等，同时制定劳动合同书附件。包括本企业各种规章制度、各工种（岗位）协议书、各类专项协议书、企业职工奖惩条例等以及其他需要制定的文本。

2000 年 8 月，农场出台《南口农场规范工资管理办法》，办法要求各单位在年初对本单位的工资情况做出计划，包括工资总额规模及增长速度、人均工资等情况，年终对计划执行情况进行检查，分析结余或超支原因。

2001 年 3 月，下发《南口农场 2001 年工资改革意见（试行）的通知》，对各单位正职工资分配办法进行改革，2001 年 1 月 1 日起试行经营者年薪制。总的指导思想是紧紧围绕建立现代企业工资收入分配制度的总体目标，坚持按劳分配、效率优先的原则，根据企业经济支付能力及劳动力市场价位，合理确定职工工资水平，以岗定薪，岗变薪变。农场对各单位工资分配工作实行宏观管理和监督，各单位可在国家、总公司及农场相关政策规定范围内，根据本单位经济效益等情况综合考虑，自主确定工资发放水平，自行制定工资分配改革方案。改革、调整分配形式和实施办法在报农场劳资科备案后执行。

2005 年以来，农场实行工资预算管理，根据集团公司下发的历年工资总额预算通知，要求各单位根据实际效益情况上报年度工资预算，并跟踪工资预算执行情况。

表 8-3　1998—2017 年全场人均收入情况

年度	从业人员人均年收入（元）	在岗职工人均年收入（元）	年度	从业人员人均年收入（元）	在岗职工人均年收入（元）
1998	7118	7366	2008	28901	30980
1999	8233	8275	2009	32464	34456
2000	9450	9503	2010	37829	39396
2001	11873	11913	2011	43970	44818
2002	14382	14514	2012	47249	49279
2003	17896	18202	2013	53481	56108
2004	21665	22038	2014	61474	65311
2005	23180	23541	2015	69812	76293
2006	25151	25551	2016	75146	83477
2007	28518	29152	2017	84738	88787

表 8-4　基层经营者工资发放调整文件

年度	工资发放调整文件及办法
2001	《南口农场 2001 年工资改革意见》
2002	《南口农场 2002 年调整经营者基薪的意见》
2007	《南口农场 2007 年调整经营者基薪的意见》
2010	《南口农场 2010 年基层经营者工资调整办法》
2012	场发〔2012〕8 号文件《南口农场调整基层经营者基薪标准的办法》
2015	场发〔2015〕2 号文件《关于调整农场基层经营者基薪标准的通知》
2016	《关于规范农场基层经营者薪酬管理的通知》

表 8-5　历年工资发放调整文件及办法

年度	工资发放调整文件及办法
1973	（七一）国发文 90 号及（七三）农村（垦）字第 32 号文件
1977	农林（垦）字 23 号、国发〔1977〕89 号文件
1980	中央〔1979〕70 号文件
1983	国发（八三）65 号文件
1985	市政发〔1985〕158 号文件
1989	〔89〕京农管第 11 号文件
1990	〔90〕京农管劳字第 23 号文件
1990	〔91〕京农管劳字第 13 号文件
1991	〔91〕京农管劳字第 16 号文件
1991	京政发〔1991〕27 号文件
1995	〔95〕京农管字第 60 号、63 号文件和农场实施办法
2000	南口农场规范工资管理办法
2000	2000 年工资改革意见（京农管发〔2000〕42 号）
2001	南口农场 2001 年工资改革意见（试行）

（续）

年度	工资发放调整文件及办法
2002	南口农场 2002 年机关工资调整办法
2003	南口农场 2003 年度工资管理办法
2004	总场机关工作人员年度效益工资发放办法（试行）场管发〔2004〕2 号
2007	南口农场 2007 年机关工资调整办法
2010	南口农场 2010 年总场机关工资调整办法
2012	南口农场 2010 年总场机关工资调整办法补充规定
2015	关于调整农场场部工作人员工资标准的通知
2017	关于调整农场场部工作人员工资标准的通知

二、保险情况

1. 养老保险 1992 年 10 月 1 日起实施企业职工个人缴纳基本养老保险费制度，改变了职工养老基本由国家、企业负担的形式，实行基本养老费用由国家、企业、职工个人三方共同负担，落实《国务院关于企业职工养老保险制度改革的决定》（国发〔1991〕33 号）文件的重要举措，是企业、个人应尽的义务。固定职工和劳动制工人按本人月工资总额的 2% 按月缴纳（京劳险发字〔1992〕703 号文件）。1999 年 6 月农民合同工参加北京市养老保险。

2. 医疗保险 2001 年 4 月北京市政府出台《北京市基本医疗保险规定》。用人单位及其职工和退休人员参加基本医疗保险，实行用人单位和职工个人双方负担、共同缴纳、全市统筹的原则（北京市人民政府〔2001〕第 68 号令）。2005 年 8 月 1 日起，南口农场为本市农民工办理参加医疗保险手续并缴纳费用。

3. 工伤失业生育保险 按劳社办发〔2005〕99 号文件规定，自 2005 年 8 月 1 日起南口农场为本市农民工办理了工伤保险手续并缴纳费用。1999 年 6 月农民合同工参加北京市失业保险，失业保险由企业缴纳，个人不缴费（京劳险发字〔1999〕99 号文件）。按照《北京市企业职工生育保险规定》，自 2005 年 7 月 1 日起，为本市户口的职工按月缴纳生育保险。2012 年 1 月 1 日起，按照关于调整本市职工生育保险政策有关问题的通知要求，为外埠职工上了生育保险，并按月缴纳生育保险费用。

4. 补充医疗保险 为提高在职职工和退休人员的医疗保障水平，根据《北京市基本医疗保险规定》，结合南口农场实际，制定了《南口农场补充医疗保险暂行办法》，本办法重点解决 3 种特殊病（即肾透析、肾移植后服抗排异药；恶性肿瘤门诊放化疗；精神病长期住院治疗）和住院超过大额互助金额以上的人员个人负担过重的问题，自 2002 年 1 月

1 日起施行。

2012 年为提高在职职工的医疗保障水平，充分合理的利用《南口农场补充医疗保险暂行办法》规定的账户资金，制定了《南口农场商业补充医疗保险暂行办法》，本办法参加人员为各基层单位参加基本医疗保险的在职职工。截至 2017 年末，为在职职工共报销医疗费累计 147.35 万元。

5. 住房公积金　2001 年 7 月，农场开始为职工建立住房公积金。2004 年 7 月，农场住房公积金缴存比例由 5％提高到 8％；2007 年 7 月，农场住房公积金缴存比例由 8％提高到 10％；2008 年 7 月，农场住房公积金缴存比例由 10％提高到 12％。

住房补贴情况，从 2002 年 7 月起，农场为职工（含退休人员）每月增发住房补贴 80元。2004 年 9 月，农场为 9 名符合政策的离休干部发放了住房补贴。

6. 企业年金　根据国家企业年金制度的有关政策规定，按照市国资委和首农集团企业年金计划的要求，2012 年 10 月，农场十一届二次职工代表大会召开，全体职工代表一致审议通过《北京市南口农场企业年金实施细则》，建立年度追溯至 2011 年 1 月 1 日。至2017 年底，企业年金缴费和职工退休后年金待遇领取稳步推进。

第三节　退休人员管理

一、退休人员养老金发放历程

养老金企业负担阶段（1963 年—1997 年 7 月）南口农场自 1963 开始有退休人员。对退休人员的管理，按照国务院及北京市相关文件通知要求计算和调整养老金，由企业负担。

养老金社保基金负担阶段（1997 年 7 月至今）1997 年 7 月 16 日国发〔1997〕26 号文件公布后，由社会保险基金拨款，由企业代发养老金。2000 年 6 月起养老金由社保机构委托银行代发。

企业退休人员统筹外费用由企业负担，包括企业自定项目和政策规定项目，政策规定项目严格按照国家及北京市政策规定发放。

二、退休人员管理情况

截至 2017 年底，企业共有退休职工 540 人。服务于退休人员的主要工作有为退休人员申请各项社会保险待遇，包括申请异地就医住院医疗费用直接结算备案、异地就医医疗费用手工报销备案、退休人员未持卡医疗费用手工报销、退休人员丧葬费申领以及涉及退费等情况、退休人员定点医疗机构变更、退休人员个人信息变更采集等。采暖季前按南口农场发〔2017〕14 号文件新标准为退休人员发放取暖费。

表 8-6　历年退休人员年末人数及统筹外企业负担额汇总表

年度	退休人数（人）	企业负担（万元）	年度	退休人数（人）	企业负担（万元）
2000	500	112.59	2009	546	73.2
2001	493	100	2010	542	88.16
2002	479	79.63	2011	539	88.03
2003	497	80	2012	547	87.43
2004	503	81.78	2013	523	94.6
2005	504	81.77	2014	547	102.84
2006	509	82.17	2015	543	134.26
2007	519	83.4	2016	540	129.24
2008	537	86.3	2017	543	173.8

第九章 干部管理及人才培养

第一节 干部队伍建设

自 1979 年开始，农场连续两年对本系统的专业技术干部进行全面普查，基本摸清专业技术干部队伍的状况。在普查的基础上，对专业技术人员，通过各种渠道进行调整，发挥技术专长。

从 20 世纪 80 年代初期开始，农场党委根据党中央提出的"革命化、知识化、专业化、年轻化"的要求，对一批创业时期的老干部实行离岗休养，对 20 世纪 60 年代初期参加工作的大、中专毕业生和高中生，选择其中德才兼备、符合"四化"条件的，提拔至各级领导岗位，这个时期，提拔 10 名三十岁左右的年轻同志到二级班子的岗位上，农场相关科室也提拔 6 名年轻同志担任正副科长职务。这样建立起稳定的干部队伍，为农场的发展提供了重要的组织保证。

1998 年 4 月，农场机关机构改革启动，完成定编定岗定员。原机关 16 个科室 109 人，经过机构重新设置，人员新老交替，下岗分流重组，分设三办三科一会（党群办公室、生产经营管理办公室、政府办公室、行政科、劳资科、财务科、工会），共 54 人。改革从领导班子开始，率先突破难点，大胆起用年轻干部，实现机构精简一半，人员分流一半，向年轻化、知识化、专业化迈进，体制改革迈出了重要一步。8 月，农场建立领导干部例会暨培训制度。10 月，随着场乡体制改革各项工作完成，土楼乡撤销，农场不再承担政府职能，农场党委研究决定，撤销政府办，成立综合治理办公室，成立供销科（暂定名）。

自 2001 年起，农场对各单位领导班子工资分配办法进行改革，试行经营者年薪制。加强基层企业班子建设，2002 年，农场党委着眼于对二级班子年度工作绩效、领导干部个人综合素质、领导能力、创新意识、廉洁自律情况等进行全面考察，严格干部管理，开始实施干部考核工作。考核对象为南口农场二级班子正职和总场部室正、副职，由党委领导，成立干部考核工作小组，采取民主评议、征求意见、上交述职报告等多种形式，具体实施考核工作。

2003 年，经农场党委会研究，对聘任干部实行试用期制度，试用期为半年。本着这一要求，2003 年 9—10 月，围绕"德、能、勤、绩、廉、学"的情况，采取个人总结、征求意见和民意测验相结合的方式，对试用期满的 5 名中层干部进行了试用期考核。2012 年，农场干部考核工作进一步科学设定考核内容，将考核内容界定为政治素质、经营业绩、团结协作、作风形象共四大类，包括政治觉悟、改革发展、业绩成果、发扬民主、联系群众等 12 项具体内容。引导领导班子和领导干部围绕企业中心、服务大局、推动工作，发挥年度考核对领导班子和领导干部的行为引领、管理监督和激励鞭策作用。

2012 年以来，农场党委以创建"四好"班子为目标，通过抓学习、抓制度、抓调整、抓考核，实施班子"1＋1"工程，选配青年人才进入两级班子和管理层，不断优化领导班子结构；完善责、权、利相结合，以落实经营责任为中心、以提高整体经营效益为根本的经营业绩年度考核，强化激励约束；加强干部培训，规范选拔任用程序，把积极培养和大胆使用结合起来，把严格管理和热情关心结合起来，把理论提升和实践锻炼结合起来，以打造有修养、有能力、有情怀的"三有"干部队伍为目标，"70 后""80 后"成为场部部室负责人的主力。2017 年末，农场及所属企业班子 80％配备了青年干部，两级班子的年龄、知识、专业结构逐步优化和提升，决策力、执行力和依法治企能力明显增强。

第二节　人才培养教育

建场时，果树生产是带有政治性任务的主要经营项目。为了搞好果蔬生产，北京市决定将德胜门外私人果园中有丰富经验的工人技师金洪乐调来负责果树技术，并组成专门技术组。

1958 年，农场红专大学、红专中学相继开学，400 多名直接参加生产的学员，分别选修了《土壤学》《果树栽培》《农作物栽培》等专业课程和哲学课程。

20 世纪 60 年代初，农场从有关大专院校招收大学毕业生，定期开展果树生产技术知识讲授，使果树生产第一线的职工逐步掌握有关技术。1961 年，农场开办了职工业余技术学校，分果树、农业、畜牧、机电建四个专业，成立了 74 个科学研究小组，结合生产制定了物候期观察、病虫害防治、土壤改良等科研项目，边学边干，总结经验，定期进行测验和考试。

1965 年底，农场又建立了北京农业函授大学南口农业分校，果树专业吸收学员 368 人，他们掌握了果树常年管理技术，成为建设农场的骨干。

1971 年，农场成立果树科技站。1973 年，根据中央有关精神，在科技站建立"七·二一大学"，由人称"老营长"的李士元任党支部书记兼校长，请本场技术比较好的几位职工任教，学校虽然规模不大，但管理规范化，教学成效显著，受到农场局有关部门的表彰和肯定。

1978年以后，农场根据北京市人民政府允许国营农场职工子女到农场工作；允许北京国营农场在所辖区内从农村招收以初、高中毕业生为主的农民工，充实第一线特殊的优惠政策，农场在昌平县内进行招工。为了确保招工的质量，农场委托农场中学开办果树职业班，1980年开班，1983年结束，四年累计培养学员250余人。学员毕业后陆续来农场，主要从事果树生产一线工作。这些来自当地的青年，有一定的文化基础，熟悉农业生产劳动，热爱家乡，安心工作。经过专业培训和实际锻炼，即成为建设农场的主要力量。广泛深入开展精神文明建设，这一时期，农场多层次、多渠道开展文化、政治、技术学习和青工培训，全场参加各种学习包括夜大、电大、函大、电视中专等脱产、半脱产培训的有110人。

随着农场经济和各项事业的发展，客观上要求不断充实干部队伍，提高职工素质。1984年、1985年分别引进一名大学生，1988年农场通过参加北京市人事局举办的一年一度大学生分配会议和全国大学生分配会议，进一步加快了引进人才的步伐。1988—1990年，引进大中专毕业生共70余人，1991—2000年引进20余人，他们在各自的岗位上发挥了专业特长。1987年11月，农场干部专业职称评定工作开始进行，涉及果树、畜牧、工程、会计、统计等各行业，共计174人，其中：高师8人，中师41人，初级专业职称125人。2001—2017年引进本科及研究生38人。

在引进人才的同时，农场加强在职干部的学历教育和岗位培训，在此期间，获得大专学历的职工约150多人。1994年9月，土楼乡政府与中国地质大学联合举办企业管理大专班，学制三年，培养了一批人才。职工通过学习、进修，学到了新的知识，提高了文化素质。

农场各基层单位加强组织职工培训，果树行业的职工积极参加农场果树科举办的果树理论学习班和实际操作的培训班，提高了应知、应会的能力。在1992年的全市大比武中，果树行业前10名中农场占有7名，而且仅有的一名全能者也在农场。在1995年的第二次技术大比武中，农场又获得果树行业总分第一名，有17人经过严格考试晋升为果树工人技师。

1989—1995年，构件厂办起职工业余学校，他们本着行业特点，从实际出发，职工不仅提高了文化水平，也掌握了岗位技能。1995年11月，建起中专班，学费先由学员自行支付，待毕业合格，场里予以全部报销，这种方法鼓励了学员的积极性。

2001年，结合农场专业化管理模式需要，农场开展中层以上干部和技术骨干70多人的企业管理培训班。2001年、2002年，农场分两批组织中层管理人员22人参加了企业管理研究生班课程的学习，12人通过学习由大专学历提高为大学本科学历。截至"十五"末期，全场干部队伍中，具有大专以上学历的比例达到84%，57%以上的干部具有中级以上职称，干部综合素质、工作能力、业务水平显著提高。

进入"十二五"时期，结合农场青年人才队伍实际，2011年，农场决定提高基层工作大学生的薪酬及生活待遇，规定2008年以后毕业，在农场二级企业工作，具有国家承认学历学位证书的全日制大学本科及以上学生（以下简称大学生），薪酬待遇按照总场机关科员岗位标准执行，基层年薪低于总场机关年薪的，差额由农场补齐，并统一安排工作餐和住宿。

2012年，农场出台《关于基层工作大学生津贴发放有关事项的通知》，对近三年在基层工作的大学生，给予本科生每月400元、研究生每月500元的津贴。2014年，将标准调整为研究生800元/月、本科生600元/月、专科生400元/月。2015年又出台了基层见习大学生接收相关工作办法，决定由农场出资，为接收大学生的基层企业按50000元/人的标准，为基层企业发放一年的补贴，以此鼓励基层企业做好大学生接收与培养工作。

围绕发展中心工作，农场2012年正式启动青年人才培养导师制平台，着眼农场战略发展需要，以提升岗位胜任能力和职业发展能力为重点，以"学传帮带"为主线，加强对青年人才职业生涯指导，巩固传承优秀企业文化，促进员工与企业共同成长。经过五年的探索实践，经历了理念导入、探索完善、系统推进三个阶段，导师制构建形成较为完善的"1273"管理体系，以培养"有修养、有能力、有情怀"的"三有"人才队伍为目标，进一步丰富导师制内涵，将导师制平台打造成为青年人才教育成长的平台、中层干部培训提升的平台、企业创新智力要素集聚的平台，平台定位更加明确。以导师制为平台，农场相继组织导师学员一起走进标杆企业、新型产业企业参观学习，组织青年人才交流座谈会、调研报告成果汇报会、科技论文评选、征文比赛、演讲比赛、拓展培训等多（各）项活动，通过"导师＋学员＋项目"的培养模式，青年人才在农场科研和管理项目的攻关中担当起重要角色，自2012—2017年，农场相继承担农业部农垦局、国家外专局及北京市农林系统十几个项目，荣获集团公司科技进步一等奖、北京市级职工创新工作室、北京市企业管理现代化创新成果一等奖等，共有25篇科技论文和调研报告荣获集团科技论文和党建创新成果奖励。学员们对企业的归属感，对企业核心价值观的认同进一步增强，先后有多名学员进行了岗位调整，充实了企业后备人才力量。2015年，农场"青年人才培养导师制"被认定为北京市国资委系统"学习型党组织建设十佳品牌活动"。延伸平台工作半径，为落实农场"技能传承助推计划"，引导全场广大职工发扬工匠精神，提高职业技能，争创一流业绩，在农场实施创新驱动发展战略中发挥主力军和突击队作用。2016年，在全场范围内组织了微创新大赛评选活动。导师制平台的搭建，为企业培养和留住了核心人才，营造了"职工与企业同成长"的良好机制，形成了开放包容自信的新南农文化，促进了企业软实力的提升。据统计，截至2017年底，农场导师制平台累计培养青年人才79人次，涵盖了农场全部35岁以下、本科以上学历青年员工。共37名学员参与培养计划，28名管理人员及高级技师担任导师，"一对一"指导青年学员，切实肩负起了文化传承和人才培养的责任。

表8-7 南农讲堂主讲内容一览

年度	时间	课次	讲堂主题	主讲人	单位
2013	9.30	1	坚持群众路线 共筑南农辉煌	孙军	南口农场
	11.23	2	土地管理	汪少群	昌平区国土局
	11.23	3	工作礼仪与作风建设	张福	南口农场
2014	3.27	4	企业教练技术	张宇	首都农业集团
	6.25	5	非财务人员的财务管理	井西涛	南口农场
	7.11	6	微信平台在农场导师制平台中的建设	韩懋新	南口农场
	9.5	7	通信员培训	李蓓蓓	南口农场
	10.21	8	沙盘模拟培训	郭亦伟	华北电力大学
	11.21	9	依法治企：增强法律意识防范经营风险	何马根	昌平区法院
2015	3.18	10	加强党风廉政建设 有效预防职务犯罪	杨琳	昌平区反贪局
	4.24	11	工会摄影培训	陈艺	劳动午报
	6.15	12	党委书记讲党课	孙军	南口农场
	7.22	13	纪委书记讲党课	於加勇	南口农场
	7.29	14	高效能人士的七个习惯	赵凯霞	南口农场
	9.24	15	企业文化品牌建设	付鹏	首都农业集团
	10.21	16	"十三五"发展形势分析	许树坡	南口农场
	11.25	17	汇聚正能量 共创精彩人生	王鹏飞	南口农场
	12.17	18	抓住机遇 大力发展农场养老产业	张涛	南口农场
2016	4.27	19	都市农业专题讲座	史亚军	北京农学院
	6.22	20	"两学一做"专题讲座	陈述	中央党校
	11.10	21	强化中国共产党的"顶梁柱"作用 ——十八届六中全会精神解读（视频）	朱继东	中国社科院
	12.9	22	农场2016年企业制度系列培训 ——房地产、法务、信访	项阳 孙国学	南口农场
	12.16	23	农场2016年企业制度系列培训——企业管理	李蓓蓓	南口农场
	12.23	24	农场2016年企业制度系列培训——财务、工会	井西涛 孙菊花	南口农场
	12.30	25	农场2016年企业制度系列培训 ——办公室、信息办、人力	赵振忠 徐春生 刘丽梅	南口农场

（续）

年度	时间	课次	讲堂主题	主讲人	单位
2017	4.26	26	讲学习 有能力 做表率	张去非	南口农场
	5.24	27	推进"两学一做" 提高领导干部综合素质	王德兴	国企研究会
	7.6	28	推动内控建设 管理防范风险	李春瑜	会计师事务所
	11.23	29	学习党的十九大精神专题辅导报告会	任进	国家行政学院
	12.5	30	加强企业合同管理 促进企业经济发展	孙辉	律师事务所
	12.28	31	赋能说写干 建功新南农	孔峰 付冉冉	南口农场

着眼于农场产业转型升级的需要，为创新完善教育培训体系，以做到三个结合（即专题学习与业务培训相结合、日常工作与兴趣特长相结合、职工教育与职工发展相结合）为目标，自2013年起，农场党委启动了"南农讲堂"建设工作，分农场和基层企业两级组织，同步推进。截至2017年底，农场层面共组织培训31期，通过培训的开展，切实实践了解放思想、开阔视野，加强沟通、扩大交流，提高素质、锻炼能力，展现风采、提高自信的讲堂建设理念。

第三节 老干部管理

截至2017年12月31日，农场有离休干部3名、场级退休干部11名。

为全面贯彻执行《北京市离退休干部工作领导责任制》《关于全面做好新形势下离退休干部工作的意见》的有关规定，切实落实好老干部政治待遇和生活待遇，进一步加强老干部思想政治建设和党组织建设，做好老干部服务管理工作，公司成立了老干部工作领导小组，党委书记任组长，党委副书记分管老干部工作，领导班子成员分别确定老干部联系人，组员由组织、劳动人事、财务、办公室等有关部门负责人担任，老干部具体工作部门设在人力资源部。老干部工作领导小组每年召开专题会议，研究老干部工作的重点、难点、老干部政策的落实及工作安排。每年坚持领导带队，采取多种方式看望走访老干部。

图 4-1　从业职工

图 4-2　南农职工

图 4-3　职工团队

图 4-4　齐心种植

图 4-5　团队开垦

图 4-6　队伍协作

图 4-7　技术学校

图 4-8　南农课堂

图 4-9　第二次职工毕业典礼

图 4-10　结业典礼

图 4-11　人才培养大会启动

图 4-12　果树管理

图 4-13　树木巡视

图 4-14　场内学习

图 4-15　学　习

图 4-16　管理操作

图 4-17　创意园游览

图 4-18　文化创意园

图 4-19　参观展览

图 4-20　摄影

图 4-21　职工合影

第五篇

党群组织及企业文化建设

中国农垦农场志

第十章　农场党组织

第一节　组织建制与党的建设

1958 年 4 月，中共北京市南口农场第一次党代会召开，宋新波、张光赤、王锡田、陈友光、焦长山、张守礼、程金秀、李云龙、张德荣当选为党委委员，宋新波任党委书记。1958 年 9 月，以南口农场为基础，由当时的亭子庄乡、桃洼乡、南流村乡、高崖口乡、老峪沟乡、阳坊乡大部、南口镇、南口农场和在这一地区的地方国营企业、文教卫生等事业单位组成昌平区前进人民公社，宋新波任党委书记，社部设在农场场部。11 月，前进人民公社更名为南口人民公社。

1959 年 3 月，南口人民公社解体，农场重新独立，宋新波任党委书记兼场长、王锡田任第二书记兼副场长，张光赤任党委副书记。

1958 年 12 月，昌平区委对南口农场吸收附近 6 个村加入农场的请示做出批复，土楼村、李庄村划入农场。1959 年，响潭村划入农场。葛村 1962 年 2 月并入农场。四村划入后，农场包含两种所有制，企业为国家所有制，农村为集体所有制。1963 年 5 月，经北京市人民委员会批准，成立南口果园乡。果园乡行使政府职能，农场作为国营企业仍发挥经营职能。中共国营北京市南口农场第二届委员会于同月选举产生。中共国营北京市南口农场第七届委员会于 1996 年 12 月选举产生。委员由 9 人组成。农场党委下设 19 个党支部，343 名党员。此次党代会是场乡体制改革前召开的最后一次党代会。

2012 年 12 月，中共北京市南口农场第八次代表大会召开，会议选举产生了新一届党委委员和纪委委员。

2016 年 12 月，中共北京市南口农场第九次代表大会召开，大会提出了建设美丽南农、法治南农、富强南农、和谐南农的战略目标。

截至 2017 年底，农场党委下属 7 个党支部，有正式党员 105 人，预备党员 4 人，入党积极分子 28 人。

表 10-1　1971—2017 年度支部及党员情况

年度	党支部（个）	党员人数	年度	党支部（个）	党员人数
1971	13	237	1995	20	323
1972	14	236	1996	19	343
1973	16	231	1997	19	337
1974	18	262	1998	19	334
1975	20	258	1999	13	205
1976	27	302	2000	11	211
1977	26	310	2001	7	214
1978	24	321	2002	9	199
1979	22	295	2003	9	209
1980	20	268	2004	8	195
1981	19	240	2005	8	195
1982	18	229	2006	8	152
1983	19	233	2007	7	113
1984	18	240	2008	7	113
1985	18	247	2009	6	113
1986	19	251	2010	6	110
1987	20	258	2011	6	117
1988	22	275	2012	5	113
1989	22	279	2013	5	112
1990	22	289	2014	6	108
1991	21	296	2015	6	113
1992	21	304	2016	6	108
1993	21	312	2017	7	109
1994	20	323			

第二节　党的会议

一、中共北京市南口农场第一次代表大会

1958 年 4 月 6—9 日，中共北京市南口农场第一次代表大会召开。正式代表 29 名，出席会议代表 27 名。

会议选举产生中共北京市南口农场第一届委员会委员 9 名：宋新波、张光赤、王锡田、焦长山、陈友光、张德荣、程金秀、张守礼、李云龙。

1958 年 4 月 10 日，农场向中共北京市昌平区委员会递交《关于南口农场成立党委会情况的报告》。报告中指出，农场因住地分散，采取党员代表会的方式选举了党委会，每5 名正式党员推选代表 1 人，共选出代表 29 名，4 月 6 日召开代表会，到会代表 27 名，

会议以无记名投票方式选举了党委会，并于 4 月 9 日召开了第一次党委会，主要是明确了分工：党委书记宋新波，负责全场的生产和党的全面工作，并负责统战和生产竞赛工作；副书记张光赤，负责党的组织和宣传工作；王锡田负责工会工作兼团委书记；焦长山负责监察工作。其他委员未做分工。党委会确定宋新波、张光赤、王锡田为常委会委员。会议确定每月举行一次党委会，讨论重大问题。常委会视具体情况不定期召开。

1958 年 9 月，因组建北京市昌平区前进人民公社，南口农场成为公社五个工作站之一，接受公社党委统一领导。宋新波任党委书记，王锡田任党委第二书记兼主任。

1959 年 3 月，前进人民公社解体，4 月，南口农场党委重建。委员 9 名：宋新波、王锡田、张光赤、李士元、王显俭、程金秀、晁岱振、霍向伦、张守礼。宋新波任党委书记，王锡田、张光赤任副书记。

二、中共北京市南口农场第二次代表大会

1963 年 5 月 11 日，中共北京市南口农场第二次代表大会召开。正式代表 27 人，出席会议代表 20 人。

会议选举产生中共北京市南口农场第二届委员会委员 12 名：宋新波、张光赤、王显俭、李顺雨、李瑾、李士元、程金秀、杨德生、晁岱振、杨士俊、何平、齐自新；党委书记：宋新波；党委副书记：张光赤。

同年 7 月 11 日，南口农场成立监察委员会，监察委员 5 人：张光赤、王显俭、何平、李顺雨、齐自新；张光赤任书记。

三、中共北京市南口农场第三次代表大会

1971 年 3 月 12—17 日，中共北京市南口农场第三次代表大会召开。正式代表 74 人，出席会议代表 69 人。会上，吕玉和做题为《高举毛泽东思想伟大红旗沿着毛主席的革命路线胜利前进》的党委工作报告。

会议选举产生中共北京市南口农场第三届委员会委员 19 名：黄超、侯新、吕玉和、宋新波、晁岱振、沈梦罴、史金英、马军、贾祥根、吴树章、李士元、陈彦儒、王新景、杨桂林、杨甫、陈士和、陈桂芝、张兆起、刘晓明。选举产生常委 9 名：黄超、侯新、吕玉和、宋新波、晁岱振、沈梦罴、史金英、李士元、陈士和；党委书记：黄超；党委副书记：侯新、吕玉和、宋新波。后增补：马光斗、倪树发、陈之光、袁忠波。

四、中共北京市南口农场第四次代表大会

1975年11月4—6日，中共北京市南口农场第四次代表大会召开，出席会议正式代表84人。会上，陈之光做题为《苦战二年为建成大寨式的南口农场而奋斗》的党委工作报告。

会议选举产生中共北京市南口农场第四届委员会委员23名：陈之光、张正相、袁忠波、倪士春、李士元、李连池、马光斗、陈文彬、张庆田、宋新波、史金英、周万发、任勇、陈玉才、杨秀英、杨德海、马军、尹建民、王俊汉、王占山、吴恭利、杨长福、陆大雄。选举产生常委9名：陈之光、张正相、袁忠波、倪士春、李士元、李连池、马光斗、陈文彬、张庆田；党委书记：陈之光；副书记：张正相、袁忠波。后增补：杜林和、崔献荣、张鹗。

五、中共北京市南口农场第五次代表大会

1988年3月18—19日，中共北京市南口农场第五次代表大会召开。正式代表55名，出席会议代表54名。会上，潘彬荣受第四届委员会委托做题为《深化改革把农场的各项事业继续推向前进》的党委工作报告。

会议选举产生中共北京市南口农场第五届委员会委员7名：张庆田、潘彬荣、张鄂、李连池、史金英、袁中衡、赵志荣；党委书记：张庆田；副书记潘彬荣、张鄂、李连池；赵志荣分管纪检工作。后增补：王泽润。

六、中共北京市南口农场第六次代表大会

1992年11月25—26日，中共北京市南口农场第六次代表大会召开。正式代表60名，出席会议代表54名。会议的主要任务是：听取和审议党委和纪委工作报告；选举第六届党委、纪委人员。

潘彬荣做题为《坚持党的基本路线　加强党的建设　为建设繁荣、昌盛的南口农场而奋斗》的党委工作报告。

会议选举产生中共北京市南口农场第六届委员会委员13名：潘彬荣、王泽润、李连池、赵志荣、史金英、袁中衡、郭顺、陈东、宋文连、李宗廉、吴恭利、孟凡鉴、韩久

令；党委书记：潘彬荣；党委副书记：王泽润、赵志荣、李连池。选举产生中共北京市南口农场纪律检查委员会委员 6 名：王泽润、史金英、付义君、李树元、任长青、孟凡鉴；纪委书记：王泽润；纪委副书记：史金英。后增补：苟长明、李树元。

七、中共北京市南口农场第七次代表大会

1996 年 12 月 18—19 日，中共北京市南口农场第七次代表大会召开。正式代表 59 名，出席会议代表 59 名。会议的主要任务是：听取和审议党委和纪委工作报告；选举第七届党委、纪委人员。

苟长明做题为《全面加强党的建设　紧紧抓住经济建设中心　为推进场乡两个文明建设而努力奋斗》的党委工作报告。王泽润做题为《认真履行纪委职能　加强党风廉政建设　为实现场乡"九五"计划而奋斗》的纪委工作报告。

会议选举产生中共北京市南口农场第七届委员会委员 9 名：苟长明、陈东、李树元、王泽润、赵志荣、吴恭利、张去非、李宗廉、史金英；党委书记：苟长明；党委副书记：陈东、李树元、王泽润。选举产生中共北京市南口农场纪律检查委员会委员 5 名：史金英、付义君、孔繁霞、任长青、孙万振；纪委书记：史金英；纪委副书记：付义君。后增补：郑维业、付义君、赵凯霞。

八、中共北京市南口农场第八次代表大会

2012 年 12 月 5—6 日，中国共产党北京市南口农场第八次代表大会召开。大会正式代表 50 名，出席会议代表 48 名。会议的主要任务是：听取和审议党委和纪委工作报告；选举第八届党委、纪委人员。

会上，孙军做题为《解放思想　开拓创新　攻坚克难　合力谱写南口农场事业跨越发展新篇章》的党委工作报告。於加勇做题为《推进机制创新　提升监察能力　为南口农场事业跨越发展提供有力保证》的纪委工作报告。

会议选举产生中共北京市南口农场第八届委员会委员 7 名：孙军、许树坡、刘素果、张福、於加勇、屈连贵、赵凯霞；党委书记：孙军；党委副书记：许树坡、赵凯霞。选举产生中共北京市南口农场纪律检查委员会委员 5 名：田振江、刘丽梅、张福、张春光、於加勇；纪委书记：於加勇；纪委副书记：张福。

九、中共北京市南口农场第九次代表大会

2016 年 12 月 27—28 日，中共北京市南口农场第九次代表大会召开。大会正式代表 50 名，出席会议代表 50 名。会议的主要任务是：听取和审议党委和纪委工作报告；选举第九届党委、纪委人员。

会上，孙军做题为《不忘初心　真抓实干　凝心聚力　全面开创南口农场"十三五"改革发展新局面》的工作报告。赵凯霞做题为《坚持全面从严治党　强化监督执纪问责　为南口农场改革发展营造风清气正良好氛围》的纪委工作报告。

会议选举产生中共北京市南口农场第九届委员会委员 7 名：孙军、许树坡、刘素果、张福、於加勇、屈连贵、赵凯霞；党委书记：孙军；党委副书记：赵凯霞。选举产生中共北京市南口农场新一届纪律检查委员会委员 5 名：井西涛、刘丽梅、李蓓蓓、赵凯霞、赵振忠；纪委书记：赵凯霞；纪委副书记：刘丽梅。

第三节　党员干部教育

一、"三讲"学习教育活动

2001 年，按照中共中央《关于在国有大中型企业领导班子及成员中开展以"讲学习，讲政治，讲正气"为主要内容的学习教育活动的意见》和北京市委、总公司党委的部署，南口农场领导班子及成员"三讲"学习教育活动全面展开。农场领导班子通过多种形式征求意见，查找问题，制定了整改措施，明确了加大资产经营力度、调整产业结构布局和抓好中小企业改制工作等三项重点工作。通过"三讲"教育活动的开展，使农场领导班子及成员的整体素质、精神面貌有了新的变化；党群关系、干群关系有了新的改善；企业党组织的凝聚力、战斗力有了新的提高；国企改制有了新的进展。

二、"五个好样子"工程

2004 年，农场党委出台了关于在改革改制中加强思想政治工作的意见，明确了农场企业改制工作的指导思想。同年，针对"农场在场乡体制改革和集团战略重组之后，虽实现了扭亏为盈，却仍面临着两重压力：一是所属企业规模小、基础差、运转艰难；二是党员干部

人心散、士气低、不在状态"的现实问题，农场党委提出了"五个好样子"工程，要求"上级给下级做出好样子，党员给群众做出好样子，干部给员工做出好样子，正职给副职做出好样子，机关给基层做出好样子"，坚定信心，拼搏创业，在扭亏的新起点上推进农场和谐发展。

三、保持共产党员先进性教育活动

2005年，根据集团党委安排，农场开展了历时3个月的保持共产党员先进性教育活动。以"五个好样子"工程为载体，以"党员好样子目标管理机制"为核心，农场党委提出党员保持先进性的"五二五"工程具体标准，为党员在企业改革发展中做出好样子，体现先进性提供了衡量尺度；建立健全了《党组织工作规则》《企业领导人员管理办法》等长效机制，将经常性的党员教育活动寓于农场二次创业中，使其成为党员干部服务发展创一流的持久动力。

四、"做忠诚员工，育创新能力，成农场基业"的主题教育活动

2007年，农场开展了"做忠诚员工，育创新能力，成农场基业"的主题教育活动，结合"学习、节约、创新，实践党员好样子"党内主题实践活动一周年，在纪念建党86周年之际，评选并表彰了一批近三年来尤其是先进性教育活动以来在企业经济建设中涌现出的先进党支部、优秀党务工作者、优秀共产党员，在农场掀起了"学先进、赶先进、争当先进"的热潮。

五、深入学习实践科学发展观活动

按照市委和集团公司党委部署，2009年3月，农场党委深入学习实践科学发展观活动启动。农场两级党组织和全体党员干部参加了这次学习实践活动，涉及党支部6个、党员115人。围绕"党员干部受教育、科学发展上水平、广大员工得实惠"的目标，场党委紧密围绕农场突破性发展，结合实际来部署推进。农场共组织领导干部集中学习15次，组织专题报告6次，组织培训15次，农场两级班子成员撰写调研报告26篇，通过发放征求意见提纲，召开不同形式、规模的征求意见座谈会，征求意见共计110条，围绕"个人如何结合工作岗位唱响'爱岗、敬业、奉献、创新'四部曲；单位如何做到'四增'，即增项、增产、增收、增效；农场如何做到全面发展，重点攻坚，加速推进"这三条主线，以支部为单位，组织全体党员召开座谈会开展深入讨论，发放征求意见表115份，收到建言献策130条，归纳形成主要意见，最后集中在"在创新工作思路，引领发展能力上有待进一步提升；在推进重大项目，创造发展

业绩上有待进一步加快；在争取外部支持，优化发展环境上有待进一步改善"三个主要方面。

通过学习实践活动，农场领导班子查找了影响科学发展的突出问题，提出了以科学发展观为指导，发挥优势，推进重大项目见成效，走突破性发展道路，实现农场科学发展的新思路，同时提出工作重点和推进措施，一是编制"一个详规"，推进"两个项目"，运作"三个地块"；二是围绕都市农业园，发展农场未来主业；三是围绕转变和提升，做强农场现有企业。自学习实践活动启动以来，农场各单位立足发展实际，通过深入学习科学发展观，进一步理清企业发展战略和思路，突出实践特色，狠抓生产经营，做到了"两手抓、两不误、两促进"。

六、开展党的群众路线教育实践活动

2013 年 8 月，对照"照镜子，正衣冠，洗洗澡，治治病"的总要求，围绕"凝心、顺气、兴业"的六字方针，南口农场党的群众路线教育实践活动启动。学习阶段农场两级领导班子共召开座谈会 15 次，112 名干部职工参加座谈，征求到对农场两级领导班子和总场部室的意见建议 86 条，整理出对农场领导班子在"四风"方面的意见 9 条。农场党委从 7 个方面确定了整改方向。一是加强理论学习，坚定理想信念，解决好"总开关"问题，善于用科学理论来解决农场跨越发展中出现的新情况、新问题；二是强化宗旨意识，改进工作方法，要加强调查研究工作，细化完善《农场领导联系企业制度》，畅通沟通渠道，有效解决职工群众普遍关心的热点问题；三是坚持团结协作，发挥班子合力，建设"四好"班子；四是梳理完善制度，加强企业基础管理；五是改进工作作风，加强场部效能建设，提高执行力；六是促进农场党建和经济工作双提升，全面实施党建创新工程，建设有利于人才集聚成长的新体系；七是大力推进传统产业转型升级，以教育实践活动的实效推进农场科学发展。

针对一些具体问题，农场领导班子立整立改，一是改进到基层企业调研的方式方法，走进车间，走进园区，走进绿化一线，与基层企业负责人、业务骨干、一线职工进行面对面沟通交流，解决关注基层工作多、关注职工生活和思想少的问题；二是完善"实地调研＋专题研讨＋班子会决策"的项目论证决策模式，严格按照程序通过冷库 1 号库改造计划；三是研判农场产业发展基础和转型升级方向，组建绿化经营中心和绿化经营中心党支部工作一并落实；四是强化土地资源管理和生产安全基础管理工作，理顺职能，单独成立综合治理办公室；五是进一步精简会议、文件，减少横幅，提高工作效率、质量；六是回应群众期盼，提前启动农场职工住宅小区暖气管线更新改造工程，继续做好农场补充医疗保险制度执行及商业补充医疗保险管理工作，为职工提供更优质的医疗保障计划；七是着力提高员工队伍整体素质，通过"导师制"和"南农讲堂"平台，全面推进实施青年人才培养计划和全员培训计划，启动"职工书屋"建设工作；八是与改进班子作风同部署、同落实，根据前期征求基层企业和群众的意见，安排各部门拟订具体整改措施，改进工作作风，强化对基层企业的服务意识。

七、"三严三实"专题教育活动

按照《北京首都农业集团有限公司关于开展"三严三实"专题教育的实施方案》要求，2015 年 6 月以来，南口农场党委认真落实"三严三实"专题教育学习计划，坚决贯彻从严要求，坚持以上率下，以班子成员为重点对象，将专题教育列为干部经常性学习教育的重要内容，切实抓好领导干部讲党课、中心组学习研讨、群众路线教育整改落实专项检查等关键动作，扎实开展专题教育。

以开展专题教育为契机，切实履行好党委的主体责任和纪委的监督责任，农场认真落实北京市委《关于贯彻落实党的十八届四中全会精神全面推进法制建设的意见》，深入开展党纪条规教育，强化纪律刚性约束，严格落实农场相关制度规定，紧盯"四风"的新形式、新动向，坚决遏制公款送礼、公款吃喝、奢靡浪费之风，对群众路线教育活动中修订完善形成的农场《审批权限管理办法》《落实"三重一大"决策制度的规定》《党风廉政建设责任制实施办法》《精简会议和文件的管理规定》《接待工作管理办法》《车辆管理办法》《员工因公出差管理办法》等制度，加强监督检查、落实执行。

按照上级组织部门相关工作要求，为做好"三严三实"专题教育在全体党员中的拓展延伸，农场党委制定"党员意识提升行动"实施方案，从 2015 年 7 月至 2016 年 7 月，以"党员当先锋，挺进'十三五'"为主题，由农场党委和基层支部两级共同组织，在全体党员中开展"党员意识提升行动"。农场党员意识提升行动以"三会一课"及主题党日等为载体，分"思想当先锋，岗位当先锋，学习当先锋，评比树先锋"4 个系列进行，以进一步坚定党员理想信念，提升党员意识，不断增强党组织的服务能力，更好地发挥党员的先锋模范作用和党组织的战斗堡垒作用，在两个五年规划交接之际，服务保障农场在新常态下的新发展。

践行"三严三实"，强化党风廉政建设，农场党员干部注重吸取正反两方面经验教训，既从先进典型、英雄模范中汲取正能量，又从反面典型中受警醒、知敬畏，在守纪律、讲规矩、营造良好政治生态上见到了实效。

八、"两学一做"学习教育

自 2016 年 5 月以来，南口农场党委认真贯彻落实集团公司党委部署，统筹安排，抓在日常、严在经常，扎实推进"两学一做"学习教育。按照农场党委要求，各党支部以《中国共产党章程》《中国共产党廉洁自律准则》《中国共产党纪律处分条例》、习近平总书记系列重要讲话等为重点，全面制定"两学一做"学习教育方案和具体计划表，采取学原文、观看视频辅导报告和专题党课等多种形式相结合，坚持每月按时组织学习、每季度按期召开全体党员会议，组织开展专题讨论和讲党课，将党员教育落到了实处。

围绕农场"十三五"发展战略和年度目标任务，农场党委深入开展"党员争做先锋，建设美丽南农"主题实践系列活动，在全场范围内营造"树典型、立标杆、扬正气"的浓厚氛围。一是召开纪念建党 95 周年表彰大会，为党支部和党员创先争优立标杆。对 2 个先进党支部和包括优秀党务工作者、优秀共产党员、科技创新标兵、岗位技术能手等在内的 28 名先进个人进行了集体表彰。二是开展农场"微创新"大赛，为党员立足岗位争当技能先锋搭平台。共收到项目申报 24 项，并在 2017 年农场党建工作会上进行了十佳项目集体表彰。三是构建"1＋6"微信学习群，为党员学习党章党规发挥先锋作用增助力。注重创新形式和载体，构建起"1＋6"微信学习群组，加强各支部之间的相互学习借鉴，及时总结推广好经验好做法，传播主流思想，传递正能量。农场党委将解决问题贯穿学习教育全过程，坚持以问题为导向，着力解决党支部建设中存在的问题，严格遵守党章，通过切实完成专项检查整改，讨论形成合格党支部建设与合格党员行为规范等，夯实了全面从严治党的基层基础。2016 年是农场"十三五"开局之年，围绕实施"十三五"发展战略、落实改革发展重点工作和推进"两学一做"学习教育，农场班子成员和场部部室负责人深入基层，落实、落细、落小，帮助基层解决实际问题，确保"两学一做"学习教育与企业发展中心工作两不误、两促进。

九、推进"两学一做"学习教育常态化制度化

2017 年 7 月，农场党委就南口农场"两学一做"学习教育常态化制度化做出安排部署，要求各级党组织要从政治和全局的高度，充分认识推进"两学一做"学习教育常态化制度化的重大意义，切实抓好这项全面从严治党的战略性、基础性工程，要旗帜鲜明讲政治，把思想政治建设摆在首位。坚持用党章党规规范党组织和党员行为，用习近平总书记系列重要讲话精神武装头脑、指导实践、推动工作，切实把党员干部、职工群众组织起来，不断开创南口农场改革发展新局面。

农场党委成立党的建设工作领导小组，落实党建重点工作任务清单和"两学一做"学习教育常态化制度化任务清单，接受和配合党建工作专项督导，做好绿化公司党支部作为集团党支部规范化建设的试点工作，全面推进支部规范化建设。各党支部通过在

"学"上深化拓展，把学党章党规、学系列讲话作为经常性教育的基本内容；在"做"上持续用力，引导广大党员做到政治合格、执行纪律合格、品德合格、发挥作用合格，争当发展先锋，对照国企党建 30 项重点任务和 101 项措施、农场党建工作 21 项重点任务深入查找问题，把思想教育作为首要任务，把学党章党规、学系列讲话作为经常性教育的基本内容，严格"三会一课"和组织生活会、谈心谈话、民主评议党员、党费收缴、发展党员等制度基础，加强党员活动室建设，深入开展"三亮三比三评"活动，把党员日常教育管理的基础性工作抓紧抓好，以支部工作手册和党员学习笔记为载体，推进"两学一做"学习教育常态化制度化，发挥了党支部的战斗堡垒和党员的先锋模范作用。

第四节　纪律检查

农场党委、纪委始终贯彻落实历次中纪委、北京市国资委党委和集团公司党委、纪委关于加强党风廉政建设和反腐倡廉工作的安排部署，紧紧围绕农场发展中心工作，坚持从严治党、严明政治纪律，全面落实党风廉政建设责任制主体责任和监督责任，推进机制创新，提升监察能力，扎实推进农场党风廉政建设和反腐败工作。

一、强化统一领导，推进"两个责任"落实

一是加强党风廉政建设组织领导。成立农场反腐倡廉建设领导小组，认真落实党风廉政建设责任制，严格落实集团公司《关于推进领导干部落实党风廉政建设主体责任全程纪实工作的实施方案》要求，制定农场《关于落实"两个责任"工作保障制度的实施意见》，做到"清单化明责、痕迹化履责、台账化记责"三项机制，进一步完善压力传导机制，形成一级抓一级、层层抓落实的工作格局。

二是层层签订党风廉政建设责任书。每年年初，农场党委书记与领导班子成员、基层企业党支部书记、经理（厂长）分别签订党风廉政建设责任书，明确党支部书记"第一责任"和班子成员"一岗双责"的具体内容，对加强党风廉政文化建设、完善"三重一大"决策程序、严格执行企业制度等进行了详细约定，督促指导基层党支部履行好党风廉政建设主体责任，切实做到管业务同时必须管党风、管廉政建设。

三是加强党风廉政建设检查考核。深入贯彻落实集团公司《党风廉政建设责任制检查考核实施办法（试行）》，把贯彻落实党风廉政建设和反腐败工作与业务工作同部署、同落

实、同检查，年初农场制定党风廉政建设工作要点及考核评分标准，建立报告制度，每半年听取一次党风廉政建设专题汇报，制定农场党风廉政建设责任制专项检查评分表，通过自查自评和现场检查的方式，指导基层企业推进落实党风廉政建设责任制。

二、强化党纪党规教育，严明党的纪律

在推进党风廉政建设工作中，坚持"教育为先、预防为主"的原则，把对党员干部的思想政治教育始终放在首位，严明党的纪律，把纪律挺在前面，筑牢反腐倡廉思想防线。

一是多种形式，加强党纪党规教育。深入学习贯彻《党章》《中国共产党纪律处分条例》《中国共产党廉洁自律准则》《中国共产党问责条例》和习近平总书记系列重要讲话精神。把加强党纪党规教育与"党的群众路线教育实践活动""三严三实"专题教育、"两学一做"学习教育、"小金库"专项治理、民主生活会、组织生活会等专项工作相结合，联系实际，注重实效。举办预防职务犯罪讲座、组织党员干部观看警示教育片、参观反腐倡廉警示教育基地，在南农青年报开设纪检专栏等形式、开展警示教育。结合"两学一做"学习教育，通过多种形式的教育，使党纪党规入脑入心，成为党员干部的思想和行为遵循。

二是警钟长鸣，加强重要节点监督检查。农场紧盯"四风"新形势、新动向，认真落实中央八项规定精神和北京市委实施意见，加大违反中央八项规定精神问题的监督检查力度，把握五一、国庆、元旦、春节等时间节点，及时提醒与监督检查相结合，确保警钟长鸣，杜绝四风，廉洁过节，保持惩治腐败的高压态势。农场成立检查组，深入各基层企业加大违反中央八项规定精神的监督检查力度，重点查阅公车使用台账，检查各单位公车管理情况，并查核了财务票据及各党支部党员、干部党规党纪教育情况。

三是抓早抓小，把握运用"四种形态"。农场党委始终坚持问题导向，突出重点工作，抓好"四个关键"，以"六项纪律"为尺子，有效运用监督执纪"四种形态"。结合企业实际，制定"为官不为""为官乱为"和"严肃查处群众身边的不正之风和腐败问题"专项治理工作方案，明确工作要点，紧盯基层干部违反中央八项规定精神和北京市委十五条意见的问题，紧盯"小官贪腐"问题，加大监督执纪问责力度，督促和指导基层党支部履行好党风廉政建设主体责任，建立健全防范基层"微腐败"的长效机制，促进党员干部特别是领导干部牢固树立"四个意识"，提高政治站位，注重抓早抓小，早提醒、早告诫、早遏制，及时开展约谈，按程序批评教育和处理违纪党员。

三、强化制度建设，推进廉政风险防范

一是严格执行廉洁从业制度，规范权力运行。严格执行"三重一大"决策制度，认真执行党委会、场长办公会议事规则和决策程序，通过集体讨论，确保重大决策、重大人事任免、重大项目及大额度资金运作事项的民主决策；严格执行企业党务和厂务公开工作制度，通过会议公开、文件传阅、公示栏等形式，对农场发展规划、单位生产经营情况等党员群众关注的重大事项和热点问题进行公开。农场制定《履职待遇、业务支出管理实施细则》，对领导干部履职待遇、业务支出执行情况进行经常性监督检查，规范农场所属企业公车使用。

二是修订完善农场管理制度，建设法治南农。以修订和完善南口农场制度汇编为切入点，建立起规范高效的运营管理机制，不断提升依法治企的能力。对农场 2012 版的 55 项制度修订完善，最终形成了 33 项制度，纳入 2016 版《制度汇编》，2017 年正式出台实施。2017 年末，农场内控体系进入试运行阶段。内控体系正式运行后，将会有效防范企业经营风险，着力提升企业管理水平，推动农场管理制度化、制度流程化进程。

第十一章　工　　会

工会坚持农场党委领导，按照北京市总工会先后出台"1+6""1+9""1+15"文件要求，执行上级工会工作部署，发挥工会工作职能，代表和组织职工参与农场民主管理，实施民主监督，行使民主权利，维护职工合法权益。密切联系职工，听取和反映职工的意见和要求，以职工为本，忠实服务职工。深入实施"阳光、创新、素质、温暖和文化"工程，团结动员广大职工践行"积极快乐工作　健康幸福生活"的理念，引导广大职工群众参加农场建设和改革，围绕服务农场经济发展中心，开拓创新、奋发进取，积极推动农场经济效益的提高。推进学习型、服务型、创新型工会建设，为建设美丽、法治、富强、和谐新南农做出贡献。

第一节　组织建制

一、建制沿革

北京市南口农场建场后，工会委员会第一至四届主席由农场党委任命，1983年5月第五届开始由职工（会员）选举产生，1987年3月至2011年6月，工会召开6次换届选举工作。

2016年7月27日，南口农场第十二次工会会员暨职工代表大会召开，本次会议选举产生了农场第十二届工会委员会和经费审查委员会及女职工委员会，工会委员会由7人组成，经费审查委员会、女职工委员会均由3人组成。农场工会委员会、经费审查委员会和女职工委员会分别召开委员会议，研究部署和总结相关工作，履行职责，从组织建设、服务职工方面保障工会工作的开展。同期，农场所属5个单位工会分别选举产生新一届工会委员。

2012年7月19日，北京市南口农场工会，由北京市总工会颁发了工会法人资格证书。2017年12月29日，经北京市总工会审核，变更为北京市南口农场有限公司工会（以下简称南口农场工会）。

表 11-1 南口农场工会历任主席

姓　名	任职时间
李　瑾	1960—1964
王显俭	1964—1972
李士元	1972—1979
王俊汉	1979—1983
赵志荣	1983.5—1998.5
付义君	1998.5—2008.3
马遂志	2008.3—2010.3
赵凯霞	2010.3—2016.7
张　福	2016.7—今

二、工会经费及财产管理

20 世纪 90 年代起，随着工会工作的不断发展，工会财产和物品不断增多，管好工会的财产是工会财务工作的重要职责。为此，基层工会对财产进行了清理、分类、登记，建立了财产的管理制度，建立了物品的购买、颁发、保管、使用等各项制度，做到账账相符。

经费收缴管理和使用。南口农场工会取得法人资格证书即依法独立开设银行账户，按《工会会计制度》对发生的经济业务事项进行独立核算和管理。经费支出坚持普惠制和项目制，确保经费预算支出重点用于服务职工。工会严格执行各项财务制度，严格执行工会经费预算制度，使用北京市总工会统一规定的电算化财务软件，会计凭证、会计账簿、会计报表和其他会计资料按照《会计法》规定，及时整理归档，妥善保管，调阅和销毁手续齐全。

税务代收和经费审计。各法人单位工会经费税务代收代缴工作申报率 100％，北京市总工会回拨经费及时。经审委员会经审工作规范开展，每年年初和年中对农场工会经费收支情况进行审计，并出具南口农场工会相关年度经费收支情况的审计报告书，及时向同级委员会报告审查审计和经审工作情况。

第二节　民主管理

农场建场后，工会为保障职工的知情权、参与权、监督权、诉求权，维护职工合法权益，企业内部运营环境平稳，持续推进民主管理，职代会和厂务公开等制度逐步规范。

一、民主管理基本制度

建场初期，南口农场工会始终将政治运动与生产紧密结合，促进了生产发展和农场建设。以组织战役的方式推动生产，每次会战的任务先交群众充分讨论，中心任务明确具体，大家思想统一，步调一致，充分发挥集体的威力。20 世纪 80 年代起，南口农场工会进一步加强了民主政治建设，提高劳动者的素质，培养农场合格的一代新人。

（一） 职工代表大会

1962 年 1 月 16—17 日，召开南口农场第一届职工代表大会第一次会议。出席此次会议的代表有 142 人。全体代表听取场长《关于 1961 年生产总结和 1962 年生产计划（草案)》的报告。经过讨论，一致认为在 1961 年的胜利基础上提出的 1962 年生产计划，是切实可行的。南口农场职工代表大会代表实行常任制，一年改选一次。每年根据实际情况开会 1~2 次。在职工代表大会闭会期间，代表按照生产单位或工作单位组织代表小组，经常反映职工群众的意见。督促检查大会决议的执行情况，日常工作由工会主持，不再另选其他机构。

1982 年 3 月 23—24 日，召开南口农场第一届第一次职工代表大会。出席此次会议的代表共有 76 人，提出涉及干部作风及职工生活的提案 19 件。1983 年 4 月 20—21 日召开南口农场第一届第二次职工代表大会。通过《南口农场职工代表大会暂行条例》试行细则，《南口农场职工大会、主席团、各专门工作小组、职工代表组职责和活动制度》《南口农场关于开展劳动竞赛的暂行规定》。出席此次会议的代表共有 82 人。

1984 年 3 月 21—24 日，召开南口农场第二届第一次职工代表大会。出席此次会议的代表共有 83 人。会议通过了南口农场职工管理的几项规定。至 1986 年本届共召开 4 次职工代表大会。

1987 年，南口农场召开第三届职工代表大会第一次会议。1989 年 3 月 16 日，第三届第三次职工代表大会讨论通过《南口农场关于职工医疗及医药费报销制度的规定》。1989 年 9 月 1 日，第三届第四次职工代表大会通过了南口农场西新村家属楼住房规定，南口农场西新村家属楼分配方案。至 1990 年本届共召开职工代表大会 5 次。

1991 年 3 月，召开南口农场第四届第一次职工代表大会，出席此次会议的正式代表共有 91 人。1992 年 3 月，召开第四届第二次职工代表大会，会议通过《北京市南口农场关于编余职工的暂行规定》《北京市南口农场关于职工除名的暂行规定》。1993 年 3 月，召开第四届第三次职工代表大会，会议原则上通过《北京市南口农场关于解放思想、转换机制，承包重奖，发展经济的若干决定》《北京市南口农场关于对企业做出突出贡献的职工给予重奖的实施办法》和《北京市南口农场关于试行岗位动态工资制的办法》三个政策性文件。出席此次会议的正式代表共有 80 人。1994 年 3 月，召开第四届第四次职工代表大会，出席此次会议的正式代表共有 92 人。

1995 年 3 月，南口农场召开了第八届职工会员代表大会第一次会议。出席此次会议的正式代表共有 101 人。1996 年 5 月 21 日，南口农场召开第八届职工会员代表大会第三次会议，通过《南口农场"九五"经济发展规划》。出席此次会议的正式代表共有 104 人。1997 年 4 月 3 日，南口农场召开第八届职工会员代表大会第四次会议。出席此次会议的正式代表共有 88 人，共征集到提案 80 件。1998 年 5 月 15 日，南口农场召开第八届职工会员代表大会第五次会议。出席此次会议的正式代表共有 79 人，共征集到提案 75 件。会议审议通过场长所作题为《落实十五大精神　深化企业改革　进一步促进南口农场经济全面发展》的工作报告，审议并通过工会委员会主席所作的题为《认真贯彻党的十五大精神　在企业改革中充分发挥工会组织作用》的工作报告。增补付义君、谷继锋二位为第八届工会委员会委员。付义君为工会主席。

2001 年 4 月 25 日，南口农场召开第九届职工会员代表大会第一次会议。出席此次会议的正式代表共有 62 人。会议审议通过农场第八届工会委员会《认真贯彻落实农场二○○一年政治思想工作和经济工作会议精神　为实现"十五"发展目标团结奋斗》的工作报告。2002 年 4 月 3 日，南口农场召开第九届职工会员代表大会第二次会议。出席此次会议的正式代表共有 49 人。会议审议通过场长所作题为《认清形势　理清思路　振奋精神　扎实工作开创南口农场经济建设新局面》的工作报告，审议并通过南口农场第九届工会委员会主席所作题为《与时俱进　勇于创新　突出"维护"的基本职责努力开创工会工作新局面》的工作报告。原则通过《南口农场职工守则》（讨论稿）。2003 年 6 月 18 日，南口农场召开第九届职工会员代表大会第三次会议。出席此次会议的正式代表共有 47 人。大会审议并通过场长所作题为《脚踏实地强化企业基础管理　开拓创新加快经济发展步伐》的工作报告，审议并通过了南口农场第九届工会委员会主席所作题为《以党的十六大精神为指导　准确定位　明确职责　与时俱进　开拓创新　努力开创工会工作的新局面》的工会工作报告。审议并通过了《南口农场第十个五年计划纲要》修订方案、《北京市南口农场工程项目招标投标公开暂行办法》《北京市南口农场大宗物资采购公开暂行办法》《北京市南口农场取暖费负担办法暂行规定》。

2004 年 12 月 22—23 日，召开第十届一次职工代表大会。大会审议并通过南口农场场长所作题为《深化改革　加快体制创新步伐　强化管理　提高经济运行质量》的场长工作报告，审议并通过了南口农场工会主席所作题为《与时俱进　不断创新　坚持民主管理　推动企业发展》的工会工作报告。2005年7月26日，南口农场召开第十届职工代表大会第二次会议。大会审议并通过南口农场场长所作题为《坚定信心　扎实工作　实现全年经济目标　齐心协力　共渡难关　开创经济发展局面》的场长工作报告，审议并通过了南口农场工会主席所作题为《组织起来　切实维权　以科学发展观为指导　努力开创工会工作新领域》的工会工作报告。

2006年4月28日，南口农场召开第十届职工代表大会第三次会议。大会审议并通过《北京市南口农场经济发展第十一个五年规划》。大会认为，《规划》认真总结了南口农场"十五"时期经济发展所取得的成就，分析了"十一五"时期南口农场经济的发展环境和发展特征，提出了"十一五"时期经济发展的指导思想、发展目标、发展任务和主要措施，反映了全场职工的共同愿望，是指导南口农场今后一个时期经济发展的行动纲领。2006年8月11日，南口农场召开第十届职工代表大会第四次会议。大会审议并通过《北京市南口农场集资建房职工集资方案（草案）》。

2007年1月25—26日，南口农场召开第十届五次职工代表大会。大会审议通过场长所作的题为《加快地产开发　培育农场主业　齐心协力　实现农场经济又好又快发展》的工作报告，审议通过新修改的《南口农场集体合同》，传达集团公司一届四次职代会精神，听取"八项公开内容的汇报"。2008年1月24—25日，南口农场召开第十届职工代表大会第六次会议。大会审议并通过南口农场场长所作题为《科学务实促发展振奋精神创新业》的工作报告。审议并通过《北京市南口农场工资集体协商协议书》，审议并通过"关于签订《北京市南口农场工资集体协商协议书》的决议"，听取《南口农场八项公开情况的报告》。

2008年12月26日，南口农场召开第十次工会会员代表大会。大会审议并通过南口农场第九届工会委员会主席所作的《适应形势发展创新工会工作　团结动员广大职工　为推进南口农场发展跨入历史新阶段而奋斗》的工作报告，审议并通过财务工作报告和经审工作报告。民主选举产生了第十届工会委员会和经费审查委员会。

2009年2月5—6日，南口农场召开第十届职工代表大会第七次会议。大会审议并通过南口农场场长所作题为《审时度势迎挑战　科学发展抓机遇》的工作报告。审议并通过《北京市南口农场工资集体协商协议书》，审议并通过"关于签订《北京市南口农场工资集体协商协议书》的决议"，听取《南口农场八项公开情况的报告》。

2010年2月3—4日，南口农场十届八次职代会暨2010年度工作会召开。大会听取《关于〈北京市南口农场集体合同〉履行情况的汇报和续签情况说明》，审议并通过场长所作题为《多措并举出实效　突出重点抓落实　全力推进农场经济跨越式发展》的工作报告，审议并通过《北京市南口农场集体合同》，审议并通过续签《北京市南口农场集体合同》的决议，听取《南口农场八项公开情况的报告》。

2011年6月8日，南口农场第十一次职工（会员）代表大会召开。大会审议通过农场第十届工会委员会《融入中心建和谐，凝聚力量促发展，为实现农场"十二五"战略目标而努力奋斗》的工作报告。

2012年2月8日，南口农场十一届二次职代会暨2012年度工作会召开，职工代表审议并通过场长所作题为《夯实发展基础　推进产业升级　全力打造都市农业发展新型农场》的工作报告，审议并通过《北京市南口农场企业民主管理及职工（代表）大会实施细则》《北京市南口农场企业工资集体协商工作的具体规定》《北京市南口农场人力资源管理办法》三项制度，听取《南口农场八项公开情况的报告》。

2013年2月28日，南口农场十一届三次职代会暨2013年度工作会召开。职工代表审议并通过场长所作题为《推进产业改造升级，提高企业核心竞争力，努力推动农场经济跨越式发展》的工作报告，签订《南口农场经营目标责任书》，审议通过并续签《北京市南口农场集体合同》，听取《南口农场八项公开情况的报告》。同年，4月18日，召开北京市南口农场十一届四次职工（会员）代表大会，选举南口农场出席集团公司第一次会员代表大会代表。

2014年2月13日，南口农场十一届五次职工代表大会审议并通过场长所作题为《调整优化产业结构　推进重点项目建设努力实现农场"十二五"期间经济跨越式发展》的工作报告，签订《南口农场经营目标责任书》，听取《南口农场八项公开情况的报告》。同年，9月28日，召开南口农场十一届工会委员会扩大会，专题审议并通过《北京市南口农场取暖费补贴暂行办法》。

2015年2月5日，南口农场十一届六次职工代表大会审议并通过场长代表农场领导班子所作题为《立足新起点　适应新常态　全面提升企业运营水平》的工作报告，签订《南口农场经营目标责任书》《企业年度安全责任书》，听取《南口农场八项公开情况的报告》。

2016年2月18日，南口农场十一届七次职工代表大会暨2016年工作会召开，大会充分讨论了《南口农场"十三五"发展规划》（草案），审议通过场长代表农场领导班子所作题为《创新驱动促发展重点突破谋开篇为推动南口农场跨越发展积蓄力量》的工作报告，审议通过并续签《北京市南口农场集体合同》，听取《南口农场八项公开情况的报告》。同年，7月27日，召开十二次农场工会委员会换届会。会议审议通过农场第十一届工会委员会所作的《融入中心强服务　开拓创新促发展　为实现南口农场"十三五"战略目标而努力奋斗》的工作报告。审议通过南口农场工会上一届经费审查委员会工作报告暨财务工作报告；选举产生南口农场第十二届工会委员会和经费审查委员会。12月2日，召开农场十二届一次职工代表团（组）长联席会议，会议审议并通过《企业重组改制管理办法》《党风廉政建设责任制检查考核实施办法》《规范和执行"三重一大"决策制度的实施办法》《国有及国有控股企业负责人薪酬管理规定》《安全生产管理办法》5项管理制度。补选1名出席集团公司职代会的正式代表。

2017年2月9日，农场十二届二次职工代表大会暨2017年度工作会召开，农场45名职工代表及党代表、团支部书记、列席代表共80余人参加会议。审议通过场长做题为《强化管理 聚力转型 砺剑蓄能 为建设美丽、法治、富强、和谐的新南农而不懈努力》的工作报告，听取《南口农场管理制度》修订的说明、《南口农场八项公开情况的报告》，听取并确认职代会闭会期间团（组）长联席会议所作决定和选举结果。硕春冷库、绿化工程中心、构件厂等基层单位按规定召开了职工大会。同年，根据集团公司《民主管理和职工（代表）大会实施细则》第二十五条之规定，职代会闭会期间，由职代会职工代表团（组）长联席会议处理急需解决的重要事项。1月5日、9月14日、11月23日，召开农场十二届二、三、四次职工代表团（组）长联席会议。补选1名出席集团公司一届八次职代会的正式代表，审议并通过《北京市南口农场采暖补贴管理办法》《北京市南口农场改制方案》及会议决议。

（二） 厂务公开

始于20世纪90年代，工会强调坚持业务招待费向职工代表汇报制度。2002年，工会制定并实施了"五突破五公开"的厂务公开原则。2003年，南口农场职工会员代表大会，通过《北京市南口农场工程项目招标公开暂行办法》《北京市南口农场大宗物资采购公开暂行办法》《北京市南口农场取暖费负担办法暂行规定》。在南农家园超市的公开招标工作和硕春商贸公司的高温库改造工程招标工作中，都采取公开招标方式，顺利完成了招标工作，保证了两项工作的公开透明度。2004年，南口农场工会指导各基层单位成立了四项制席公开领导小组，规范基层单位公开栏。2005年，工会通过四种形式进行"八项公开"，一是在十届二次职代会暨半年经济工作会上，分别通过场长工作报告、场长补充发言、工会工作报告以及其他形式向职工代表汇报了"八项公开"的情况。二是在召开复转军人座谈会、先进性教育转段会、基层单位职代会等会议上进行公开。三是在农场厂务公开栏上及时公开。四是通过《南农青年报》进行公开。

2010年，农场制定《关于开展厂务公开"菜单式"管理的实施办法》，在全场深化推行"五个必须、三个延伸"，公开的内容由"八项公开"提升为"菜单式公开"的19项内容，取得了明显的效果。工会先后参与了农场重大物资采购招投标、冷库扩建项目和连栋温室项目领导小组的工作。同时期，基层单位也展开了各具特色的厂务公开工作：果林公司健全了部长每月例会制度，建立了网络飞信平台，保证了厂务公开内容的及时性和实效性；构件厂形成了月公开、季公开、半年公开的"菜单式公开"时续表；物业公司规范业务洽谈制度，制定了《锅炉用煤采购管理办法》，从形式和效果上提高了厂务公开的资金效益。2010年10月，在接受首农集团厂务公开民主管理工作大检查中，得到了首农集团肯定。2016年，在开展菜单式厂务公开的基础上，在经营管理的基本情况、招用职工及签订劳动合同的情况、集体合同文本和劳动规章制度、劳动安全卫生标准、社会保险缴费等内容进行完善落实。

二、民主协商及福利保障

（一）　集体协商

2002年，农场工会代表职工与农场签订集体合同、工资集体协商专项协议和女职工特殊保护专项协议。2007年起，每三年续签一次。在此期间，农场工会建立了平等协商机制，签订规范化集体合同和工资集体协商协议，成为工会实现依法维权的重要法律手段。2008年，工会协助人力资源部规范劳动关系管理，累计安置16名不在岗人员上岗或转承包。次年，配合人力资源部完成职工医院精神科职工转岗安置工作。

2013年，工会与企业职工续签《南口农场集体合同》，本次续签特别约定女职工保护及工资项目等专项条款，提高了企业最低工资水平，每月达到1460元，高于北京市最低工资水平，增加了年金、商业补充医疗保险的条款。

2016年2月规范续签《北京市南口农场集体合同》，覆盖农场全资单位。农场工会对各基层单位履行情况进行了不定期监督检查，5个全资企业，重视推行平等协商和签订集体合同制度，履行过程中，根据北京市最低工资政策每年调整变化及农场经营情况，及时调整农场最低工资标准。集体合同签订突出体现了鼓励职工长期服务农场，共享经营发展成果，特别是农场一线生产工人工资同比增长明显，促进了企业员工队伍稳定与和谐。农场两级工会及时了解掌握情况，监督检查《南口农场集体合同》履行情况，维护职工取得劳动报酬、休息休假、获得劳动安全卫生保护、技能培训、享受社会保险和福利等合法权益。

（二）　福利保障

2002年，工会组织《工会法》和《实施办法》的学习培训，为农场党政班子成员、职能科室、工会干部及基层分会配发一套《工会法》释义和《工会法》读本，组织职工依法参加工会、参与民主管理。同年，工会开始出资为全场职工办理团体意外伤害保险，为女职工办理女职工安康保险。此后每年，工会组织实施职工互助保障计划。

2008—2011年，按照首农集团工会的要求，完成农场在职职工的互助保险续保和理赔工作。救助符合在职职工住院保障和女职工安康互助保障条件的职工33人次，理赔款3.2万元。

2013年，农场所属各单位签订了《安全生产责任书》。农场增加28575元投资，首次将农民工纳入了补充医疗保障范围。此后，工会每年参加各单位签订的《安全生产责任书》履行情况的安全检查。

2017年，会员100%参加了职工住院医疗、住院津贴、女工特疾等互助保障计划，行政和工会共同担负职工互助保障活动费用。同年，89名在职职工获得互助保障赔付。落实集体合同条款，工会每年组织在职职工、每两年组织退休职工进行健康体检。每年夏季组织部分优秀及临近退休职工到北戴河疗养。

第三节　和谐企业建设

工会组织开展劳动竞赛、创新工作室、职工之家建设等活动，是促进职工发挥积极性、主动性和首创精神、创造和推广新的生产技术和操作方法的载体，对提高劳动生产率，提高企业经济效益，促进和谐企业建设发挥了重要推动作用。

一、和谐企业建设传统载体

（一）劳动竞赛

1958年，工人群众提出"比先进、学先进、赶先进"的竞赛口号。工会组织"十比""五好青年"等竞赛活动。1959年，开展以"比、学、赶、帮、超"为内容的劳动竞赛，并评选出先进生产者和先进集体参加昌平区的群英会。同年，金洪乐发明利用接根扦插快速培育苹果苗的新方法，育苗时间由三年缩短到一年。20世纪60年代初，为了搞好果树生产，在南口农场技师金洪乐的带领下，成立了果树技术组，开始了企业的果树技术创新工作。同时，从大专院校招收的大学毕业生开始定期讲授果树生产技术知识，使生产一线的职工逐步掌握了有关技术。农场生产科还编写《桃树修剪要领歌》和《桃树疏果要领歌》。

1979年以来，劳动竞赛得到恢复和发展。为促进果树生产的发展，加强果树的科学管理，提高果品质量，增加经济效益，完成农场局下达的果树方面的各项指标，结合农场实际，工会组织农场果树行业开展百分评比竞赛。并响应北京市总工会的号召，开展了爱国立功、争当标兵活动。动员和组织职工参与"九五"立功竞赛活动，促进企业提高经济效益。1991—1994 年，组织参加总公司工会"立主人志、创新水平、迎十四大"和"岗位创一流、班组创先进、企业创效益，大步奔小康"系列劳动竞赛活动。有 1 人被评为"北京市爱国立功竞赛技术能手"，1 人被评为"北京市三八红旗手"，2 人被授予"首都劳动奖章"，18 人被评为"爱国立功竞赛能手"。

1997 年，工会与有关部门围绕经济建设，共同制定了生产竞赛方案，如三分场工会组织了"扩坑大会战"，一分场工会组织了果树冬剪技术比赛，二分场工会组织了果树高接换优竞赛等。工会在农场持续开展"我为企业献一计，人均节约一百元"的活动，组织职工在生产工艺上大胆创新，为企业降低生产成本。1998 年后，每年农场工会协助开展"安康杯"竞赛活动，强化劳动安全教育。在安全生产月，协助开展"职业病防治法"、"安康杯"安全知识竞赛，以及各种应急预案演练活动等。2002 年，果林公司"树莓优良品种引种栽培试验"获总公司科技进步三等奖，种鸡场藏鸡系列产品在第五届国际科博会获银奖。此后，南口农场工会持续推出了经济技术创新工作，工会、劳动人事部及所属企业均结合单位实际开展劳动竞赛和经济技术创新。2014 年，果林公司、硕春冷库分别开展"草莓种植"、叉车技能竞赛活动。

2015 年起，工会分别与人力资源部、团总支联合，推进导师制和南农讲堂平台建设，组织青年员工进行读书征文、微信竞猜、演讲比赛活动。工会还协助各企业结合自身特点，开展了岗位技能培训。2016 年 8 月，农场工会组织了以"争当技能先锋，建设美丽南农"为主题的首届微创新大赛，得到了全场广大职工的积极响应和踊跃参与。活动期间，共收到各级推荐本企业职工及团队立足本职岗位的小改革、小改造、小创意等微创新项目 21 项，在实践中不同程度提高了工作效率，节约了企业资源，创造了良好的经济效益和社会效益。2017 年微创新活动在农场所属企业常态化开展。

（二）职工之家建设

1984 年 11 月 5 日，出台《南口农场关于开展创建"职工之家"活动的规划草案》，分步骤到 1987 年各分场普遍建成符合全总规定六条标准的"职工之家"。20 世纪 90 年代，建设职工之家活动在全市开展。1994 年 12 月，在总公司工会建家升级活动"两模三优"中，南口农场二分场工会被评为北京市模范职工小家，南口农场工会、南口农场乳品厂工会被评为总公司模范职工之家，南口农场二分场食堂工会小组、南口农场乳品厂电工班工会小组被评为总公司模范职工小家。1996 年 5 月 20 日，北京市农工商联合总公司工会转发的京工基字〔1996〕第 001 号文，贯彻工会工作总体思路，继续深入建设"职工之家"，落实"六个必须"建家活动新内容。1997 年，工会开展"五小"达标工作。

进入 2000 年，职工之家建设逐年推进，农场党委和行政持续重视和支持，南口农场职工之家建设进一步得到加强和提高，2002 年被北京市总工会评为"北京市模范职工之家"。2003 年暑期，由工会、办公室、企管办组成的联合检查组，对全场 7 个食堂进行突击检查，对存在问题的食堂提出整改意见和要求，对优秀的食堂人员进行奖励，听取了优秀食堂管理员的经验介绍，并组织参观学习。2005 年，工会出资为南农家园图书馆订阅了 2000 余元的报刊和购买了 1000 余元的图书。2011 年，农场工会为各基层工会订阅了《工人日报》《劳动午报》《工会博览》，并支持各单位职工书屋建设。

2013 年 8 月起，以"会家合一"形式，全面深化"职工之家"建设，农场党政领导重视支持，工会严格按照"五亮""六有"的标准，推进职工之家实体化建设，设立健身减压室、职工书屋、乒乓球室、乐队排练室，相关制度上墙，配备了管理员。2014 年，投入资金逾 10 万元，改造了场地、增加了设施、完善了制度，职工之家旧貌换新颜。2015 年，农场工会重点推进基层工会职工之家的建设，落实 2 万元经费用于各基层工会购买职工书屋图书，满足职工基本读书需求。硕春冷库投资 10 万余元建设了塑胶篮球场，绿化中心建立了职工书屋。各基层工会结合本企业的经营特点继续丰富书目，书屋管理员通过微信推介书目，方便职工选读，丰富职工精神生活。在此基础上，为满足基层工会搞好文体活动的需求，增强职工体魄，农场工会及时批复各基层工会购置体育器材的请示，投资万余元先后为绿化中心、冷库购置了乒乓球案、球拍及球，羽毛球网柱、球拍及球，篮球架及篮球，以及跳绳等器材。

2016 年起，南口农场工会重点推进基层职工之家实体化建设。2017 年，构件厂已建有职工书屋、职工食堂、乒乓（台）球室、卡拉 OK 娱乐室。果品经营中心建起职工图书角、乒乓球室、职工娱乐室、职工互助小食堂，绿化工程中心从成立初期逐步推进职工之家实体化建设，现有乒乓球室、图书室、职工小食堂、理发室。物业公司设置图书角及自助小食堂。硕春冷库设有小食堂、图书角、篮球场。基层单位在春节、三八节期间，组织全体职工进行扑克牌、象棋、跳绳比赛、迎新春联欢会、春秋季职工健步走比赛等。农场工会根据各基层工会的需求，拨款 3 万元经费支持基层工会建小家。

二、和谐企业建设新载体创新工作室

2011 年起，农场工会开始协助企业创立职工创新工作室。农场先后成立了果林科技创新工作室、农场青年创意工作室、构件厂钢结构技改技革工作室、冷库党员创新工作室和物业亲情工作室。

果林科技创新工作室，自 2010 年创建起，先后承担了国家外专局、农业部农垦局、北京市科委、昌平区南口镇及企业内部自立项目十余项课题，为企业创造经济效益数百万元，技术创新成果不断获奖："枇杷南果北移及温室优质高效栽培技术"获得首农集团 2011 年科学技术进步奖三等奖；"早熟大果型鲜食枣品种——金铃大枣的中试示范"获得首农集团 2011 年科技成果推广奖三等奖。2012 年度果林科技创新工作室被评为市级职工创新工作室。"南果北种优质丰产高效栽培综合配套技术研究"获得首农集团 2012 年科学技术进步奖一等奖。工作室成员刘春生获得"北京市有突出贡献的高技能人才"称号。2013 年陈宗玲被评为"首农青年岗位能手"。2016 年，创新技术，引进了猕猴桃、葡萄、桃、砂糖橘、金橘等优新树种品种；富士大树移植获得成功，密植苹果树初见成效。

2013 年起，硕春冷库党员创新工作室，围绕经济发展中心工作，在创新经营管理模式、冷库信息化管理、企业文化建设等方面设立课题，组织党小组、党员项目攻关，完成了二号机房改造工程建设，库房信息化软件投入试运行，制定了库房"五勤、五不准、五规范"的工作制度，提炼出了"创新、奉献、融和"的冷库精神，总结出"三声、四同样、五不让"的库房职工服务客户规范流程。构件厂钢结构技术革新工作室，改造生产设备、优化生产工艺，改进圆弧垫片下料工艺，使边角料变废为宝，节约原材料降低成本。物业公司亲情服务工作室，制定亲情服务的工作方案，规范操作规则，以"亲情服务、做业主贴心人"为主题，服务保障居民需求。农场青年文化创意工作室，先后完成了农场党建宣传片、冷库宣传片及构件厂、果林公司、冷库的宣传册和网站的制作，为企业品牌推广建言献策，提高产品销售收入。

三、扶危济困送温暖

1997 年起，工会将"送温暖工程"制度化，建立"南口农场职工消费合作社"。节日走访退休职工、探视看望生病住院职工，调查摸底困难职工并上门扶贫。

2003 年，春节前夕，全总农林工会副主席、集团公司总经理、工会主席等领导，在南口农场党政领导的陪同下慰问了单亲特困职工，党政工领导走访慰问了离休干部、劳模和部分退休职工。每年组织一线职工到北戴河休养。"非典"疫情期间，工会组织购买了药品，慰问了奋战在抗击"非典"一线的职工医院社区门诊的医务人员、南农家园物业公司消毒工作人员及防疫封闭的种鸡场干部职工。配合昌平区卫生局组织参加抗击"非典"一线医务人员工作。工会专门购置了体育用品，组织全场职工健身，增强职工体质。

2004 年，春节前夕，农场党政工开展以"送关怀、送温暖、送祝福"的两节期间送温暖活动，集团公司党委副书记、工会副主席、劳动人事部经理和农场领导一同慰问了单亲困难女职工，农场党政工领导到离退休老干部、劳模家中走访慰问，了解家中生活情况和身体状况，送去节日慰问品和慰问金。

2010 年起，农场工会建立了困难职工档案，从此形成了"两节"慰问困难职工，春节、五一劳动节慰问劳模，"三八"妇女节慰问全场女职工、"六一"儿童节慰问全场未满18 周岁的独生子女，暑期慰问一线职工开展"送清凉"活动，遇到家庭出现临时性困难及时慰问并申报集团公司爱心基金的"送温暖工程"活动体系。2013 年，工会为因病致困的两名职工家庭申请首农爱心基金 6000 元。

2014 年起连续三年，工会分别为劳模申请特殊困难帮扶金及春节、五一劳动节、国庆节慰问金累计 8.09 万元；"两节"送温暖、"三八"助单亲、"六一"儿童节发放慰问品、慰问金累计 24.64 万元，日常慰问职工及家属 94 人次，发放慰问品、慰问金 5.46 万元。

2017 年，完善送温暖活动制度。工会委员扩大会通过的《北京市南口农场工会在职职工慰问办法》正式实施，办法制定出送温暖标准和范围。

四、劳模管理

劳模是时代的楷模，群众的榜样。1958 年，巩金瑞荣获"北京市劳动模范"称号，2003 年北京市总工会生产保护部认定享受"北京市劳动模范"荣誉津贴。1959 年度，金洪乐获得"北京市农业社会主义建设劳动模范"称号。1989 年 3 月，经北京市总工会生产部认定，享受"北京市劳动模范"待遇。1964 年 3 月，缪友兰荣获"北京市农业社会主义建设劳动模范"，1985 年 11 月，经北京市总工会认定，缪友兰享受"北京市劳动模范"待遇。1991 年，袁中衡获"首都劳动奖章"，1992 年被定为享受政府特殊津贴有突出贡献的科技人员，1995 年 4 月被评为"北京市劳动模范"。1992 年，焦天钧被北京市总工会评为"爱国立功"标兵，1995 年 4 月被评为"北京市劳动模范"。1996 年 4 月，屈连贵被北京市总工会授予首都劳动奖章。2000 年 4 月，陈东被评为"北京市劳动模范"。

劳模档案管理。2010 年 3 月，将在册劳模统一录入北京市劳模工作管理平台。2013 年，对劳模信息及事迹进行整理补充，完善了北京市劳模工作管理平台的信息。此后，每年及时更新劳模收入、家属收入等信息。至 2017 年末，管理平台劳模 2 人，工会日常及时动态了解掌握劳模信息变化，保证平台信息准确。

劳模服务工作。退休劳模每月按时发放劳模津贴；每年组织健康体检；每年为困难劳模申请北京市总工会劳模困难补贴；每年"两节、五一、十一"等重大节日开展慰问，日常专人不定期联系，了解劳模身体、生活情况，及时帮助解决困难。2015 年 1 月，工会为劳模配订《劳动午报》。自此，保证劳模每人有 1 份工会报刊阅读。

五、计划生育管理

《北京市计划生育条例》1991 年 6 月 1 日施行起至 1998 年期间，依照条例设置昌平县土楼乡计划生育办公室，并配备专职、兼职计划生育干部，负责南口农场及土楼乡计划生育工作。1999 年，南口农场成立计划生育办公室，专门负责计划生育工。2008 年后，由工会负责计划生育管理，履行计划生育办公室职责。

农场结合实际建立制度，落实国家计划生育基本国策。1993 年 4 月，根据《中华人民共和国婚姻法》和《北京市计划生育条例》的有关规定，土楼乡计划生育办公结合南口农场及土楼乡实际情况，制定《土楼乡计划生育管理规定》。同年 7 月，出台《土楼乡计划生育协会章程》，要求协会会员要带头施行计划生育，并在这一社会系统工程中积极发挥作用，为育龄群众施行优生优育提供各种服务等。1999 年，统一计划生育工作制度有《南口农场计划生育管理规定》《重点人员计划生育管理办法》《信息反馈制度》《离岗人员管理规定》《流动人口管理办法》《统计报表制度》。2003 年 9 月 1 日起施行《北京市人口与计划生育条例》，2012 年 7 月，《南口农场人口和计划生育工作管理办法》发布施行。2016 年 3 月 24 日起施行《北京市人口与计划生育条例》（修正案），此后，农场计生领导小组对南口农场人口与计划生育工作相关制度进行完善。

南口农场计划生育管理结合场情制定计划生育工作措施。农场坚持"深、细、实"的原则，每年按照集团公司部署的各项工作。1991 年起，逐年建立、健全账卡。建立育龄妇女卡（包括已婚妇女和未婚青年卡），出生卡、补报未报户口。1999 年，统一建立男、女职工卡、新婚登记账、婴儿出生台账、独生子女账、药具发放账和重点人管理账等。每年落实奖励帮扶政策，退休人员女 50 岁、男 60 岁领取 1000 元的独生子女一次性奖励，按时发放独生子费，晚婚晚育职工的奖励假及生育津贴按照《南口农场人口和计划生育工作管理办法》得到落实。南口农场计划生育工作，分别在 1998 年、2000 年、2001 年、2003 年、2011 年集团公司、南口镇、昌平区、北京市获得表彰。2013 年后，计划生育管理工作按照以属地管理为主，与农场实际相结合的原则，积极主动与属地主管部门南农社区计划生育办公室联系，接受其监督指导。农场与所属单位逐级签订了目标管理责任书，落实人口和计划生育目标管理责任制。2017 年，南口农场计划生育工作按照与北京首都农业集团公司签订的《人口与计划生育目标管理和服务工作责任书》实施管理和服务，并按责任目标的完成情况给予计划生育管理人员奖励兑现。

2017年末，南口农场在职职工229人，其中男职工178人，女职工51人。已婚育龄职工127人。一孩育龄职工124人，领取独生子女证育龄职工122人。

第四节　职工文体建设

开展文娱体育活动，培养广大职工团结互助、拼搏进取、奋发向上、关心集体、崇尚荣誉的集体主义精神，增进工会的凝聚力和战斗力，促进精神文明建设。

一、建场近20年文体活动

建场初期，根据中共北京市委的部署，1958—1976年，每年都有北京市属财贸、商业、政法、文教等系统的干部，分期分批轮换下放到农场劳动锻炼。后来一部分下放干部留下成为创建南口农场的职工和各单位的管理干部。共青团和工会在贯彻执行农场党委制定的"先生产，后生活""边劳动、边提高"建场原则的同时，重视农场职工的业余文化生活。结合青年人的特点，开展唱革命歌曲，读革命书籍，演革命戏剧。自编自演反映劳动生活，表扬好人好事的快板、相声、歌曲、顺口溜、舞蹈等，职工们以苦为荣，互相鼓劲，创造了生动活泼的劳动场面。同期，各分场成立合唱队、舞蹈队、篮球队、足球队、乒乓球队等。不少单位青年自己动手因地制宜修建运动场，经常开展歌舞、球类、棋类等文艺联欢、友谊比赛。

1959年，农场购买了第一台16毫米长江牌电影放映机，请北京文化馆的干部帮助培训专（兼）职电影放映员，农场工会和昌平文化馆建立联系，放映员每月排出电影放映计划，定期提取电影胶片到各分场巡回放映。

1963年，南口地区举行首届军民乒乓球邀请赛，农场包揽了男女团体、双打、混双和女单共6项冠军。1972年，总场与一分场合排，先后排演了《红灯记》第五场《痛说革命家史》和第八场《刑场斗争》，二分场排演了革命现代京剧《智取威虎山》（选场）第三场《深山问苦》。

1977年，为纪念毛主席1952年6月10日"发展体育运动，增强人民体质"题词25周年，农场举行了五个分场参加的足球联赛。

二、20 世纪 80 年代后文体活动

20 世纪 80 年代以来，农场工会多次组队参加总公司举办的各项体育比赛，男子乒乓球队连获总公司第一届、第二届乒乓球比赛冠军，并代表总公司参加北京市农口十个局的乒乓球比赛，获得团体第二名，围棋、象棋也在比赛中获得不俗的成绩。

1997 年，农场投资 100 万元翻修新村礼堂，为丰富职工业余文化生活提供了固定场所和设施。工会配合党委组织了"庆七一、迎回归"大型庆祝活动。在春节期间，组织演出队在乡政府的协助下到农村进行慰问演出。俱乐部开展了篮球、乒乓球、台球、扑克等比赛活动。

1998 年起，工会配合建场四十周年，组织"风雨四十年"文艺演出，与部队"军民联欢"演出，与卓达集团合作"清凉夏夜"演出，邀请全总文工团两次到农场慰问演出。推出了"五月的鲜花"歌手大赛"女工巧手制作""趣味运动会""九九重阳节"登山比赛等活动，组织南口农场首届"世纪杯"篮球赛。

三、进入 21 世纪后文体活动

（一） 春节慰问演出

2002 年，邀请乌克兰国家黑海歌舞团到南口农场春节慰问演出，演出让全场职工欣赏到异国情调的文艺节目。2003 年春节前，邀请北京歌舞剧院来南口农场慰问演出，使全场职工欣赏到了丰富多彩的文艺节目。2004 年春节前，由北京军区战友歌舞团带来了精彩的文艺表演，农场、友邻单位一千余人观看演出。2005 年，在农场小区礼堂举办两场由北京歌舞剧院表演的春节慰问演出，农场干部、职工、家属和友邻单位共计 1200 余人观看演出。

（二） 奥运年前后活动

2004 年，南口农场工会、团委举办第三届南口农场职工迎奥运越野比赛，参赛人员80 余人。2005 年起，连续组织三届"迎奥运"职工乒乓球比赛，2006 年以来，开展了以"迎奥运"为主题的职工登山比赛、"职工趣味运动会"等多项活动。2008 年"奥运年"以来，农场工会相继组织了职工摄影培训班、奥运职工文明啦啦队、庆祝首都农业集团成立六十周年职工合唱比赛、群众联欢晚会集体舞表演等。

（三） 节日活动及赛事

2002—2005 年，工会组织"庆三八贤内助座谈会"、全场女工干部参加了游颐和园活动，举办两次交谊舞培训班，有 80 余人参加；"庆三八贤内助延庆两日游"；基层分会相继组织女职工外出参观、购物、跳绳比赛等活动。女职工外出观光游览购物、趣味运动会等活动。2003 年 10 月，组织 30 名退休职工，代表三元集团参加了由中国老龄委、中国老年学会主办，北京东方阳光国际颐养中心等单位联合承办的八达岭长城"首届庆国庆九九重阳千名健康老人登长城活动"。2002 年，农场工会、团委联合组织了"南口农场迎奥运金秋登山比赛"，参赛职工 80 余人。2004 年起，工会协同物业公司、社区居委会连续两年举办"南农家园中国象棋比赛"。2005 年，以上三个单位共同组织"敲三家"扑克比赛、红五月歌咏比赛等。2011 年起，工会相继组织职工摄影培训班、读书征文、健步走、春游、观影等活动。2012 年，开展了"和谐南农"消夏晚会，节目形式多样，有舞蹈、腰鼓、唢呐、陶笛等，展示了南农人和谐向上、创新进取的精神风貌。开展了"活力南农"乒乓球比赛、农场与集团本部乒乓球友谊赛、"温暖南农"春节文艺演出等项活动。

（四） 农场乐队发展

1958 年建场到 1978 年，农场分场先后成立乐队。二分场成立了管乐队，当时中央民族乐团著名指挥家彭修文亲自为舞蹈《丰收舞》（果园采摘）谱曲，并指导排练。三分场成立由扬琴、笛子、板胡、三弦等乐器演奏人员组成的民乐队。五分场成立由笛子、口琴、扬琴等乐器演奏人员组成的民乐队。20 世纪 90 年代，乳品厂成立了一只 30 余人的管乐队。2003 年，农场电声乐队组建。当年在总公司庆"三八"贤内助联谊会、绿荷职工文艺汇演、集团公司第一次党代会、集团公司春节团拜会等活动上演奏，得到集团公司和其他单位领导的好评。2004 年，南口农场电声乐队在"三元杯"职工合唱大赛上为集团合唱队和农场合唱队伴奏。自 2011 年恢复排练后，先后参加了农场及集团春节团拜会、南农家园消夏晚会、首农青年文化节、"最美首农人"表彰大会。2015 年，加入首农艺术团。此后，乐队每年参加农场场部春节团拜会演出。

（五） 参加上级组织活动

2004 年，组织职工学唱"三元集团之歌"，并组织了 60 人的合唱队参加"三元杯"职工合唱大赛，荣获优秀奖。2006 年，60 名职工参加集团公司举行的职工运动会，协助集团工会组织了踢毽子项目的比赛，南口农场运动员荣获了多个奖项，并被集团授予运动会贡献奖单位和组织奖单位。2010 年，组织参加集团公司首届职工运动会，工会选拔 80 人运动员队伍和 20 人体操太极表演队伍。经过训练，在多个体育项目比赛中取得好成绩。

其中，时代列车、女子团体乒乓球项目获得冠军，南口农场同时还被集团公司授予了运动会精神文明奖单位。2012 年，组队参加了集团公司第九套广播体操比赛、"和谐杯"乒乓球比赛。2014 年，参加集团公司举办的"首农和谐杯"篮球、羽毛球比赛、书画摄影展，刘兴顺、马兴英两位退休职工分别获得书法和绘画作品三等奖。2017 年，参加集团公司举办的"首农杯"乒乓球个人积分赛、羽毛球选拔赛。

第十二章　共　青　团

建场初期，数千名下放干部和城市知青来到南口农场参加工作，他们冒严寒、斗酷暑，改天换地，有的几年，有的十几年，有的几十年直至退休，将青春年华奉献在农场。进入新时代，南口农场新一代青年继续发扬艰苦奋斗、开拓创新的南农精神，在农场党建工作和经济发展中发挥了后备军和生力军作用。

第一节　组织建制

1958年，根据企业发展的需要，南口农场党委决定，成立南口农场团委。近60年来，青年职工数多的时候数百、上千人，少的时候几十人，根据企业发展需要和团员人数，为加强团员青年的管理，团的组织建制也随之动态调整。

1963年，南口农场有青年职工1477人，其中大学学历9人，高中388人，初中818人，初中以下43人。

2003年10月，按照三元集团要求，落实"党建带团建"的精神，结合农场实际，成立南口农场青年工作委员会。

2005年，经历场乡体制改革、集团行业重组、企业改革改制，南口农场中学团员划至昌平区教委，青年员工随企业整体转出，根据团员青年人员的变化，为规范团组织的建设，经请示南口农场党委和集团公司团委，南口团委建制调整为团总支部。

2017年12月，农场团总支下属2个团支部，35岁以下青年45人，其中团员人数7人。

第二节　团代会

一、团代会

1964年8月18日，共青团北京市南口农场第五次代表大会召开。会上总结了农场共青团的工作成绩：一是向团员、青年开展了学习毛主席著作的活动，团员、青年普遍提高了思想觉悟；二是对青年进行了以农为荣、以场为家的教育，青年在各项生产中发挥了积极的作用；三是巩固和发展团的组织建设，发挥了团组织的战斗力和团员的模范作用。

1986年1月22日，共青团北京市南口农场第八次代表大会召开。会上强调农场共青团的工作要发挥青年特点，调动青年人的积极性，围绕党的中心工作开展团的活动：一是要把整顿组织作为创造新局面的开端；二是要在思想上进一步明确和牢固树立共青团是党的助手和后备军；三是做农场主人，做"四有新人"；四是积极开展适合青年特点的活动；五是青年要立志为四化建设学习知识；六是做好组织发展工作。

1990年1月17日，共青团北京市南口农场第九次代表大会召开。会议回顾了过去几年的共青团工作，部署了今后一段时期共青团的重点工作。会议选举新一届团委委员，团委书记金伟，团委副书记王文学、孙万振。

1992年12月28日，共青团北京市南口农场第十次代表大会召开。会议总结过去两年的共青团工作，部署了未来五年共青团的重点任务。会议选举新一届团委委员。

1997年5月22日，共青团北京市南口农场第十一次代表大会召开。会议明确了"九五"时期共青团的使命和任务，一是要深入学习邓小平建设有中国特色社会主义理论，教育、引导广大团员青年牢牢树立共同理想和精神支柱；二是要围绕企业经济工作，加强和改进思想政治工作，把七次党代会的精神化为团员、青年的实际行动；三是要大力开展青少年群众性精神文明创建活动，充分发挥青少年在农场精神文明建设中的主力军作用；四是要紧紧围绕两个转变，围绕南口农场经济发展重点开展工作，发挥青年突击队的作用；五是要切实加强团组织的自身建设。会议选举新一届团委委员，团委书记赵凯霞、副书记徐淼。

2002年8月29日，共青团北京市南口农场第十二次代表大会召开。赵凯霞代表上届团委做了题为《与时俱进，扎实工作，团结带领全场团员青年为农场二次创业努力奋斗》的工作报告，回顾了农场十一次团代会以来的共青团工作，明确了今后工作的重点：一是积极实践"三个代表"重要思想，牢固树立"建设、服务、创新、发展"的工作理念；二是加强思想政治工作，不断深化团的思想建设和作风建设，提高团员青年的思想道德水平；三是围绕农场经济中心，大力开发青年人才资源，充分发挥共青团组织的生力军和突击队作用；四是坚持党建带团建，全面加强团的自身建设。会议选举新一届团委委员，团委书记赵凯霞、副书记谷继锋。

2016年9月25日，南口农场召开团员大会，选举出席首农集团一次团代会的代表和新一届团总支部委员，团总支书记韩懋新。

二、历任团委（总支）书记

王锡田、张德林、覃正东、陈庆明、侯慧、王晓军、黄淑蓉、金炜、曾浩、赵凯霞、谷继锋、项阳、李蓓蓓、韩懋新、付冉冉。

第三节　青年工作

农场的共青团工作围绕中心，服务大局，服务青年，在农场改革发展建设不同时期发挥了先锋队和生力军的作用。与企业发展同步，可以划分为 3 个阶段。

第一个阶段：建场初期的共青团工作，组织逐步完善，队伍充满活力。1958—1965 年，在农场党委的领导下，团委团结带领广大团员青年，边工作边生活，艰苦奋斗、无私奉献，在建设万亩果园的过程中建功立业。

1959 年，南口农场党委提出号召，在继续攻坚克难的基础上，决心在 1960 年建成万亩果园。

1960 年，农场共青团工作的中心任务，是在党委的领导下，高举毛泽东思想旗帜，继续健全团的基层组织，加强团员和青年的共产主义思想教育，努力学习毛主席著作，提高共产主义觉悟，积极发展团的组织，带领全场团员和青年大搞技术革新和技术革命，为建成万亩果园贡献出最大的力量。

1961 年以来，每年都有一大批城市知识青年来场就业，团组织配合有关部门，首先做好迎新工作，如组织参观、介绍建场历史、描绘发展远景、举行新老职工座谈、联欢等活动。为了培养技术力量满足青年职工的学习要求，团组织配合了有关部门开办并坚持了业余技术学校，教育团员在学习中起模范作用，关心青年学习情况，帮助青年教师提高教学质量。根据青年的特点，团组织配合工会还开展了文娱体育活动，唱革命歌曲，读革命书籍，演革命戏剧，自编自演表扬好人好事和反映劳动生活的快板、相声、歌曲、舞蹈等，文娱晚会接连不断，到处飘响着青年的革命歌声。

1963 年，农场共青团工作的重点工作：加强思想政治教育工作，结合农场青年的情况，着重抓思想教育和前途教育；团员、青年积极参加"比、学、赶、帮"的社会主义劳动竞赛和增产节约运动；加强组织建设，健全团的组织，在巩固团组织的基础上，有计划地发展新团员；配合工会积极开展业余文化体育活动，丰富和活跃职工生活。

1964 年，农场共青团组织团员青年进行思想教育，学习毛主席著作的活动。全场团员、青年先后听了一分场李士元场长、吉祥剧院付世君、长辛店参加过"二七"大罢工的老工人等一些忆苦思甜和革命斗争的报告。团委和工会联合举办了"牢记阶级恨，不忘血泪仇""决不能忘记过去"等阶级教育图片巡回展览，组织全场青年参观。对青年进行了以农为荣、以场为家的教育，青年在各项生产中发挥积极作用。巩固和发展团的组织，发挥团组织的战斗力和团员的模范作用。

第二个阶段：改革开放时期的共青团工作，组织不断壮大，事业蓬勃发展。这个时期，在农场党委的领导下，团委围绕中心工作，开展各项"青"字头活动，团结带领广大团员青年积极投入企业改革发展实践，在实现农工商综合并举的过程中发挥了生力军的作用。

1978 年以来，农场广大团员青年在党团组织的领导下，自觉地充当了改革的生力军，始终站在改革的第一线。共青团开展争做"新长征突击手活动"，涌现出了一批先进人物和事迹。392 名青年积极报名参军，40 名青年应征入伍。农场共青团同时开展了"五讲、四美、三热爱"，义务植树活动，采集树种支援大西北活动、文体活动等等。1984—1985 年被评为农场、北京市农工商联合总公司优秀团员 76 人次，先进团干部 10 人，5 个支部被评为先进团支部。

1990 年，农场共青团开展的工作：加强团员和青年思想政治工作，集中抓好形势教育、爱国主义教育、团员模范作用教育；开展"做农场主人，挖企业内涵，促经济效益"智慧杯竞赛活动，充分发挥青年知识分子和青年的优势，引导青年树立企业意识、主人翁责任感；提高青年职工技术业务素质，开展岗位实用技术培训工作，开展果树、畜牧、乳品、食品、建筑、电工、司炉工、会计等岗位技能培训；抓青年突击队建设；开展"行业标兵"竞赛活动，鼓励各行业青年职工在本岗位本行业中创一流工作成绩；广泛开展助销宣传工作；开展绿化美化活动；加强了团的队伍建设和团干部培训工作；继续开展"达标创优"活动，建立团员学习制度；建立兴趣小组，如摄影、绘画、书法、集邮、裁剪、舞蹈、音乐、文学、体育、服务等，丰富青年的业余生活，增强了团组织的生机和活力。

1991—1997 年，共青团工作以提高农场青年文明素质为目标，开展一系列主题教育活动：一是全面实施"跨世纪青年文明工程"，团委给每个团支部配发了《邓小平文选》《社会主义市场经济》等书籍，征订《北京青年报》，把学习邓小平建设有中国特色的社会主义理论始终放在教育活动的首位，开展知识竞赛、组织大学生和青年干部座谈会，提高青年对跨世纪历史重任的认识。二是以推进企业经济发展为目标，以青年职工培训为突破口，全面实施"跨世纪人才工程"。适时开展"突击队"竞赛、"技术能手"竞赛。1997 年，农场有青工 1300 多名，8 支青年突击队活跃在生产第一线，参加"技术攻关"小组，

"双增双节""五小"活动，参加各种技术培训，建立了青年职工培训培养机制，培养了一批岗位能手，加强团员青年的推优荐才和推优入党，占到总人数的一半以上。三是以服务经济和服务青年为目标，落实《加强团的建设三年规划纲要》，全面加强基层支部建设。在组织建设中，团委按照《加强团的建设三年规划纲要》提出团支部建设目标要求，重点抓好基层支部的巩固和提高，涌现出不少先进团组织，中学、医院、一分场、四分场等7个支部先后被评为局、场级先进，构件厂、乳品厂多次被评为市级红旗团支部。

第三个阶段，转型发展时期的共青团工作，组织建制调整，工作求实创新。这个时期，在农场党委的领导下，团委工作围绕中心，创新载体，整合资源，服务青年，以思想引领和人才培养为主线，组织广大团员青年在建设美丽法治富强和谐的新南农中成长成才。

1998年3月，在农场党委的领导下，围绕企业改革发展的中心工作，农场团委在总公司团委和宣传部的指导下，汇聚各级团组织和团干部的集体智慧，创办《南农青年报》，成为总公司系统二级企业第一家内刊。《南农青年报》创刊近20年，始终坚持"青年写，写南农，以创新之载体，焕青春之活力"的宗旨，由历任团干部担任编辑，培训和锻炼了一支青年通讯员队伍。至2017年12月，《南农青年报》出版175期，如实记录果树两费自理、农场住房制度改革、场乡体制改革、三大公司重组、农场公司制改制等重大事件，积极反映职工工作生活和企业文化，见证了农场改革发展的进程和轨迹。《南农青年报》多次被评为首都农业集团优秀内刊。顺应媒体更新升级的形势，发挥青年人才优势，2014年7月，《南农导师》微信公众号由农场青年自主开发，正式上线。

2012年5月，在农场党委的领导下，围绕农场"十二五"发展规划对人才发展的需求，农场着眼长远，搭建青年人才培养导师制平台。第一期导师制以"学做人、传经验、帮业务、带作风"为主线，共10对导师学员参加，学员为35岁以下、本科以上学历青年员工，导师为农场中高级管理人员，签订培养计划，进行为期一年的培养。此后，根据企业和学员的反馈，不断深入探索，导师制的参加人员范围逐步扩大，逐步形成"1273"管理体系，形成了创新项目评选、南农讲堂和南农导师公众号三个平台。至2017年12月，累计培养青年人才95人次，共42名学员参与培养计划，30名管理人员及高级技师担任导师，切实肩负起文化传承和人才培养的责任，成为农场加强人才储备的有力举措。通过导师制的培养，鼓励学员立足岗位创新思考，有20余篇科技论文获得集团公司及以上奖励。以导师制为平台，先后组织导师制学员参观未来科技城、中粮智慧农场、中关村创业大街、集团系统企业等，激发青年人才开阔思路，创新创业。围绕中心工作，组织开展"青年争做先锋，建设美丽南农"主题活动、"光影青春、美丽南农"摄影培训和微创新大赛、"情系南农"系列采访等活动，使青年成长与企业发展贴紧靠实。在此期间，多名学员走上管理和专业技术岗位，以青年的成长促进了企业创新发展和文化传承。农场导师制项目被评为 2014 年度"北京市国资委系统学习型党组织建设十佳品牌活动"。

在农场的企业文化活动中，青年也是先锋和主体。农场整合资源，成立了青年文化创意工作室，通过南农青年报、青年电声乐队等载体及主题实践活动，发挥青年的聪明才智，先后完成了农场党建宣传片、冷库宣传片及构件厂、果林公司、冷库的宣传册和网站的制作。同时通过组织"我为企业发展建言献策""大学生中秋座谈会""感恩、责任、诚信"主题演讲比赛、"南农青年论坛""走场界、忆场史、兴场业"等不同形式的活动，提高了团员青年的思想认识，激发了团员青年的工作热情，增加了企业的凝聚力。电声乐队作为农场的特色品牌，多次参加了农场春节团拜会、消夏晚会和首都农业集团文化活动。

加强政治思想引领，农场团总支组织团员青年参加了 2008 年鸟巢奥运会啦啦队活动、天安门广场共庆祖国 60 年华诞群众联欢方阵、人民大会堂纪念建团 90 周年大会等大型活动。坚持"走出去、请进来"，参加五届集团青年文化节活动，承办首农青年林活动，参与集团公司青年智库活动，与三元置业、南郊农场、北郊农场等兄弟企业联合开展青年人才交流活动。深入学习贯彻党的十九大精神，以建场 60 周年系列活动为契机，参加《情系南农》征文活动，《南口农场志》编辑工作，广大团员青年积极快乐工作，健康幸福生活，进一步坚定了发展自信和文化自信。

坚持党建带团建为主线，农场团的自身建设不断加强。1998 年 5 月 4 日，农场团委荣获"北京市红旗团委"称号。2017 年，农场团总支获"首农集团五四红旗团组织"称号。在此期间，赵凯霞被评为"北京市优秀团干部"，项阳被评为"首农集团优秀团干部"，刘黎明、李菁等多名青年先后被评为集团公司优秀团员。

第十三章 企业文化建设

第一节 企业精神

企业愿景：建设美丽、法治、富强、和谐的新型现代化农场

核心价值观：感恩 责任 诚信

南农精神：艰苦奋斗 开拓创新

企业形象：开放 包容 进取 自信

文化理念：积极快乐工作，健康幸福生活

1958年建场以后，南口农场经历了创建、发展与辉煌，形成了"艰苦奋斗、开拓进取"的企业精神。近年来，以党的十八大、十九大精神为统领，深入贯彻落实集团公司发展战略，以"感恩、责任、诚信"的核心价值观统领全场。农场党委围绕全面从严治党主线，加强党的建设，在2016年的南口农场第九次党代会上，由党委书记孙军明确了"美丽、法治、富强、和谐"新南农建设远景目标。2016年，在农场十一届七次职代会暨2016年工作会上，由场长孙军提出并树立了"开放、包容、进取、自信"的新农场形象和"积极快乐工作，健康幸福生活"文化理念，为农场经济持续健康发展提供了坚实的政治、思想和组织保障。

第二节 企业宣传

南口农场最初建立时人员组成多为中共北京市委、市人委机关及其所属的部、局各系统干部和城市知青，整体知识水平较高，造就了农场文化气息浓厚、重视对外宣传的特点，早在建场第二年，南口农场银行下放干部1958年劳动锻炼回忆录《南口风云》《红与专诗选》就已印刷。1965年3月，由农场青年职工参与创作的报告文学集《我们的青春》由作家出版社出版，同年5月6日，书中红耘（何启志）所写《古战场上画新图》登载于《北京日报》。1972年5月3日《人民日报》刊载通讯《昔日荒沙滩，今朝百果园》，介绍南口农场的发展成绩。1972年10月24日，《光明日报》刊载通讯《硕果满园——访北京

市南口农场》。1980年2月8日《人民日报》在第二版头条位置报道了二分场个人承包猪场的情况。1988年，时值建场30周年，南口农场第一次印制对外宣传简介，共印制10000份。

到了20世纪90年代，以农场成为全国首批绿色食品示范生产基地为契机，农场进一步加强对外宣传力度，农场苹果照片在 *China Daily* 上刊登。同时农场通讯员队伍建设也初具规模，仅1991年基层在册通讯员数量就达到54人。此外，北京日报、北京晚报、京郊日报、首都经济信息报、科技日报等报刊也常可见到南口农场的相关信息。1995年南口农场第二次印制对外宣传简介，简介由宣传科主持编撰，共印刷5000份。

在内宣方面，1970—1973年，农场成立广播站，主要播报场内生产情况、好人好事及报纸上刊载的时事新闻，这是农场最早的内宣手段，一直持续到20世纪90年代。20世纪80年代末，农场印刷制作的《工业简报》肩负起了农场纸媒内宣的任务，这是农场早期内刊雏形。1990年3月10日，由团委主办的手抄报《星火月刊》创刊。1997年3月3日，南口农场被评为总公司宣传工作先进单位。1998年3月，由南口农场团委主办的《南农青年报》在改革中应运而生，成为当时系统二级单位的第一家内刊。本着"青年写，写南农，以创新之载体，焕青春之活力"的想法命名为《南农青年报》。本着"务实求真、团结鼓劲"的办报理念，《南农青年报》成为农场内宣的主阵地和对外展示企业形象的一张名片。经过两次报头调整和扩版，南农青年报见证了近20年南口农场变化和发展的进程和轨迹。2002年以来，农场连续荣获集团公司优秀宣传单位、优秀通联单位光荣称号，《南农青年报》于2008年、2011年先后两次被评为集团系统优秀企业内刊。

随着网络信息化时代发展，2001年农场网站开通并上线运行。近两年，为了更快捷更方便地将企业动态传递到受众手中，南口农场在新媒体方面继续探索。2014年9月29日，"南农导师"微信平台发布首篇文章《♯南农微话题♯您的"十一"记忆》，"南农导师"微信平台进入试运营阶段。2017年8月21日，经过近三年的酝酿和完善，"南农导师"微信平台通过认证，正式成为企业官方微信宣传账号。

2011年7月，南口农场新闻发言人制度正式确立，并在后期逐步完善。

在集团公司企业文化部的指导支持下，积极利用报纸、电视台、杂志等社会媒体深化品牌推广工作，连续3年苹果采收季在北京交通台发布广告，举办媒体发布会，扩大品牌影响，助力"南口小国光"回归北京市场，让都市人感受到了农场传统果业的魅力，宣传农场天蓝地绿，优质生态的良好形象。

2015年10月，随着北京交通广播103.9"秋天来了，苹果红了，难忘南口小国光的味道，相拥首农，相约南口农场"广告播出，果林公司游客明显增加。在集团公司的大力支持下，通过电视台、广播、网络、各大主流报纸杂志等媒体开展合作，不断强化农场果品品牌知名度。其中以"南口小国光的前世今生"为主线的宣传报道，被新华社、经济日报、农民日报、北京日报、北京卫视、劳动午报等 20 余家媒体相继报道，仅新华社客户端在几日内点击量已达到 7 万余人次。

2016 年，南口农场以"寻找心中的那棵苹果树"为主题，延续南口小国光的采摘活动，同时为了满足市民"想拥有自己的苹果树"的强烈愿望，南口农场推出果树认养活动，涵盖了国光、富士、王林、红星、华红等苹果品种。认养模式包括："我与小树同成长""团队树""友谊树""家庭树"等多个种类，可以满足消费者多元化的需求。除了农事体验、科普介绍、采摘体验等日常服务内容外，还特别增设了苹果印字定制服务以及团体认养企业 logo 定制等个性化服务。同时，南口农场还根据认养数量定期组织外出活动，让消费者感受多形式多方位的消费体验。

2017 年 10 月 27 日，"美丽首农·2017 金秋收获季"在农场百果园启动，该活动是集团公司继开耕节、樱桃节后的又一次农业体验活动，是集团打造的环五环休闲观光旅游圈和高端产业园区的又一次尝试，同时也是百果园首次承办集团冠名的大型活动。

第三节　史志工作

一、《风雨四十年》

1998 年，在南口农场建场四十周年之际，为弘扬企业文化，开展知场、爱场、建场教育，振奋企业精神；向农场建场四十周年献礼，经农场党委研究决定编撰一部场史，《风雨四十年》由此诞生。

农场党委副书记付义君担任本书主编，具体事宜由党群办公室负责，特聘王晓军、李连池主笔撰写。

《风雨四十年》分为南口农场创建发展纪实、部分基层单位简史、附件三部分，约 5 万字。南口农场发展纪实中的第一至第四部分由王晓军、李连池、史金英执笔；第五部分：二次创业篇由曾浩、刘景兵、刘琦执笔；部分基层单位简史由各分场支部指定专人负责撰写，赵凯霞、李来荣、陈信友、李宝国等负责完成全书的修改、编辑、整理工作，田振江、杨桂荣负责全书的打字、校对工作。

整个场史纪实的采写、编辑历时 3 个月，经过史料搜集、分别座谈、写作、反复修改、编辑几个阶段，后经农场党委扩大会议审阅同意后交付印刷。

在组织搜集场史史料和编写的过程中，得到了各分场领导和机关各科室负责人的大力支持，特别是农场老领导王润泽、何炳金、李宗廉、焦天钧、郭顺、史金英等也参与了后期的定稿工作，并提出了大量建设性的意见。

《风雨四十年》编委会

主　　编：付义君

编　　委：付义君　王晓军　史金英　李连池　曾　浩　赵凯霞

　　　　　刘景兵　李来荣　刘　琦

工作人员：田振江　杨桂荣

二、《北京市南口农场史》（1958—2008）》

2008 年，在南口农场建场五十周年之际，为总结历史经验，继承优良传统，牢记艰苦创业，农场党委决定编撰一部纪念画册，即《北京市南口农场史（1958—2008）》。

书中分为正文、大事记、组织史 3 个部分，约 45000 字。其中文字部分主要由陈信友、韩久令、刘丽梅、李民执笔，图片部分由谷继锋、刘丽梅、高连英、盛敏、董金安负责，全书的编辑修订由赵凯霞、付义君、韩久令、李民、谷继锋、孙立美、陈信友、刘丽梅、田振江等完成，高连英、李蓓蓓负责校对打字工作。场史的资料搜集、编辑历时近一年，可分为 3 个阶段，2007 年 12 月至 2008 年 2 月为资料搜集阶段，先后召开了十多次例会和座谈会；2008 年 2—4 月为场史编撰阶段；2008 年 5—10 月为修订审核阶段。

《北京市南口农场史》编委会

主　　任：马遂志

副主任：赵凯霞　张去非　屈连贵　付义君　吴恭利

委　　员：李　民　谷继锋　韩久令　孙立美　孔凡霞　张　福

　　　　　刘素果　陈　军　李来荣　张秀云　杜连启　孙全成

《北京市南口农场史》审定组

主　　审：陈荣森

副主审：傅　鹏　付义君　吴恭利　韩久令　蔡朝晖

《北京市南口农场史》编辑组

主　　编：赵凯霞

副主编：李　民　谷继锋

史料撰稿：李　民　韩久令　陈信友　刘丽梅　孙立美　田振江

图片整理：谷继锋　刘丽梅　盛　敏　董金安

编辑人员：高连英　李蓓蓓

史料图片：南口农场档案室

三、《北京农垦大事记（1949—2015)》

2015 年，《北京农垦大事记（1949—2015)》由北京首都农业集团有限公司修志工作委员会承编，《北京农垦大事记（1949—2015)》编辑部编纂，历时两年，五易其稿，最终成书，其中，南口农场参与了该书的史料收集、整理、部分条目编写、全书校对的工作。

参编人：赵凯霞　刘丽梅　李蓓蓓　陈信友　孙菊花　王晓光

　　　　张彦明　孔　峰　吕丽华　孔祥楠　周立娜　张　婧

　　　　付冉冉　黄爱神

校对：付冉冉

四、《情系南农》

2017 年 3 月，为迎接南口农场建场 60 周年，讲述农场故事、传播农场声音、凝聚农场力量，团结带领农场广大干部职工共建美丽、法治、富强、和谐的新南农，农场党委决定在全场开展征文和书画摄影作品征集活动。其中征文作品以"情系南农"为主题，围绕对南农往事的回忆、对南农发展的奉献、对建设"四个南农"美好未来的憧憬，讴歌赞美南农。重在展现农场建场 60 年来，从艰苦创业、改革发展、到二次创业各个阶段的历史演变、重大事件、重要成就、代表人物的历史片断，展现广大干部职工爱在南农、情系南农、奉献南农的情怀与积极快乐工作、健康幸福生活的精神风貌。征文体裁不限，要求内容真实，文字简练、生动，抒发热爱农场事业的真情实感，展示一代代农场人为农垦事业奋进，特别是在筑梦、追梦、圆梦道路上取得的成就和昂扬的精神面貌。

2017 年 10 月 20 日，《南口农场迎接建场 60 周年系列访谈（一)》在南农导师微信平台发布，同年 11 月 24 日《南口农场迎接建场 60 周年征稿连载（一)》发布。

第十四章　社会责任

南口农场在发展经济的同时，注重回馈社会，积极投身公益事业，勇于承担社会责任。

一、企业救灾捐款

1991 年 6 月，南口农场组织募捐救灾活动，为受冰雹、暴风雨袭击的东北旺、西山、西郊等农场捐款 2985.1 元。

1998 年 8 月，农场向昌平县民政局捐赠救灾物品 4568 件，捐款 39052.4 元。

2005 年 1 月，农场开展援助印度洋地区地震和海啸灾民募捐活动，捐款 1145 元。

2009 年 5 月，农场开展"京什手拉手重建新家园"社会捐赠活动，为表达对 2008 年汶川"5.12"地震受灾群众的关怀，捐款 2257 元。

二、职工捐款

2006 年 6 月，农场开展"共产党员献爱心"活动，农场场部及其所属企业在职党员和群众积极参与，为帮助困难群众解决实际问题，共捐款 1961.8 元。

2006 年 11 月，农场开展"送温暖、献爱心"捐助活动，共捐款 2573 元。

2007 年 7 月，农场开展"共产党员献爱心"活动，农场场部及所属企业在职党员和群众积极参与，为帮助困难群众解决实际问题，共捐款 2372 元。

2008 年 11 月，农场开展"金秋献爱心"捐款活动，共捐款 1470 元。

2009 年 4 月，农场开展"春风送温暖，慈善济万家"募捐活动，共捐款 2000 元。

2010 年 4 月，农场向青海玉树灾区捐款活动，共捐款 17620 元。

2011 年 6 月，农场开展"共产党员献爱心"活动，共捐款 3170 元。

2012 年 6 月，农场开展"共产党员献爱心"活动，共捐款 3190 元。

2012 年 7 月，农场开展"共产党员献爱心"活动，共捐款 3240 元

2013 年 6 月，农场开展"共产党员献爱心"活动，共捐款 3640 元。

三、对口扶贫

2014 年 6 月，农场向职工帮扶基金捐款 3820 元。

2017 年 2 月，农场向南口镇前桃洼村捐赠 5 万元，用于精准帮扶工作。

四、公益事业

2017 年 7 月，农场为社区养老服务的公益事业，无偿提供房屋及场地，场地及房屋占地总面积为 671 平方米，使用年限到 2022 年 7 月。

图 5-1　第一届职工代表大会

图 5-2　第一届职工代表大会

图 5-3　第五次代表大会

图 5-4　第四届职工代表大会

图 5-5　第三次同代会合影

图 5-6　八届三次职工会员代表大会

图 5-7　八届六次职工代表大会

图 5-8　十届八次职工代表大会

图 5-9　十二届二次职工代表大会

图 5-10　第八次职工代表大会

图 5-11　第十一次代表大会

图 5-12　第八次代表大会合影

图 5-13　七五先进表彰

图 5-14　1999 年经济工作动员大会

图 5-15　职工合影

图 5-16　纪念建党八十周年大会

图 5-17　建党九十四周年大会

图 5-18　党建工作暨第五期导师制启动会

图 5-19　团建合影

图 5-20　水果收获

图 5-21　发放奖章

图 5-22　种植巡视

图 5-23　慰问职工家庭

图 5-24　荣誉表彰大会

图 5-25　活　动

图 5-26　三元集团代表队

图 5-27　首届职工运动会

图 5-28　第五届篮球赛

图 5-29　职工运动会合影

图 5-30　文艺表演

图 5-31　南口地区军民首届兵

图 5-32　构件杯职工乒乓球比赛

图 5-33　足球赛合影

图 5-34　职工活动

图 5-35　往届职工

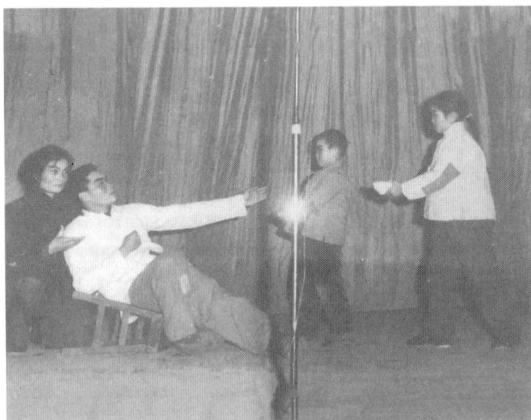

图 5-36　表　演

图 5-37　文艺表演

图 5-38　戏剧表演

图 5-39　相声表演

图 5-40　歌唱表演

图 5-41　民族舞蹈

图 5-42　风雨四十年

图 5-43　三元集团会演

图 5-44　秧歌表演

图 5-45　青年文化表演

图 5-46　民风表演

图 5-47　绿化家园情文艺演出

图 5-48　建设规划

图 5-49　辉煌六十年成就展合影

图 5-50　职工合影

图 5-51　团建合影

图 5-52　职工合影

图 5-53　辉煌六十年成就展合影

第六篇

人　物

中国农垦农场志

一、领导干部任职情况一览

历任党委书记

宋新波　1958 年 4 月至 1966 年 6 月

黄　超　1971 年 3 月至 1972 年 8 月

倪竖发　1972 年 8 月至 1973 年 9 月

陈之光　1973 年 9 月至 1978 年 7 月

宋新波　1978 年 7 月至 1980 年 7 月

杜林和　1980 年 7 月至 1983 年 12 月

张庆田　1983 年 12 月至 1991 年 1 月

潘彬荣　1991 年 1 月至 1995 年 5 月

苟长明　1995 年 5 月至 1997 年 5 月

郑维业　1997 年 5 月至 2001 年 7 月

陈　东　2001 年 7 月至 2004 年 6 月

马遂志　2004 年 6 月至 2010 年 3 月

郑维业　2010 年 7 月至 2010 年 9 月

唐燕平　2010 年 9 月至 2012 年 4 月

孙　军　2012 年 4 月至今

历任党委副书记

王锡田　1959 年 4 月任职，卸职时间不详

张光赤　1959 年 4 月任职，卸职时间不详

侯　新　1971 年 3 月任职，卸职时间不详

吕玉和　1971 年 3 月任职，卸职时间不详

张正相　1975 年 11 月任职，卸职时间不详

袁忠波　1975 年 11 月任职，卸职时间不详

晁岱振　1958 年 5 月至 1975 年 10 月

宋新波　1971 年 3 月至 1978 年 8 月

张庆田　1980 年 11 月至 1983 年 12 月

张　鹗　1986 年 7 月至 1989 年 3 月

潘彬荣　1988 年 3 月至 1991 年 1 月

赵志荣　1983 年 12 月至 1988 年 2 月

　　　　1989 年 3 月至 1998 年 5 月

王泽润　1990 年 12 月至 1998 年 4 月

李连池　1988 年 3 月至 1995 年 11 月

李树元　1995 年 11 月至 1999 年 1 月

陈　东　1996 年 12 月至 2001 年 7 月

付义君　1998 年 4 月至 2008 年 2 月

陈荣森　2001 年 7 月至 2010 年 9 月

许树坡　2010 年 9 月至 2016 年 6 月

赵凯霞　2008 年 6 月至今

历任场长

宋新波　1958 年 4 月至 1965 年 12 月

　　　　1978 年 7 月至 1980 年 7 月

马光斗　1965 年 12 月至 1966 年 6 月

黄　超　1971 年 3 月至 1972 年 8 月

倪竖发　1972 年 8 月至 1973 年 9 月

陈之光　1973 年 9 月至 1978 年 7 月

张正相　1980 年 7 月至 1980 年 11 月

杜林和　1980 年 11 月至 1983 年 12 月

潘彬荣　1983 年 11 月至 1994 年 1 月

陈　东　1994 年 1 月至 2001 年 7 月

陈荣森　2001 年 7 月至 2010 年 9 月

许树坡　2010 年 9 月至 2016 年 6 月

孙　军　2016 年 6 月至 2017 年 12 月

历任副场长

李连池　1981 年 3 月至 1983 年 12 月

黄乃村　1983 年 11 月至 1994 年 4 月

林源生　1983 年 11 月至 1986 年 7 月

郭　顺　1986 年 3 月至 1996 年 2 月

袁中衡　1986 年 1 月至 1997 年 5 月

何炳金　1987 年 6 月至 1998 年 4 月

韩延龙　1994 年 1 月至 1995 年 3 月

孟繁鉴　1995 年 11 月至 1996 年 3 月

吴恭利　1995 年 11 月至 2008 年 3 月

张去非　1996 年 3 月至 2011 年 2 月

　　　　2016 年 4 月至 2017 年 12 月

焦天钧　1997 年 5 月至 1998 年 4 月

李树元　1999 年 1 月至 2002 年 6 月

杨春起　2002 年 6 月至 2007 年 12 月

曾　浩　2000 年 9 月至 2002 年 3 月

屈连贵　2008 年 3 月至 2017 年 12 月

刘素果　2011 年 5 月至 2017 年 12 月

孙　军　2012 年 4 月至 2016 年 6 月

项　阳　2014 年 10 月至 2017 年 12 月

革委会主任

吕玉和　1968 年 3 月至 1971 年 3 月

历任乡长

何　平　1963 年 5 月至 1966 年 5 月

马光斗　1965 年 12 月至 1966 年 6 月

李连池　1984 年 7 月至 1994 年 1 月

李树元　1994 年 1 月至 1998 年 10 月

执行董事、经理

孙　军　2017 年 12 月至今

副经理

屈连贵　2017 年 12 月至今

刘素果　2017 年 12 月至今

张去非　2017 年 12 月至今

项　阳　2017 年 12 月至今

二、人名录

农场历任党政正职简历

宋新波 1909 年 9 月出生，河北省人，中共党员。中华人民共和国成立前曾任河北易县县委宣传部部长，河北满城县委组织部部长、副书记、书记，晋察冀边区矿山工会秘书长，河北宣化市市委委员兼区委书记等。中华人民共和国成立后曾任大同市总工会主席，察哈尔省省委党校教务处处长，北京市劳动局副局长，北京市粮食局党组书记、副局长，1958 年 4 月至 1966 年 6 月、1978 年 7 月至 1980 年 7 月任南口农场党委书记，1958 年 4 月至 1965 年 12 月、1978 年 7 月至 1980 年 7 月任南口农场场长，1980 年 9 月任北京市农场局顾问。1983 年 10 月离休。1984 年 10 月 30 日病逝。

马光斗 1909 年出生，河北省人，中共党员。1929 年参加工作，定县南部地区党的创建人之一，该地区革命活动发起人之一。曾任晋察冀抗日义勇军第 8 支队政治部主任、区委书记、中心县委书记、献县县长、北京东城三区区长，北京市劳动局副局长、局长等职。1965 年 12 月至 1966 年 6 月任南口农场场长、果园乡乡长。1979 年病逝。

吕玉和 1917 年出生，山东省人，中共党员。1926 年至 1940 年在本村上学、劳动，1940 年至 1955 年参加解放军 40 军任战士、教导员、科长、政治处主任等。1955 年至 1960 年任中央交通队政治队队员。1960 年至 1967 年任北京市公安局十三处农场场长。1968 年 3 月至 1971 年 3 月任南口农场革命委员会主任。

黄　超　1928 年出生，山东省人，中共党员。曾任胶南县支前民工大队大队长、解放军西南服务团副区队长、广安县副区长。中华人民共和国成立后，历任中国人民银行总行机关党委组织部部长、监委副书记，中共顺义县委书记，北京市农村工作办公室副主任，北京市政府副秘书长兼办公厅主任。1984 年 8 月至 1985 年 9 月任北京市国家机关委员会书记。1971 年 3 月至 1972 年 8 月任南口农场党委书记、场长。1984 年 8 月至 1993 年 2 月任北京市副市长。1993 年 3 月至 1998 年 3 月任第八届全国人大财政经济委员会委员、全国人大代表。

倪竖发　1972 年 8 月至 1973 年 9 月任南口农场党委书记兼场长。

陈之光　1926 年 1 月出生，河北省人，中共党员。1938 年参加革命，抗日战争时期在地方政府工作。解放战争时期随军南下，在湖北省安陆县任区委书记。中华人民共和国成立后，历任中共安陆县城关镇委书记，县委宣传部副部长、部长；孝感地区团委副书记，武汉团市委副书记；孝感地区宣传部副部长，兼任地委机关报总编辑，咸宁县委副书记、县委书记。1966 年调入北京，任市委组织部二处处长。1973 年 9 月至 1978 年 7 月任南口农场党委书记兼场长。1978 年底调至北京师范大学第一分校，任党的领导小组组长。1980 年 4 月病逝。

杜林和　1929 年 8 月出生，河北省人，中共党员。1945 年 5 月参加工作。1945 年 5 月至 1950 年历任村青救会主任、武装队长，参加平绥战役任排长、武装部副大队长，在平山一区任团委副书记，北京二十区团委副书记。1950 年后，历任北京十四区区委组织部长，石景山区团区委副书记，团市委组织部组织科副科长，朝阳区团区委第二书记，朝阳区金盏乡人民公社党委书记，密云水库指挥部朝阳支队副政委，中德友好公社党委书记，朝阳区水利局副局长。1968 年 9 月至 1972 年 7

月下放五七干校和大屯人民公社曹八里大队劳动。1972年7月至1980年7月任东郊农场党委副书记。1980年7月至1983年12月任南口农场党委书记、场长。1984年1月调至北京市华成商贸公司任党委书记、督导员，直至离休。2014年10月18日病逝。

张正相 1932年12月出生，河北省人，中共党员。1946年5月至1958年2月先后在崇文区花市大街45号布店、崇文区门市部花市二场等任售货员。1958年2月至1960年1月下放到南口农场任大队长。1960年1月至1980年11月历任南口农场分场副场长、分场书记、南口农场党委副书记、副场长、场长等职，其中1980年7月至1980年11月任南口农场场长。1980年11月调任北京市农场局供销公司任副经理。1992年12月退休。

张庆田 1932年11月出生，河北省人，中共党员。1958年3月来到南口农场参加工作。历任南口农场二分场团支部书记、工会主席、人保干事，一分场人保干部、工会主席、副场长，总场团委书记，四分场书记，总场党委办公室主任兼组织科科长，一分场革委会副主任、支部副书记，一分场革委会主任、支部书记，总场革委会主任，一分场支部书记、场长。1980年11月至1983年12月任南口农场党委副书记。1983年12月至1991年1月任南口农场党委书记。1991年2月任深圳华威实业有限公司书记。1993年3月退休。

潘彬荣 1943年3月出生，浙江省人，中共党员。1964年9月参加工作。1964年9月至1965年9月在北郊农场实习劳动。1965年9月至1966年7月任京郊北郊"四清"工作队组长。1966年7月至1969年11月任南口农场二分场技术员。1969年11月至1978年1月任南口农场生产组干事。1978年1月至1980年2月任南口农场果树科科长。1980年2月至1981年10月任南口农场三分场场长。1981年10月至1983年11月任南口农场副场长。1983年11月至1994年1月任南口农场场长。1991年1月至1995年5月任南口农场党委书记。2003年3月退休。2008年11月13日病逝。

陈　东　1944年9月出生，北京市人，中共党员。1959年参加工作。曾在8395部队服兵役。1959年来到南口农场，历任南口农场乳品厂副厂长、厂长等职。1994年1月至2001年7月任南口农场党委副书记、场长。2001年7月至2004年6月任南口农场党委书记。2000年4月被评为"北京市劳动模范"。2004年10月退休。

苟长明　1946年3月出生，陕西省人，中共党员。1964年参加工作。1964年12月至1976年7月历任工程技术总队三大队三十二中队副区队长、区队长、政治部干事。1976年7月至1978年7月任工程兵军政干校政教室教员。1978年7月至1985年5月历任工程兵机械学校校务部政治处副营干事、政治教研室正营职副主任、政研室副团职副主任。1985年5月至1990年7月历任工程兵训练团政研室副团职主任、政研室正团职主任。1990年7月至1995年5月任东北旺农场党委副书记。1995年5月至1997年5月任南口农场党委书记。1997年5月调至通达房地产开发公司。2006年3月退休。

郑维业　1957年9月出生，北京市人，中共党员，大学学历，高级政工师。1978年3月参加工作，历任昌平上苑公社团委书记，昌平县团委常委、青农部长，昌平县南邵乡党委副书记，北京市十三陵农场党委副书记。先后于1997年5月至2001年7月、2010年7月至2010年9月任南口农场党委书记。2001年7月调离农场，后历任三元绿荷奶牛养殖中心党委书记、三元种业党委副书记（正处职），北郊农场党委书记。2017年10月退休。

陈荣森　1961年6月出生，河北省人，中共党员，大学学历，高级经济师。1984年参加工作。1992年至1995年任朝阳农场副场长。1995年至1998年任古特公司副总经理。1998年至2001年任拉萨市农牧局副局长。2001年7月至2010年9月任南口农场党委副书记、场长。2010年9月调至集团公司总部，后任盛福大厦党支部书记、经理。

马遂志 1954年11月出生，河南省人，中共党员，大学学历，高级政工师。1969年3月至1996年5月在部队服役，历任团政治处书记、组织股干事、连队政治指导员、营政治教导员、团组织股长、师组织干事、旅组织科长、旅政治部副主任、主任、旅副政治委员。1996年转业，历任北京市巨山农场党委副书记、工会主席、纪委书记、党委书记。2003年4月至2004年5月负责组建三元集团武装部工作。2004年6月至2010年3月任南口农场党委书记。2010年3月调至双桥农工商公司任党委书记。2014年11月退休。

许树坡 1960年11月出生，北京市人，中共党员，研究生学历，硕士学位，农业研究员。1983年参加工作。历任朝阳区农业科技学校教师、学生处副主任，农工商联合总公司蔬菜处技术科科长、副处长，西郊农场党委委员、常务副场长，农垦种业公司党委委员、副经理，三元集团科技部副部长、部长，首农集团企业管理部部长。2010年9月至2016年6月任南口农场党委副书记、场长。2016年6月调至双桥农工商公司任党委书记、工会主席。

唐燕平 1970年9月出生，安徽省人，中共党员，大学学历。1996年参加工作。历任三元集团信息中心主任、团委副书记，北京奶牛中心党委副书记、纪委书记、工会主席、党委书记，首农集团工会常委。2010年9月至2012年4月任南口农场党委书记。2012年4月调至北京三元食品股份有限公司任党委副书记、工会主席。

孙 军 女，1969年11月出生，辽宁省人，中共党员，大学学历，政工师，农艺师。1992年参加工作。历任北郊农场办公室副主任、主任。2001年3月至2009年7月任北郊农场党委委员、副场长。2009年7月至2012年3月任南郊农场党委委员、副场长。2012年4月至2017年12月任南口农场党委书记，2016年6月至2017年12月任南口农场场长。2017年12月至今任南口农场党委书记、执行董事、经理。

历任乡长简历

何　平　1928 年 8 月出生，辽宁省人，中共党员。1945 年至 1949 年任北京市政府地下党组织委员，从事地下党工作。1949 年至 1958 年历任北京市人民政府人事处组织科科员、北京市人民政府机关党委常委、团委书记、党委办公室主任等职。1958 年至 1980 年历任南口农场办公室主任、副场长、党委常委，其中 1963 年 5 月至 1966 年 5 月任南口果园乡乡长。1980 年调至北京市长城农工商联合企业建筑公司任顾问。2007 年 11 月 13 日病逝。

李连池　1936 年 4 月出生，河北省人，中共党员。1951 年 2 月参加工作。历任南口农场一分场工会主席，总场党支部副书记，五分场党支部书记，工业分场支部书记等职。1981 年 3 月至 1983 年 12 月任南口农场副场长。1984 年 7 月至 1994 年 1 月任南口农场土楼乡乡长。1994 年 1 月至 1995 年 11 月任南口农场党委副书记。1996 年 4 月退休。2014 年 11 月 27 日病逝。

李树元　1947 年 4 月出生，北京市人，中共党员。1986 年参加工作。1965 年 8 月至 1969 年 3 月参加中国人民解放军，曾任副班长。1969 年 3 月至 1990 年 8 月退伍回村务农，曾任会计、团支部书记、党支部副书记、村民主任。1990 年 8 月至 1991 年 1 月，任土楼乡乡长助理。1991 年 1 月至 1994 年 1 月任土楼乡副乡长。1994 年 1 月至 1998 年 10 月任土楼乡乡长。1995 年 11 月至 1999 年 1 月任南口农场党委副书记。1999 年 1 月至 2002 年 6 月任南口农场副场长。2007 年 4 月退休。

北京市劳模及先进工作者

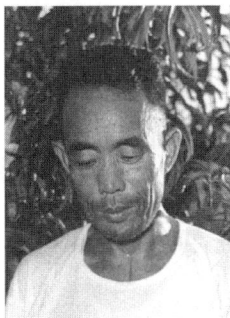

金洪乐 1919年4月出生，原名金鸿乐，山东省人。1956年5月参加工作。1958年2月来到南口农场，历任果树技师、农艺师等职务。工作中金洪乐发挥自身技术优势，采取各种措施保证农场1958年果树安全越冬。1959年，金洪乐提出采用接根扦插的方法进行苹果快速育苗试验成功，开辟快速大量繁育苹果苗的新途径，先后在北京市、全国得到广泛推广。1959年获得"北京市农业社会主义建设劳动模范"称号。1989年3月，经北京市总工会生产部认定，金洪乐享受"北京市劳动模范"待遇。1984年3月退休。2002年10月去世。

巩金瑞 1935年11月出生，河北省人，中共党员。1949年3月参加工作。1958年2月至1974年5月，历任南口农场一分场小队长、大队长、副主任。1974年5月至1987年7月任南口农场果脯厂、南口农场构件厂副厂长。2003年2月，北京市总工会生产保护部证明巩金瑞1958年曾获得"北京市劳动模范"荣誉称号，按京工发〔1995〕38号《关于改善和提高劳动模范先进工作者待遇的通知》享受北京市劳动模范荣誉津贴。1993年4月退休。2004年11月去世。

缪友兰 女，1943年11月出生，安徽省人，中共党员。1962年7月参加工作。曾担任南口农场二分场小队长、大队长、工会主席、燕山青年商店经理。在担任二分场小队长期间，在扩坑换土中创造日扩坑换土树盘（4米×5米×0.8米）一个、肩背手割日打草逾1000斤的劳动纪录并保持纪录。多次被评为农场"优秀共产党员""先进工作者"等称号。1964年3月获得"北京市农业社会主义建设劳动模范"称号。1985年11月，经北京市总工会认定，缪友兰享受"北京市劳动模范"待遇。1997年12月退休。

袁中衡 1936 年 5 月出生，浙江省人，中共党员，大学学历，高级农艺师。1961 年 11 月参加工作。历任南口农场农艺师、总农艺师、副场长。为南口农场从荒沙滩变为万亩果园，成为农业部绿色食品苹果生产示范基地做出了突出的贡献，在果树同行业享有较高的声誉。其主持的"苹果大树冠树形的改造""桃小食心虫的防治"等 16 个科研项目均获得实践应用成果，得到普遍应用。1979 年评为市级农林系统"先进工作者""优秀共产党员"；1991 年获"首都劳动奖章"；1992 年被定为享受政府特殊津贴有突出贡献的科技人员。1995 年，被授予"北京市劳动模范"称号。1997 年 12 月退休。1999 年 1 月病逝。

焦天钧 1941 年 10 月出生，山西省人，中共党员。1961 年 6 月参加工作。历任南口农场二分场副场长、场长，南口农场场长助理、副场长、调研员。任职南口农场二分场期间，该场每年向国家提供优质果品 2500～3500 吨，鲜牛奶 1000 多吨，果品总收入、果树人均创利税在北京市果品产区名列前茅。先后八次被评为局级"先进工作者"、五次被评为局级"优秀共产党员"。1989 年、1992 年被北京市总工会授予"北京市爱国立功竞赛标兵"称号。1995 年被评为"北京市劳动模范"。2001 年 10 月退休。2013 年 6 月病逝。

陈　东 1944 年 9 月出生，北京市人，中共党员，大专学历。1959 年到南口农场五分场工作，在南口农场奋斗四十多年。任职乳品厂期间，生产的"燕山"牌奶粉和炼乳多次被评为部、市级优质绿色食品，载誉全国二十多个省、市。1991 年被北京市经济委员会评为北京市工业系统 1990 年度优秀厂长。1992 年被北京市总工会评为"爱国立功竞赛标兵"称号。任南口农场场长期间，从推行果树行业的两费自理承包到经营机制的转变，从积极的招商引资到产业结构的调整，使果树行业逐步扭亏脱困。南口农场作为总公司推行厂务公开的先进典型，被市总工会授予"北京市优秀职工之友"荣誉称号。2000 年 4 月被评为"北京市劳动模范"。2004 年 10 月退休。

屈连贵 1963 年 1 月出生，北京人，中共党员，大学学历，农艺师。1981 年参加工作。曾任南口农场二分场副场长，支部副书记、场长，果林公司经理，南口农场场长助理，南口农场党委委员、副场长，2016 年 11 至今任南口农场党委委员、副场长、农业发展促进中心主任。1993 年 1 月获北京市总工会"北京市爱国立功标兵"称号。1996 年 1 月，被北京市总工会授予"先进工作者"称号。1996 年 4 月，被北京市总工会授予"首都劳动奖章"。

焦少侠 1942 年 1 月出生，河南省人，中共党员，中专学历，畜牧助理师。1962 年 9 月参加工作。历任南口农场五分场技术员、种鸡场场长、党支部书记等职务。在 1977 年至 1996 年多次被评为农场先进工作者、劳模、优秀党员。1989 年、1990 年两次被北京市总工会评为爱国立功标兵。1993 年荣获农业部农业科学技术推广工作者荣誉证书。2002 年 1 月退休。

刘绍贤 女，1942 年 11 月出生，辽宁省人，中共党员，大学学历。1964 年 9 月参加工作。1972 年 11 月调到南口农场五分场工作，后任南口农场果树科学试验站站长职务。1982 年，"桃树丰产树形试验推出二股四叉树形"获北京市农场局科技成果二等奖。1990 年"早熟桃优良品种早魁的选育和推广"获北京市科技进步三等奖。1995 年"极早熟油桃的选育和示范"获北京市农场局科技进步一等奖。1989 年 12 月，被北京市总工会授予"北京市爱国立功竞赛标兵"称号。1992 年获全国农垦系统新技术应用及品种更新先进个人称号。1998 年 2 月，被北京市科技干部局授予"一次性政府特殊津贴"。1998 年 4 月退休。

吴恭利 1949 年 12 月出生，北京市人，中共党员，大专学历。1965 年 11 月在南口农场参加工作。历任南口农场四分场小队长、二分场大队长，南口农场化工厂厂长，南口农场构件厂厂长、支部书记。1995 年 11 月至 2008 年 3 月任南口农场副场长。1984 年获农场局"先进生产者"称号，1990 年、1991 年、1992 年被北京市总工会授予"北京市爱国立功竞赛标兵"称号。2004 年所参与的"大开间预应力楼板研究"项目获"中联重科杯"华夏建设科学技术二等奖。2009 年 12 月退休。

王心田　1937 年 10 月出生，北京市人，中共党员，中专学历兽医师。1959 年 8 月参加工作。历任南口农场畜牧科技术员、科长，畜牧公司经理，南口农场四分场场长等职务。任职期间四分场获得 1989 年度"菜篮子工程"系列养鸭生产一等奖、1990 年"三环杯"等多项奖励。在 1984 年至 1990 年四次被评为南口农场优秀共产党员。1991 年 2 月被评为南口农场优秀企业家。1991 年 12 月，被北京市总工会授予"革新、献计、创效益爱国立功竞赛标兵"。1992 年获得北京市科学技术进步一等奖。1997 年退休。

韩久令　1949 年 4 月出生，浙江省人，中共党员，大专学历。1965 年 11 月在南口农场参加工作。历任南口农场一分场队长、副场长、党支部书记，南口农场三分场党支部书记兼场长，南口农场科技站副科长，果林公司党支部书记等职。1991 年被北京市总工会授予"爱国立功竞赛标兵"称号。2009 年 4 月退休。

王丽萍　女，1963 年 9 月出生，北京市人，中共党员。1982 年参加工作。历任南口农场科技站技术员、副站长、站长等职务。1998 年 12 月，被北京市劳动局授予 1998 年度"北京市劳动技术能手"称号。2000 年 3 月，在"女职工双文明建功立业竞赛"活动中，被中华全国总工会授予全国先进女职工称号。2001 年 12 月，在"早中熟油桃示范与推广"项目推广工作中做出成绩，获得北京市农业技术推广二等奖。2004 年 6 月调至北京市南郊农场农业生产经营管理中心。

屈士友　1963 年 3 月出生，北京市人，中共党员。1982 年 8 月在南口农场参加工作。历任南口农场六分场技术员，南口农场二分场生产组成员、果树队队长，南口农场果林公司生产部长。1995 年 9 月被中华人民共和国劳动部授予"农业（果树）技师"称号。1997 年 1 月被北京市总工会授予"北京市爱国立功竞赛标兵"称号。2009 年 4 月 7 日被评选为"享受政府特殊津贴技师"。

刘春生 1965年2月出生，北京市人，中共党员。1982年8月在南口农场参加工作。历任南口农场一分场果树队长、支部副书记。2001年3月至今任果林公司果树部长。1992年被北京市工人技术比赛领导小组授予"北京市工人技术能手称号"。1992年被北京农工商联合总公司授予"果树工技术状元"称号。1994年被北京市总工会授予"爱国立功标兵称号"。2004年获南口农场"优秀党员技术能手"称号。2010年获南口农场"优秀共产党员"称号。2013年4月被评为"北京市有突出贡献的高技能人才"。

徐春生 1961年4月出生，北京市人，中共党员。1981年8月在南口农场参加工作。历任南农水泥构件厂团支部书记、技术负责人、副厂长、厂长，南口农场企管部副部长、规划开发部部长、信息化办公室主任、综治办主任等职。2001年被北京市总工会评为经济技术创新标兵，2004年所参与的"大开间预应力楼板研究"项目获"中联重科杯"华夏建设科学技术二等奖。

杨春起 1959年11月出生，北京市人，中共党员，大学学历，博士学位，高级农艺师。2002年6月至2007年12月任南口农场副场长，成立盛斯通公司并兼任总经理。2006年，主持"百合周年生产栽培技术示范"推广项目，获"北京市科技推广三等奖"。2007年11月被评为昌平区"十佳科技协调员"。2007年12月调至北京市昌平区园林绿化局。

赵凯霞 女，1974年2月出生，山西省人，中共党员，大学学历，硕士学位，高级政工师，高级经济师。1996年7月参加工作，历任南口农场宣传科员、团委书记、党委委员兼党群办主任、政工部部长、集团公司团委副书记、南口农场党委副书记、工会主席。2016年3月至今，任南口农场党委副书记、纪委书记。2003年4月，被共青团北京市委员会授予"北京市优秀团干部"称号。2012年8月至2017年6月，任共青团北京市第十三届委员会候补委员、委员。

刘素果 1967 年 7 月出生，湖北省人，中共党员，大学学历，高级工程师、农艺师。1990 年 7 月参加工作。曾任南口农场果树科科长，果林公司副经理、支部书记，盛斯通常务副总经理、企管部部长，农场党委委员、副场长，2017 年 12 月至今任南口农场有限公司党委委员、副经理，兼南农建科执行董事、经理。主持和参与的科技项目中，有 20 余项获得北京市农业技术推广二等奖、首农集团科技进步一、二等奖。曾发表过《棉铃虫齿唇姬蜂的人工繁育研究进展》等论文。2010 年，荣获首农集团"优秀共产党员"称号。2013 年获北京市第二十八届企业管理现代化创新成果一等奖。2014 年被市科协、发改委、科委、国资委联合授予北京市"讲理想、比贡献，奋力实现中国梦"活动优秀组织者称号。

陈信友 1968 年 7 月出生，安徽省人，中共党员，大学学历，硕士学位，高级工程师、农艺师。1990 年 7 月参加工作。历任南口农场果树科学试验站技术员、劳动人事部副部长，人力资源部副部长，2009 年 8 月至 2013 年 3 月任果林公司支部书记、副经理，2013 年 3 月至 2016 年 11 月任果林公司支部书记、经理，2016 年 11 月至今任南口农场科技与信息化办公室主任。在果林公司工作期间，主持市区级科技项目十余项，10 项成果获市级和集团级奖励，其中：2013 年，"北方设施南果优质高效技术研究示范推广"获北京市农业技术推广奖一等奖；牵头申报的"京北都市型现代周年观光果园经营模式的构建"获第二十八届北京市企业管理现代化创新成果一等奖。

谷天民 1968 年 11 月出生，北京市人，中共党员，高级技师。1986 年 5 月来到南口农场硕春冷库参加工作。历任硕春冷库机房班班长、经理助理职务。2004 年被北京市总工会授予"经济技术创新标兵"称号。2010 年 6 月获首农集团"优秀共产党员"称号。2010 年 12 月获南口农场"安全工作先进工作者"称号。2012 年 1 月获南口农场"十佳员工标兵"称号。2016 年获南口农场科技创新标兵称号。2016 年被评为"享受北京市政府技师特殊津贴人员"。

李福新　1962 年 6 月出生，北京市人，中共党员。1981 年 8 月在南口农场参加工作。历任南口农场一分场场长助理、副场长，果林公司经理、副书记，绿化工程中心筹备工作组组长、支部书记、经理，2016 年 11 月至今任南口农场农业发展促进中心副主任，兼任果林公司党支部书记、经理。1991 年被评为南口农场"先进青年"。2012 年获北京市人民政府"首都绿化美化积极分子"表彰。2016 年 12 月，被北京市政府评为"北京市平原地区造林工程建设先进个人"。

刘永栋　1962 年 11 月出生，北京市人，中共党员。1982 年 8 月在南口农场参加工作，历任南口农场三分场生产组成员、果树队小队长、场长助理，绿化工程中心生产大队长。先后被评为"2015 年度最美首农人""南口农场优秀共产党员"等。2017 年 4 月，刘永栋被北京市人民政府、首都绿化委员会评为"绿化美化先进个人"称号。2017 年 11 月退休。

王鹏飞　1982 年 10 月出生，河北省人，中共党员，研究生学历，硕士学位，园林绿化工程师。2010 年 7 月在南口农场参加工作。历任果林公司品牌部副部长、销售部副部长、经理助理，绿化工程中心党支部委员、经理助理、副经理、党支部书记、常务副经理。2016 年 11 月至 2017 年 11 月任绿化工程中心支部委员、经理。2017 年 12 月至今任园林绿化分公司支部委员、经理。2013 年 12 月，被农业部农垦局聘为农垦农产品质量追溯专家。2017 年 9 月，获北京市科学技术协会和北京市人力资源和社会保障局共同颁发的第 23 届"北京市优秀青年工程师"称号。

在南口农场工作过的社会知名人士

黄正襄　1923 年出生，中国台湾淡水县人。中国近现代山水画大家、北京文史研究馆馆员、中国三峡画院第一副院长、海峡两岸书画家联谊会副会长、全国侨联文学艺术家协会副会长、中国老教授协会会员、中国诗词协会会员、北京湖社画会副会长。1961 年至 1963 年 1 月在南口农场工作。代表作品有《长白山图》《港岛欢庆之夜》《南口农场鸟瞰图》等。

阎崇年 1934 年 4 月出生，山东省蓬莱人，现任北京社会科学院满学研究所研究员、北京满学会会长、中国紫禁城学会副会长，北京孔庙与国子监博物馆学术委员会名誉馆长。著名历史学家，央视《百家讲坛》主讲人。1963—1965 年，被下放到南口农场，进行思想改造。

李燕刚 1947 年生，北京市人，著名书法家、画家、金石篆刻家，擅漫画、武术等，曾为季羡林等多位大师题字，素有"怪才"之称。著有《五十悟》等书。现任岐黄汉唐画院院长、中国当代名家书画研究院院长。1963—1980 年在南口农场基建队工作。

李滨声 1925 年出生，新闻漫画家、戏曲家。中国美术家协会会员，北京市美术家协会理事，中国戏剧家协会会员，中国风筝学会副会长，北京市文史研究馆馆员。北京市政协第六、七、八届委员和七、八届常委。1965—1978 年在南口农场基建队工作，曾在出版的《拙笔留情》《我的漫画生涯》文集中，通过《从文工队到南口农场》《五七干校见闻》等文章回忆在南口农场的工作经历。

骆 拓 1928 年出生，马来西亚槟城人，祖籍福建，毕业于中央美术学院，师从徐悲鸿、吴作人、齐白石、黄宾虹、李可染、蒋兆和，溶中西于一炉，风格独特，富时代感，精动物、山水、人物、花卉；马尤精，为画马史揭开新的一页。世界十大博物馆之一皇家安大略博物馆珍藏其作品《深山遨游图》，乃在生画家第一人。曾在南口农场基建队劳动。

郭宝昌 1940 年 8 月出生，北京市人，著名导演、编剧。曾拍摄过《大宅门》等几十部影视作品，获得过包括"政府奖""飞天奖""五个一工程奖"等二十多个奖项。1965 年 1 月至 1969 年 1 月，曾在南口农场二分场高校大队劳动。

杜征麟 1949 年生，中国美术家协会会员、中国书法家协会会员，中华人物书画院名誉院长、教育部书画考评委员会委员、北京外国语大学书画协会会长。擅长写意花鸟画，尤其擅画牡丹并逐步形成自己的艺术风格。代表作品有《盛世春华》《春色满园》《春满乾坤》《高风亮节》等。1965 年 9 月至 1979 年 12 月，在南口农场基建队工作。

曹 禺 1910 年 9 月 24 日出生，原名万家宝，祖籍湖北潜江，出生在天津，中国杰出的现代话剧剧作家、戏剧教育家，历任中国文联常委委员、执行主席；中国戏剧家协会常务理事，副主席；中国作协理事，北京市文联主席；中央戏剧学院副院长、名誉院长；

北京人民艺术剧院院长等职务。其代表作品有《雷雨》《日出》《原野》《北京人》。1969年8月13日至年底在南口农场二分场劳动锻炼。1996年12月13日去世。

焦菊隐　1905年12月11日出生，天津人，中国戏剧家和翻译家，北京人民艺术剧院的创建人和艺术上的奠基人之一。1930年创办了中华戏曲专科学校并任校长。1952年6月12日，北京人民艺术剧院成立，曹禺任院长，焦菊隐、欧阳山尊为副院长。先后导演了郭沫若的《蔡文姬》，老舍的《龙须沟》《茶馆》，田汉的《关汉卿》等。1969年8月13日至年底在南口农场二分场劳动锻炼。1975年2月28日去世。

于是之　1927年7月9日出生，原名于淼，原籍天津，生于河北唐山，中国话剧的代表人物，曾任北京人民艺术剧院演员，艺委会副主任、副院长，中国文联第四届委员，北京市戏剧家协会主席，中国戏剧家协会副主席，全国政协委员；在其代表作《青春之歌》《龙须沟》《骆驼祥子》《茶馆》等剧中塑造了一系列经典的舞台艺术形象。1969年8月13日至年底在南口农场二分场劳动锻炼。2013年1月20日去世。

娄师白　1918年6月2日出生，生前为国家一级美术师，中国著名书画家齐白石的关门弟子，中国美协会员，中国画研究会理事、副会长，中国国际书画艺术研究院研究员，燕京书画社顾问，中国书画函授大学名誉教授，北京人民对外友协理事，北京市政协委员。1969年9月至1970年2月在南口农场枣园下放劳动。2010年12月13日去世。

梅葆玖　1934年3月29日出生，祖籍江苏泰州，出生于上海思南路，京剧演员，国家一级演员。梅葆玖是京剧艺术大师梅兰芳的第九个孩子，梅派艺术传人，原北京京剧院梅兰芳京剧团团长。代表作有《霸王别姬》《贵妃醉酒》《穆桂英挂帅》《太真外传》《洛神》《西施》等。曾在南口农场一分场劳动锻炼。2016年4月25日去世。

2017 年末在职人员名录

总　部

孙　军	赵凯霞	屈连贵	刘素果	张去非	项　阳	张　福	井西涛
马晓旭	王永祥	王学堂	王树楠	王晓光	孔　峰	孔祥楠	付冉冉
吕丽华	刘丽梅	刘金燕	刘晓敏	刘　慧	刘黎明	安文权	孙菊花

李红月　李育松　李雪峰　李蓓蓓　张兆民　张彦明　张　婧　陈信友
金宝春　周立娜　赵振忠　段小英　徐春生　徐桂松　郭建东　黄爱神
董金安　路全生

硕春冷库分公司

刘景兵　陈　军　刘海江　李　琴　谷天民　张仕瓛　于胜旺　王　雪
艾秀芳　刘　伟　刘向华　刘　红　刘　畅　孙雪莲　孙新利　杜德义
李文芝　李连山　李国昌　李雪庭　李　鹏　杨华利　杨海龙　谷来勇
张春明　张洪生　张艳平　陈运强　郅晓菊　周海生　赵海霞　侯海林
姚　旭　黄　远　董建征　程　远　雷中立

果品经营分公司

李福新　杜连启　史　良　于宝栋　于德胜　王立军　王学志　王恩建
王爱江　王家美　王殿义　孔庆才　白海兵　邢　韬　刘兴生　刘建军
刘春生　刘清宝　刘景利　刘新生　孙建龙　杜凤荣　杜德海　李士明
李来军　李宗鹏　李贵福　李桂文　李　菁　杨友辉　杨继军　时景瑞
吴秀丽　沈玉民　张进清　张福庆　陈宏伟　金宗起　周宝山　郑秋序
屈士友　赵荣泉　赵　淼　赵登标　胡建国　秦德新　徐万军　郭凤艳
唐永和　康德坤　程德平　阚海芳　魏亚辉

园林绿化分公司

王鹏飞　孙国学　李长和　于建海　于颖新　乞玉根　门淑芳　马荣军
王长庆　王德红　牛文朋　方志英　田亦军　白香从　刘志军　刘金城
刘　晶　孙　飞　杜小海　李庆丽　李丽云　李怀文　李怀良　李建明
李桂利　李瑞刚　李新莉　杨永胜　邱付江　邱冬华　邱春华　尚建成
尚桂彬　赵秀申　赵青松　赵登艳　贺　利　徐永水　高福海　梅银海
龚桂花　崔玉清　崔　旭　梁军民　董金鹤　程国强　蔡　明

北京市南农建筑科技有限公司

孙全成　王春林　马兴元　王建龙　刘　科　李守英　李建华　李桂合
杨长龙　宋德浩　张子红　张成民　张　松　张春宇　张继跃　陈慧超

武有德　周金库　姚　峥　贾　明　高志强　梅金定　薛修软

北京南口南农家园物业管理有限责任公司

谷继锋　张春光　孙凤国　刘德久　丁振刚　李占勇　于桂强　王永利

王全江　尹卫红　田敏良　刘文增　刘建军　刘海蛟　李金庆　李炳欣

李振南　李瀛靓　杨庆元　宋基茂　赵登杰　郝继冬　崔会玲　董长江

参股、控股企业

王正泉（北京坤和建谊置业有限公司）

张　涛（北京南农东亚房地产开发有限公司）

董桂龙（北京雪域风情藏文化发展有限公司）

张　倩（北京秋海旭荣房地产开发有限公司）

中国农垦农场志丛

附　　录

1988—2017 年南口农场获集团及区级以上荣誉称号表

序号	评奖时间	受奖称号	评奖单位
1	1988—1989 年	郊区青少年七五绿化流动奖杯	北京市竞赛活动小组
2	1989 年	小麦双超历史	北京市农工商联合总公司
3	1989 年	先进单位	北京市昌平县计划生育委员会
4	1990 年	三环杯劳动竞赛三等奖	北京市农工商联合总公司
5	1990 年	果树管理综合效益奖	北京市农工商联合总公司
6	1990 年	土楼乡第四次人口普查奖	北京市昌平县人口普查办
7	1990 年	小麦丰收杯农场级三等奖	北京市农工商联合总公司
8	1990 年	种子工作成绩显著奖	北京市昌平区种子公司
9	1990 年	土楼乡获《基本排除文盲单位》	北京市昌平县人民政府
10	1991 年	昌平县"霍营杯"农民足球赛亚军	北京市昌平县农民体育协会
11	1991 年	北京市教育先进个人、先进单位	中共北京市委、市政府
12	1991 年	献血先进集体	北京公民义务献血委员会办公室
13	1991 年	办好基础教育提高民族素质	北京市教育局
14	1992 年	南口农场工业科：在经济合同管理工作中，成绩显著，被评为先进单位	北京市昌平县工商行政管理局
15	1992 年	经中国农业银行北京市分行企业信用等级评审委员会评定为一级信用企业	中国农业银行北京市分行
16	1994 年	北京市无偿献血先进单位	北京市公民义务献血办公室
17	1995 年	义务献血先进单位	北京市三元集团有限公司
18	1996 年	土楼乡被评为征兵工作先进单位	北京市昌平县人民政府征兵办公室
19	1997 年	公民义务献血先进系统	北京市公民义务献血委员会
20	1994 年	全国《劳动法》知识竞赛北京市农场局赛区总决赛第二名	北京市农工商联合总公司
21	1996 年	中国绿色食品协会团体会员证	中国绿色食品协会
22	1996 年	广播体操文明参与奖	北京市农工商联合总公司
23	1997 年	共青团北京市"达标创优"活动红旗团委	共青团北京市委员会
24	1997 年	宣传工作先进单位	北京市农工商联合总公司
25	1998 年	总公司计划生育先进单位	北京市农工商联合总公司
26	1998 年	首都劳动技能勋章、北京市劳动技术能手、职业技能竞赛	北京市劳动技能评审委员会

（续）

序号	评奖时间	受奖称号	评奖单位
27	1998 年	成人教育培训工程先进单位、先进工作者光荣册	北京市昌平县成教局
28	1999 年	纪念农垦 50 周年争优创先先进单位	北京市农工商联合总公司
29	1999 年	纪念农垦 50 周年"知我总公司，爱我总公司"知识竞赛组织奖	北京市农工商联合总公司
30	1999 年	总公司第十届中国象棋"效益杯"比赛团体第四名	北京市农工商联合总公司
31	1999 年	在纪念农垦 50 周年"知我总公司，爱我总公司"知识竞赛中荣获第五名	北京市农工商联合总公司
32	1999—2000 年	效能监察先进单位	北京市农工商联合总公司
33	2000 年	军队打胜仗人民是靠山奖	全军科技练兵成果交流活动现场科目总指挥部
34	2000 年	献血先进单位	北京市公民献血委员会
35	2000 年	总公司计划生育工作先进单位	北京市农工商联合总公司
36	2000 年	昌平区计划生育先进集体	昌平区委员会，昌平区人民政府
37	2000 年	全军"砺剑-2000"军事活动中积极支援，成绩突出	全军"砺剑-2000"军事活动现场科目总指挥部
38	2000—2001 年	首都文明单位	首都精神文明建设委员会
39	2001 年	北京市计划生育工作先进集体	北京市计划生育委员会
40	2001 年	计划生育工作红旗单位	北京市农工商联合总公司
41	2002 年	首都绿化美化先进单位	北京市人民政府、首都绿化委员会
42	2002 年	知识竞赛组织奖	北京市农工商联合总公司
43	2002 年	第五届中国北京国际科技产业博览会现代农业科技与产品展产品银奖	现代农业科技与产品展组委会
44	2002 年	保持首都文明单位荣誉称号	首都精神文明建设委员会
45	2002 年	《北京三元集团》报供稿先进单位一等奖	北京三元集团有限责任公司
46	2003 年	反邪教先进集体	中共北京市昌平区委员会、昌平区人民政府
47	2003 年	文明共建先进单位	中共北京市昌平区委员会、昌平区人民政府
48	2003 年	首都文明单位	首都精神文明建设委员会
49	2003 年	"知三元爱三元我为三元做贡献"征文活动组织奖	共青团三元集团有限责任公司委员会
50	2003 年	昌平区科普工作先进集体	北京市昌平区科学技术协会
51	2003 年	北京市人口和计划生育工作先进集体	北京市人口和计划生育委员会
52	2004 年	反邪教先进集体	中共北京市昌平区委员会、昌平区人民政府
53	2004 年	模范职工之家	北京三元集团有限责任公司
54	2004 年	通联工作成绩显著先进单位	北京三元集团有限责任公司
55	2005 年	优秀通联单位	北京三元集团有限责任公司
56	2006 年	优秀通联单位	北京三元集团有限责任公司
57	2005 年	对口支援先进单位	中共北京市昌平区委员会、昌平区人民政府
58	2005 年	对口支援山区建设先进单位光荣册	中共北京市昌平区委员会、区政府
59	2006 年	职工体育运动会扑克牌第五名	北京三元集团有限责任公司
60	2006 年	职工体育运动会体育道德风尚奖、运动会贡献奖	北京三元集团有限责任公司

（续）

序号	评奖时间	受奖称号	评奖单位
61	2006 年	模范职工之家	北京三元集团有限责任公司工会
62	2006 年	集团公司先进工会	北京三元集团有限责任公司工会
63	2006 年	支援山区建设先进单位	中共北京市昌平区委员会、昌平区政府
64	2006 年	首都文明先进单位	首都文明精神建设委员会
65	2007 年	集团公司先进党组织	北京三元集团有限责任公司
66	2008 年	绿化美化先进集体	北京市政府、首都绿化美化委员会
67	2008 年	《南农青年报》优秀企业内刊	北京三元集团有限责任公司
68	2008 年	北京奥运会残奥会先进集体	昌平区南口镇委员会、人民政府
69	2008 年	优秀通联单位	北京三元集团有限责任公司
70	2008 年	农垦博物馆文物征集工作组织奖	北京三元集团有限责任公司
71	2009 年	庆祝首农成立 60 周年职工合唱比赛三等奖	北京首都农业集团有限公司
72	2009 年	首都全民义务植树先进单位	北京市人民政府、首都绿化委员会
73	2009 年	美国白蛾防控工作先进集体、个人	北京市防控危险林木有害生物指挥部
74	2010 年	北京市残疾人自强模范暨扶残助残残疾人就业工作先进集体	北京市残疾人联合会、北京市人力资源和社保局
75	2010、2011 年	优秀通联单位	北京首都农业集团有限公司
76	2011 年	模范职工之家	北京市总工会
77	2011 年	首届职工运动会"精神文明奖"	北京首都农业集团有限公司
78	2013 年	果林公司荣获北京市第二十八届企业管理现代化创新成果一等奖	北京市企业管理现代创新成果评审委员会
79	2015 年	北京市国资委系统学习型党组织建设十佳品牌活动	中共北京市人民政府国有资产监督管理委员会
80	2016 年	先进单位	北京市使用正版软件工作联席会议

北京南口农场志

BEIJING NANKOU NONGCHANGZHI

后记

由北京南口农场志编纂委员会承编、编辑部编纂的《北京南口农场志》，在首都农业集团史志办的指导下，历时一年，几易其稿，终于就要和读者见面了。

2017年8月25日，集团公司党委召开史志工作会议，要求具备条件的单位开展史志工作。2017年10月，南口农场党委决定，以纪念农场建场60周年为契机，启动场志编纂工作，统筹协调，有序推进，高质量完成《情系南农》《北京南口农场志》和宣传片三个项目。

史志是存史、资治、教化的重要载体。农场党委成立了由党委书记孙军为主任，赵凯霞、屈连贵、张去非为副主任的志书编纂委员会，下设编辑部，刘丽梅任总编，孙菊花、孙立美、陈信友负责志书的组织统稿。各企业、各部室分别指定主管领导和第一执笔人。2018年6月，南口农场和北郊农场重组，党委要求场志工作领导小组机构和人员不变，推进计划任务不变，精品理念不变，时间服从质量，保证了场志编纂工作顺利开展。从编写场志计划书、提交章节初稿，组织试读会，完成全书统稿、送审稿、终审稿到定稿，环环紧扣，上下联动，确保了整体进度的落实。可以说,《北京南口农场志》是集体智慧的结晶。

本志书的资料主要来源于以下四个方面:一是农场档案室、集团公司档案室、昌平区档案馆;二是已出版的文献,如《南农青年报》《风雨四十年》和《南口农场史(1958—2008)》等;三是查询互联网;四是拜访老干部和老职工,形成的口述史。

《北京南口农场志》是农场编纂的第一部志书,全书共6篇,图照近200幅。志书力求横不缺项、竖不断线,不溢美,不讳过,写实南口农场建设万亩果园、实现农工商综合发展,到建设"美丽、法治、富强、和谐"新南农的改革发展历程。本志书旨在以史为鉴,从60年历史记录中汲取精神营养,为新时代转型发展汇聚强大动能。

志书在内容结构上,遵循北京农垦志编纂委员会关于体例的要求,重点放在产业发展、经营管理和党的建设等方面。其中"人物篇"因资料缺失较多,虽多方查证,仍未能完全令人满意,唯力求客观记录,简明扼要,紧扣农场"开放、包容、共享"的时代主题,突出农垦独特的企业文化基因。

在征求意见阶段,集团公司党委副书记、北京农垦志编纂委员会执行副主任马辉;集团公司工会主席、北京农垦志编纂委员会副主任郑立明、集团公司企业文化部部长傅鹏听取了场志工作的汇报。集团史志办总编范为常应邀到农场进行场志编撰工作培训,并与史志办副主编茅为立一道,对志书进行多次修改;党委宣传部蔡朝晖负责艺术指导;退休老领导葛祥书、陈东、付义君等对志书提出了许多有价值的意见。曾在农场工作过的覃正东、张维孝、陈庆明、林源生、蔡维迁、李砺等为场志提供了资料线索;离开农场多年的李滨声、李燕刚等知名人士为农场送来祝福,黄正襄还为本书题写了书名。应我们邀请,集团公司党委副书记、总经理薛刚在百忙当中,欣然为本书提笔作序,在此,谨向所有关心、支持本志书编写的领导、专家和同志们表示衷心的感谢!

由于历史久远，资料不尽完善，同时受编者水平所限，本志书错误疏漏在所难免，敬请读者批评指正。

北京南口农场志编纂委员会

2018 年 11 月 18 日